张君秋

张君秋传记 张岸玲 著

五洲传播出版社

图书在版编目（CIP）数据

张君秋 / 张学玲著. —北京：五洲传播出版社，2020.9

ISBN 978-7-5085-4498-4

Ⅰ. ①张… Ⅱ. ①张… Ⅲ. ①张君秋（1920-1997）－传记 Ⅳ. ① K825.78

中国版本图书馆 CIP 数据核字 (2020) 第 168126 号

张君秋

出 版 人：荆孝敏

责任编辑：王峰

装帧设计：北京原色印象文化艺术中心

出版发行：五洲传播出版社

地　　址：北京市海淀区北三环中路 31 号生产力大楼 B 座 6 层

邮　　编：100088

电　　话：010-82005927，010-82007837

网　　址：http://www.cicc.org.cn　http://www.thatsbooks.com

印　　刷：中煤（北京）印务有限公司

版　　次：2020 年 9 月第 1 版　2020 年 9 月第 1 次印刷

开　　本：710mm×1000mm　1/16

印　　张：21.5

字　　数：280 千字

书　　号：ISBN 978-7-5085-4498-4

定　　价：78.00 元

张君秋外孙女、旅日画家卢思为爷爷百年诞辰作画《状元媒》

目 录

第四章　1951—1965

目 录

张君秋（1938 年，上海）

前　言

　　张君秋是继梅（兰芳）、尚（小云）、程（砚秋）、荀（慧生）"四大名旦"之后，在京剧旦角艺术发展史中具有里程碑意义的人物。他以优异的天赋，刻苦学艺练就的扎实功底，博采众长和不断革新的精神，把京剧旦角艺术推上又一个高峰。他创立了新中国诞生后的第一个旦角流派艺术"张派"，在海内外广为流传，桃李满天下。

　　十年动乱期间，尽管身心受到严重摧残，但张君秋对党的信念始终不渝。粉碎"四人帮"后，他恢复了舞台生活。他在出任中国戏曲学院副院长后，所做的第一件事，就是向党组织郑重地交上一份入党申请书。1981 年 6 月，他光荣地加入了中国共产党。

　　他先后担任第五届全国政协委员，第六、七、八届全国政协常务委员，第五、六届全国文联副主席，全国剧协副主席，中国京剧艺术基金会名誉会长，等等。

　　1994 年至 1997 年，他监制京剧音配像作品 100 余部，其中张派剧目几十出，为后世留下了宝贵的财富。

　　经历了童年时期的艰辛，少年时期的磨砺，青年时期的意气风发，中年、晚年时期的锐意革新，他的人生历程既体现了时代变迁，又彰显着鲜明的个性，其中的波澜壮阔之处，值得我们细细品味。

张学玲

2020 年 6 月

1959 年，毛泽东主席接见张君秋（左一）等京剧艺术家。

1963 年，北京京剧团赴港演出前，周恩来总理观看《奇双会》后与张君秋等合影。

张君秋参加新编历史戏《红灯照》的创作,邓小平、李先念观剧后接见全体演员。

1963年,北京京剧团赴港演出前,周恩来总理看望张君秋等艺术家并合影留念(《状元媒》)。

纪念徽班进京 200 周年，张君秋陪中央领导一同观看《龙凤呈祥》后合影留念。

李瑞环在人民大会堂欢迎张君秋赴美讲学归来

引 子

　　我叫张学玲，是一个年过七旬的古稀老人。我生长在历尽沧桑的张君秋家大宅门里。上世纪50年代初我已经记事了，听到我奶奶、我父亲、母亲吴励箴，舅舅吴济生、吴定一及众多亲友回忆的张家发展史，极富传奇色彩。他们讲述得太生动了，时至今日我都不能忘怀。尤其是奶奶张秀琴讲我父亲张君秋少年时代的故事，特别质朴、活灵活现。由于他年纪大了，一件事可以反复说多少遍，有时我就跟奶奶调皮，她上句还没讲完，我就把下句背出来了。

　　父亲的一生都在刻苦学习，不断探索。从1936年至1942年，张君秋坚持不挑头牌，在将近7年的时间里搭班演戏，这使得他演戏的天地宽阔无比，各种行当的流派代表人物都愿意同他合作，老生如雷喜福、孟小冬、王又宸、马连良、谭富英、杨宝森、奚啸伯，花脸如金少山、郝寿臣、王泉奎、侯喜瑞、裘盛戎、袁世海，小生如姜妙香、叶盛兰、尚富霞，丑行如萧长华、慈瑞泉、马富禄，等等。张君秋在广阔的天地里实践，这使得他见多识广，长了不少的本领。

　　也就是在这个时期，他在艺术上得到了"通天教主"王瑶卿和"四大名旦"绝无仅有的关爱。王瑶卿作为张君秋的师爷，倾囊相授，一直督导着张君秋的成长。尚小云看了十六岁的张君秋演出，就以认干亲的方式向他传艺。居住在上海的梅兰芳看过十七岁张君秋的戏，对他喜爱有加，收他为徒。程砚秋先生更不一般，曾经亲自到张君秋家探访，主动把自己的拿手戏教给他，二人亦师亦友。荀慧生欣赏这个晚辈，不吝对他指导，给他选择适合的剧本。

张君秋虚心求教，博采众长，为锐意革新打下了坚实的基础。他从一个贫苦辍学的孩子成长为独创一派的巨匠，不是偶然的。

张君秋的一生是中国京剧史上辉煌的篇章，这本书是关于他艰苦奋斗、创造革新历程的记述。百年前，张君秋出生，然后成长、学戏、从事演艺事业。百年后，我将自己听到、看到、学习到、研究和体会到的写出来与大家分享。这本书不仅综述了张君秋生活的变迁，更有对张君秋艺术创作过程细致的描述，真实地记录了他生活历程中的大小事件，并配有丰富的图片，使这本书更具有时代感。

从少年、青年时代到成名成家，张君秋一直生活在北京西城、宣南这片京剧的发祥地区，京剧张派艺术正是从这里走向全国、走向世界的，本书的记述也从这里开始。

张学玲

2020 年 6 月

第一章
1920—1932

京剧大师的诞生

北京的秋天是一年四季中最美好的时节，艳阳高照，不冷不热。1920 年农历九月初三这天，青年河北梆子艺人张秀琴为滕家生下了一个儿子，取名滕家鸿，也就是未来的京剧大师张君秋。伴着"啊……啊……"银铃般的声音，这个小生命好像在歌唱中呱呱落地，只见他一头浓浓的乌发，大大的眼睛，高鼻梁，小嘴儿，真是爱煞个人。

张秀琴和滕联芳夫妻二人乐得合不拢嘴，这是他们结婚以后的第二个宝贝儿子。哥俩相差三岁，弟弟比哥哥家鸣还要漂亮，一家四口沉浸在幸福之中。

家鸿他爹是江苏丹徒人氏，大学毕业后来北平（北京旧称），在铁路局任工程技术员，初出茅庐，意气风发。业余时间，年轻的滕先生常到附近的茶馆、戏园听说书、看京剧及河北梆子。在看演出的过程中，他认识并迷恋上河北梆子青衣主演、十七八岁的张秀琴，二人终于发展到结婚生子、成家立业。北京铁路局位于前门大街，滕家住在不远的东珠市口鞭子巷头条，工作和生活在前门鲜鱼口、大栅栏方圆不到十公里的地方。这一带是老北京非常繁华的地区，是各具特色的商铺门面房、大小剧场集中的地方。

张秀琴近一米七的个子，浓眉大眼，年轻漂亮，有一条好嗓子。在河北梆子著名鼓师、哥哥张云台的指引下，她拜师学艺。比她大十岁的姐夫何福泉（张君秋琴师何顺信先生的父亲）是响当当的河北梆子弦师。有哥哥和姐夫的鼎力相助，张秀琴很快就唱红，在河北梆子界名列前茅。她当初在娘家唱戏，是养家糊口的主力，如今在滕家演出，也是家庭主要的经济来源。

这个少妇不一般，不仅戏唱得好，针线活也特棒，一家人要穿戴的四季服装全由张秀琴一个人缝制，心灵手巧的她所做的服装合体美观又大方。

夫妇二人租住在鞭子巷头条小四合院内的三间大北房。房东刘先生五十岁出头，他住院内四间东西厢房，院内每天打扫得干干净净。刘先生没事时喜欢下几盘象棋。

家鸿四岁了，天真无邪招人疼爱。张秀琴给他打扮得漂漂亮亮，头上用红绳扎着抓鬏，在红扑扑小脸蛋儿额前点了个红点儿，一身花裤子花袄，街坊们看到这孩子都轮着抱抱。

房东刘先生单身住在北京，做点小生意。刘、滕两家相处将近十年，非常和睦。刘先生衣服上掉下个扣子、剐开个口子，一般都是请秀琴帮忙给缝缝补补。

秀琴家中常传出唱盘的声音，滕联芳一有闲空就播放她的《六月雪》《大登殿》等唱段。他还买了不少梅兰芳、谭鑫培、余叔岩的唱盘。小家鸿喜欢听唱，全神贯注守在唱机旁，就好像能听出什么似的，妈妈叫他吃饭，他都要听完那段唱才去。秀琴对联芳说："这孩子这么小就成戏迷啦！"

一天，秀琴带着儿子到著名的百代唱片公司在北京饭店的录音室去灌唱片。北京饭店在当时算是京城非常豪华的酒店，门前车水马龙，出入皆达官贵人。看到高高的大楼和宽敞的厅堂，小家鸿感觉像是到了另一个世界，一切都那么新奇。

录音现场不能带孩子进去，是怕孩子憋不住说话把工作给搅了。张秀琴就把家鸿关在录音室旁的洗手间内，嘱咐道："就在这儿等我，哪里也不许去啊！"小家鸿非常懂事，连连点头。秀琴出去后，这孩子环顾一下四周，香喷喷的洗手间很大，柔和的灯光透着点神秘。他看到镜子里自己像个小姑娘的模样时不觉咯咯大笑起来，"啊，今天娘给我打扮得太好玩了！"这笑声惊动了隔壁的录音室，"嘘！"门开了，"别出声！"小家鸿缩了一下脖子做了个怪相，娘胡噜一下他的头把门关上。这孩子闲不住，东看看西看看，这里的水龙头和家里的不大一样，于是踮着脚拧开，惊奇地发现流出的不是冰凉的而是温和的热水。洗洗手，真的很舒服。拿起肥皂一闻，好香啊！不禁在手里揉搓起大堆的泡泡往脸上涂抹，直把一大块香皂揉成小球球，再看那小脸蛋洗得白里透粉。接着拿起一个放面霜的精致小盒子，还有一小瓶香水，打开盖子，一股香气扑鼻而来，"娘平时用的雪花膏，香水可没有这个香。"家鸿不假思索地往小脸上擦起来，好开心！

张秀琴录制了两遍慢板的大长唱腔近半个小时，顺利完成。她惦记着小家鸿，心想："一点声音都没出，难道是睡着了？"打开洗手间门不由得尖叫一声："啊，不得了啦！"录音房间的乐队和管事的都跑了出来，问："怎么啦？"只见这孩子大眼圆睁，脸上油光滑亮，走近孩子身边香气扑鼻，看那衣服裤子都湿了，地下一摊水。众人哈哈大笑起来："您这是唱的哪一出？你要《闹龙宫》呀！"

惊　变

日子过得真快，十来年间秀琴和滕联芳生了两个男孩，小日子和和美美。滕先生工作之余，经常带两个儿子出入戏园子看秀琴演出，看名角儿唱戏。太太漂亮能干，孩子机灵健康，好不逍遥自在。两个人有了点积蓄，打算买房。

1925年初春的一天，突然发生了一件事，按秀琴的说法是"乐极生悲"。滕联芳因工作疏忽把施工图画错，造成损失，被关在铁路局检讨反省20天。单位决定要滕联芳赔偿经济损失，扣除了他的薪金也不够，还得到家里查抄一些值钱的物件用来弥补损失。

对张秀琴来说这犹如晴天霹雳大难临头。铁路局的人讲明来意："我们要拉走房间内值钱的物品进行赔偿，望配合。"秀琴搂着孩子低声哭泣不语，于是来人把家里近十年两口子积攒的钱财全部抄走，一件件家私往外搬，八岁的大儿子家鸣急了，问妈妈：

张君秋与母亲张秀琴

"他们这是干什么呀？"张秀琴忙捂住老大的嘴。小家鸿见这情景，生怕把他那最喜欢的留声机也给搬走，一屁股坐在上面，紧张得大眼睛一翻一翻的。来人看着孩子怪可爱的，没有叫他起来。

初春的清晨刮着西北风，寒气逼人。天刚蒙蒙亮，张秀琴起来和两个孩子简单对付着弄了点吃的。忽然，听见屋外隐隐的有点儿响动，两个孩子急着跑到院里，张秀琴赶忙去开门，只见滕联芳神情沮丧地回来了，清瘦的脸上此刻更多了一份疲惫与失落。张秀琴见丈夫这般模样，一阵心疼涌来，不觉眼睛也有些湿润。小哥俩紧紧围在父亲身边，怕他又被人带走。

张秀琴给丈夫沏了水，接着招呼他和两个孩子吃东西，一家人围拢在一张陈旧的八仙桌旁，本该有的其乐融融消失了，取而代之的是一片压抑的寂静，静得仿佛时空凝固了一般。不一会儿，滕联芳呆呆地说道："我打算回南方，等安顿下来再接你们过去好不好？"张秀琴不假思索："要走你走，我们哪儿也不去！你贪玩不专心工作，给铁路局和家庭造成这么大损失……"滕联芳说："我哪儿还有脸见人？在北京是混不下去了。我知道你的事业在北京，我到南方打开局面也要费些时日，我先接家鸣走，等过两年再把你们接去，不然你们太苦了。"两人痛哭一阵。老大懂事了，抽搐着不让爸爸走。滕联芳对孩子说："爸爸工作不专心犯了大错，在北京待不下去了。"家鸿才五岁，还不懂得究竟发生了什么事，只觉得大家都很不高兴，哥哥哭，弟弟也落泪，乖乖地依偎在妈妈身旁一声不吭。

张秀琴无论如何也想不到会落到这个地步。自从嫁给滕联芳后她便一心相夫教子，此刻听着丈夫的想法，心里顿时像打翻了五味瓶，她万般无奈一言不发，想不到这个家就这样散了，破裂了！她心里明白，丈夫这一走就不会再回来了……张秀琴如痴如呆，看着墙上挂着的一张全家福照片，脑海里又浮现出当年认识滕联芳的情景……

那是十年前在北京演出时，台下前排正中的位置上经常坐着一位青年观众，有时穿一件干净利落的长衫，有时是一身笔挺合体的西装。他身材匀称适中，白净的皮肤，高耸的鼻梁，浓眉大眼，好一个美男子！这年轻人不但仪表堂堂，而且举止斯文大方，给张秀琴留下了深深的印象。

一天，夜场戏刚散，张秀琴正在卸妆，不知什么时候，后台来了一个谦和有礼书生气十足的人，悄悄地走到她身旁，很柔和地说道："您好，我叫滕联芳，特别爱听你的戏。"说着脸上泛起红晕，张秀琴也腼腆地边摘头面边说："欢迎，欢迎您，有空儿就请过来看戏吧。"她下意识从镜中打量了一下来者，心中一颤，这不就是那个坐在前排正中的青年吗？！二人的目光正好相撞，张秀琴立马低下了头，那人的眼里顿时闪现出喜悦的光芒。

与一个青年观众普通的相见，张秀琴心里却泛起了波澜……一对青年男女就在这样的往来中彼此会意，有了感情。张秀琴的母亲五十七八岁，靠儿子张云台在河北梆子班社司鼓、女儿唱河北梆子大青衣挣钱养家。张秀琴的每场演出老太太都跟到剧场在化妆间帮忙，她看出了眉目："女儿和这个小伙子在恋爱。"她觉得这二人的姻缘不会有好的结局，便责怪秀琴："你不许再跟那个小白脸来往了，不知根不知底，门不当户不对，早晚倒霉的是你。"任凭母亲怎么说怎么闹，张秀琴就像是戏文里的王宝钏那样，执意要和滕联芳在一起，认定他就是那个自己可以终身依靠的薛平贵。

最终张秀琴与家庭决裂嫁给滕联芳，自立门户，过着幸福的二人世界，这一下就过了十来年，生了家鸣和家鸿两个儿子。

张秀琴思绪回到现实中来："如今怎么办呢？娘家是回不去了，往后带着两个儿子的生活可怎么过下去呀！"她急得在房间里打转……啊，想起这几年演出还有一些包银存在班社管事的账上，明天一大早去河北梆子班社先取出来度日吧，心里方才踏实了些。看着两个不懂事的孩子睡得香甜，她自己却一夜无眠盼着天快亮。

早上九点来钟，秀琴估摸着管事账房上班了，把俩孩子托付给房东刘先生，自己急忙到剧社账房找管事的先生说："您给看看，我在账上还有点存钱吧？我想支取出来。"管事的说："我给您查一查啊。""您瞧这账单，您的演出包银早就让您先生一次取出拿走啦，您不知道吗？这儿有签字呀！您的包银通常都是滕先生来取的。"啊！张秀琴想起来了："是，是，有这回事，我以为还剩些。"张秀琴如五雷轰顶，"活不了啦，人财两空呀！真没法子活下去了！"她一路上神魂颠倒，两眼直勾勾地回到家里。

家鸣和家鸿看娘坐那儿发呆，几天来也没什么话，觉得害怕！

"娘，您，您喝水吗？"家鸣小心翼翼地问。家鸿见到娘不应声也不敢言语，自己闷头打开留声机小声地放唱片听——这是小家鸿唯一能消遣的玩艺儿。

天色渐渐地暗下来，屋子里的空气也闷闷的。张秀琴饭没吃就躺下了，哥哥放学回来在碗柜里找了点儿剩馒头、稀粥，热了热，哥儿俩一言不发地凑合了一顿。张秀琴哪里睡得着，一串串泪珠打湿了枕头。

她对滕联芳是又爱又恨，心中有苦无处倾诉。曾经多少次劝丈夫："一家四口人能过上平平安安无忧无虑的日子要珍惜，不要有点儿时间就看戏去，下棋去，只知道贪玩，没东西可学了？钻研一下业务，力求上进。除了工作就是玩儿可怎么好！"

可恨滕联芳不思改悔，每回都打哈哈，念句韵白"娘子，不必多忧虑"搪塞过去。他看戏听戏十几年走火入魔啦，把妻子的忠言当作耳旁风。张秀琴心想："事到如今落得如此下场，谁都别怨了，是我一步走错成千古恨，往后怎么办呀？"辗转反侧，张秀琴泪流如注，绝望之下心一横，走吧，一了百了！反正家里一无所有，也没什么可留恋的。

张秀琴急返回娘家

次日，天刚刚放亮，张秀琴洗漱利落，把两个儿子叫起来，洗得干干净净，穿戴齐整，抱起小的，拉着大的（一个五岁，一个八岁），门也没锁，急急忙忙就奔大门口走去。

巧了！只见张秀琴的嫂子拉着儿子铁安风风火火破门而入，差点撞个满怀，她上气不接下气说："你们，你们这是要上哪儿啊？赶紧回去！我有话跟你说。"不等秀琴开口就往院子里往走，拽着铁安三两步就进了屋子。这么多年没走动，今天是怎么回事呀？还火急火燎的。张秀琴被这阵势吓唬住了，只好把两个孩子带回来，追进房间内。嫂子忙说："妹呀，可不得了啦！你大哥去世俩月，咱家没有饭辙了，再过几天就揭不开锅啦！今儿个咱妈让我们娘儿俩来接你们回去商量商量。"嫂子说完她娘儿俩嚎啕大哭。秀琴一看这情景震惊无语，把自己的事儿全忘了，劝道："嫂子你们别哭了，别哭了，慢慢儿说。"

侄子铁安十岁，接荏儿哭着说："我爸爸大病都去世两个月了，也没告诉您，他去世前说：'一定要把大姑请回家来。'我爸一走，家里就揭不开锅啦。我奶奶让我们请您回去商量商量，说您有本事。您回家吧！呜呜呜……"嫂子和铁安哭得说不下去了，张秀琴是急脾气："这还得了！这可怎么好哇，干嘛早不告诉我呀？"秀琴是个孝顺的人，当初离家也是不得已，一时任性。其实她也非常想娘，想哥哥，十来年没见了，一直放心不下。说着说着她也哭起来："嫂子啊，你不知道啊，我这儿也出事儿了，这可怎么办哪？"转身叫俩孩子："你们先出去待会儿。"俩孩子拉着手到院子里去了。

张秀琴说："我说点儿事。"把滕联芳失职离家的事对嫂子说了大概其之后，又说道："我也人财两空没法儿活了！"说罢二人抱头痛哭。

过了半晌，嫂子说："别管怎么着，孩子他奶奶说你能唱戏呀！你还有本事能挣钱呐，咱们张家还得靠着你呀，你哥哥大病一场撇下了老的老小的小，积蓄花了个精光，真活不了啦！"

这才是"屋漏偏遭连阴雨""福无双降，祸不单行"。大家都冷静下来以后，铁安他妈说："你们三口就搬回来吧，娘原说请你们全家回去呢，今天就你们俩了，也好，妹妹你这家里也没有什么可留恋的，咱们那儿有几间房子能安置。你我都年轻，不能等死呀，家里就全靠你啦，咱们赶紧收拾收拾回去吧。娘可想念你啦，他真想马上看看、亲亲两个小外孙子，天天念叨着你们，唉声叹气掉眼泪，悔不当初。"

"看来是时不我待了！我这家也是没法儿待，没什么可念想的了，我跟你们回家去吧，回去吧！"秀琴决心已定，为了一家七八口人活下去必须挑起这副担子来！她再一次燃起了对生活的希望。

张秀琴把租住的房子退了，房东刘先生说："真是想不到的事，这么突然。你们要常回来看看老头儿我，这俩孩子是我看着长大的，真舍不得。"张秀琴安慰道："我们安顿好了也请您过去瞧瞧。"说完带着两个儿子和几件家什恋恋不舍地回娘家去了。

张秀琴挑起养家重担

走进胡同口，张秀琴远远望见老娘弯着身子站在门前翘首盼望着，不禁加快脚步挥泪喊道："娘，我们回来啦！"老太太激动得说不出话来，伸着颤颤巍巍的双手把飞奔过来的女儿紧紧抱在怀里，热泪交流。秀琴忙把家鸣和家鸿拉到母亲的面前："快叫奶奶！"两个孩子连声高喊："奶奶，奶奶！"边扑向前去贴在奶奶身边，虽是第一次见面却感到亲切温馨无比。老人家看见这么水灵的小宝贝破啼为笑，紧拉着小孙儿转身进门，惟恐孩子跑掉似的。之后，娘儿俩把分别以来发生的变故一通聊，哭得天昏地暗，嫂子劝说半天才平静下来。

正是在这样的无奈和痛苦的情境下，三十来岁的张秀琴决定重新登上舞台，挑起养家重担。当年出嫁时，台上使用的行头没带走，就放在家里，另外在班社中也有一部分，如今用起来很方便，不用再置办什么。秀琴对老太太说："娘，您放心。明天我到班子里去，先支点钱应急，买些粮食，把房租交上。"

九月份是一年演出的旺季，原来的班社梆子福社正缺唱大青衣的角儿。张秀琴一大早来到剧社，大家惊喜地喊道："这是谁呀？什么风把角儿吹来了！"秀琴见众人这么亲热，眼圈不由泛红："我回来唱戏了，再也不离开大伙儿啦。"这时班主李先生来了，见到秀琴忙上前道："你来得正好，咱们班社就缺您这位大青衣呐！"

张秀琴是个家里家外都能挑得起的女人，她不光会唱戏，做针线活儿也是一流，登台之余她还接了不少缝皮子的活儿，除了自己干，还指导嫂子和娘一起缝。演出旺季时她常常一天赶三包，再苦再累也毫无怨言。一家老少小总算是又能安生度日了。

一晃，孩子们都到了念书的年龄。家鸿读了四年私塾，张秀琴到老师那里说："先生，我们家生活负担很重，往后怕是念不起了。"老师叹了口气，对家鸿娘说："唉，可惜啦！这四年家鸿学习进度比一般的孩子快得多，老师叫背书他总是抢着举手第一个背。默写时老师念出一个字大家想半天，家鸿都写出三个了。《唐诗三百首》，我专挑难的冷门的让他背，他也不打磕巴儿。他嫌我讲课慢，淘气的他把纸揉成团儿，夹在中指和大拇哥之间弹出去，有一次竟打在我鼻尖上！我是又气又喜，气的是这孩子太淘气，喜的是他聪明过人，如果能好好栽培前途无量。"家鸿娘跟老师说："没法子，半大小子吃死老子。一家七口老小全指着我唱戏养家，钱紧呀！"老师无可奈何的摇了摇头："就依您吧。"

家鸿的新生活

仅凭张秀琴一个人供养老少七口人，她确实心有余而力不足了。就在这年的七八月，家鸣被滕联芳接到上海去生活，家里相对来说负担减轻了一些。家鸿十二岁失学后，跟随娘一天赶三包，有时还出外去石家庄、保定、山西等地唱戏，因为当地给的包银多。张秀琴有姐夫弦师何福泉傍着，母亲照看孩子，嫂子把管大衣箱、二衣箱，穿服装、洗水衣子，泡刨花、刮片子，铁安收拾手使的道具，把琐碎的事全部担当起来。家鸿打打水，扫扫地，母亲登台时，还端个小茶壶给娘饮饮嗓子，一点都不闲着。这些生活经历，对于家鸿而言倒是上了重要的一课：只有勤奋工作、艰苦奋斗才能生存。

　　家鸿的生活区域就在商业娱乐活动繁华的南城前门、大栅栏、鲜鱼口一带。大栅栏被誉为"北京城市发展史的活教材"，曾有民谣曰："大栅栏里买卖全，绸缎烟铺和戏院。药铺针线鞋帽店，车马行人如水淹。"京城中四百多家会馆，其中三百余家都集中开在了大栅栏附近。这里集中了三庆园、广德楼、广和楼、庆乐园，它们并称为戏楼中的"四大名园"。到了清末民初，三庆园又与广德楼、广和楼、庆乐园、同乐轩、庆和园、中和园被誉为"京城七大戏园"。大栅栏地区在最辉煌时有三十多座戏园，也是当年梨园艺人主要的聚居地。家鸿每次去到剧场途中，常常跟娘说："我先在这儿玩会儿再到戏园子去。"其实他是被商店里留声

1926年，张君秋（前排右一坐者）六岁

机、无线电播放的京剧唱段深深吸引，有老生的、花脸的，也有青衣的。天长日久，他也渐渐学会了哼唱其中的一些段子。在家宅附近和小友们一块踢球时，输了球家鸿就代表他的队被罚唱一段，这成了他的看家本领，大家喜欢听，有时就特意输球好让家鸿唱一段。

街坊四邻都知道家鸿有条漂亮的嗓子，长得又这么好看，"学唱青衣吧！"有人这么对家鸿说过。他也一直用心找自己能学的本事。由于接触的环境都是做生意的人和事，于是他就做些帮人在药房搓中药丸、替商家串结账后的铜钱等活计。小家伙干起活来有模有样，每次把钱串完，拍拍手和身上，意思是没问题一个子儿不差。那老板、伙计都欢迎他来，手底下快，脑子好使，几天的营业收入几百个铜钱，分堆串串儿，准确无误，从不返工。家鸿高兴的是在这儿干活儿可以请小伙计多放几遍他爱听的老生唱段，还得加上梅兰芳的《玉堂春》。大家心知肚明，只要是家鸿来了就问："今天先听哪一段？"整个营业店堂的人也都会心地笑了。

河北梆子演出散戏通常比京剧剧场早很多。梅、尚、程、荀、马、谭、金、孟等大名角唱戏票价贵，晚场开戏在七点，先是帽儿戏，亦称开锣戏，指演出时的第一出戏。帽儿戏多是像《天官赐福》之类情节较为简单的吉祥戏。

帽儿戏的剧目逐渐有所变化，变成些火炽精彩的小武戏和能活跃观众情绪的玩笑剧目，像老旦的《吊龟》、花旦戏《拾玉镯》、短打武生的《三岔口》等。"角儿"上场要到九点来钟，一直唱到深夜，快散场时不收票了，附近居住的戏迷都纷纷拥进，家鸿当然也在其内。他从小就感受到大师唱戏的气场、氛围不一般，看到戏院外车水马龙的阵势，这一切都深深地打动着那颗幼小而聪慧的心。来自于艺术的巨大魅力给年幼的家鸿以深刻的震撼，他时时有被融进这圈里的感觉。

家鸿十二岁时有一天，张秀琴演出后催促快收拾，把在这剧

建于清同治年间（1862—1874）的恭王府大戏楼

（图片来源：张肇基）

场的箱包全拿走，一件不能落下，她宣布："这儿的演出结束了，明天箱车就到石家庄，大伙儿回家准备一下，明儿下午六点出发。这次去河北演出得十天半个月呢，那儿有个大庙会。"家鸿听后问："为什么跑那么远去唱戏，北京多好！"家鸿奶奶说："金九银十，这正是挣钱的月份，今年大秋收成不错呀，县长、乡长高兴，请县城和乡里人看大戏，从北京邀角儿。他们都爱听你娘唱。"家鸿撒娇央告着说："我也去，我一定要去，娘，您就带我去吧！"看儿子这么期盼着出门，张秀琴连连点头道："好，好，带着你！"其实张秀琴早就和管事的李叔说好，安排一家五口人去，因这次住旅店，吃喝条件很好，而且是乘火车，就这样一行人出发了。

　　家鸿的奶奶和舅妈、表哥一起坐硬座，带着手使的化妆箱包等物件。车厢满座没票啦，又不能第二天走，怎么办呐？张秀琴带家鸿只好坐敞篷运货车，总比坐马车快，既便宜又节省很多时间。

　　北方的秋天最美，不冷不热。娘儿俩上了厢车，家鸿偎依在一个棉花包垛（纱厂纺棉布的棉花包）中，又暖和又舒服。按说

货车是不能坐人的，因车长是剧社李叔的好友，又听说是唱梆子的名角儿母子二人，也就默许了，但条件是不能出声，一经发现要被赶下车去，车长叮嘱秀琴千万要管住孩子。车开了一个多小时天黑了，小家鸿紧挨在娘身边仰头数星星，漆黑的空中透着一抹幽蓝，疏落的星光随浮云漂流闪动，好像在显示着命运的深沉莫测。数着数着，家鸿觉得有些困意和无聊，突然他想起怀里揣着的一个小笼子，这是表哥铁安亲手制作的，临出门儿时悄悄地塞到了家鸿的口袋里。小笼中有一只叫声嘹亮的蛐蛐儿，实是招人喜爱，他顺手拿出来，小声学叫了两声"嘟嘟"。母亲看到他拿着蛐蛐儿，生气地瞪大了眼睛，一把将这心爱的小玩意儿抢过来，顺着车的挡栏就给扔了出去。家鸿差点儿大叫起来，张秀琴急忙用手捂住儿子的嘴说："马上要停车了，这时段查得紧，发现这里坐着人会给轰下去的。"家鸿红着眼圈含着泪撇了撇嘴，扭过头去忍下了，再也不敢出声。

这次在石家庄、保定剧场演出七天，任务完成得非常好，挣得满盘满碗，剩下三天还要到高阳县的大庙会连演三场，那里的包银更多，因河北梆子是河北地方最喜欢的剧种，张秀琴又是北京请来的角儿。考虑到这三场要吃住在农家，条件苦点儿，所以张秀琴只带家鸿的舅妈和铁安表哥一同去，把家鸿留给奶奶安置在保定的一家小旅馆中。

保定城没有想象中的有意思，也没有北京那么多好玩儿的东西，人生地不熟，更没有小伙伴一道玩儿，家鸿实在憋得慌。次日清晨起来吃过早点，这孩子就出了旅店，在大门口附近溜达，蹦蹦跳跳走着。忽然，一个熟悉的河北口音叫他："小少爷，您在这儿干什么呢？"家鸿抬起小脸一瞧，哇！可碰着熟人了。这几年娘来保定演出，时常就是这位拉人力车的爷们儿接送。"啊，没事，玩会儿。"车夫又忙问："你娘呢，今儿个坐车不？你去说一声，我这儿候着呢。"家鸿说："我娘和剧社的人去高阳了。""咋的了，你咋没跟着去呢？"这一句话不要紧，把家鸿要去高阳找娘亲的愿望给吊起来了。"您能拉我去吗？""咋不能呀，给钱就走不是吗？""是呀，好！"小家鸿迫不及待了："钱我有。"边应着边把手往自己的裤兜里摸索着，掏出了几个小铜子儿，一数，八枚，递给了车夫。那车夫连声说着："够了，够了！""那好，等我跟我奶奶说一声咱就走。"小家伙扭头进旅店拿点儿吃的东西后大声对老人家说："奶奶，有一个常拉我娘演出去的洋车夫送我去高阳，我走啦！"还没等家鸿奶奶表态呢，小家鸿早就一溜烟跑出旅店跳上车出发了。

一路之上家鸿兴奋异常，出了城区视野豁然开阔，农夫在田里忙碌，秋收的棒子等粮食一垛垛堆得老高，看来年景不错。那车夫四十来岁，膀大腰圆，拉起车来一路小跑，步子轻快平稳，家鸿坐在上面十分惬意，放开嗓子唱了起来，引起地里一片叫好声。这孩子越唱越欢实还带着锣鼓经，车夫也被感染得唱起梆子腔来，大小嗓结合，依依呀呀啊、哎哎……不知唱的哪一出。家鸿边听边笑得前仰后合，途中除去解手外几乎没歇脚。

演戏的乐趣

不多时，远远看见人山人海聚在一起，还有锣鼓声传来。车夫说："好了，快到了。"家鸿激动得喊起来："啊，到啦！哇，我到了！"他从来没有自己单独出过门，而且又是到不熟悉的地方，心里多少有些紧张，听说到了顿时就放松下来。

家鸿蹿下车径自往戏台大棚跑去。到了后台，那些候场的演员和大、二衣箱的叔叔、大爷一看，谁呀？都愣了，异口同声："你怎么来了？"家鸿赶紧"嘘"了声，走到娘身后。张秀琴正在戴凤冠，《大登殿》王宝钏快上场了。在镜子里看到家鸿真不敢相信，这是真的吗？急忙转回头，果然是儿子！"怎么回事？你怎么来的？你奶奶知道吗？""知道，我跟您说了。"管事的递来一杯水让家鸿喝，接过话茬儿："好家伙，胆子不小，喘喘气儿，坐下歇会儿。"家鸿在戏箱上坐了下来。"娘，这场子真大呀，好热闹，在北京可没看见过。"跑龙套、跑丫环的小哥哥、姐姐们纷纷过来打招呼，还拿来了河北有名的烧鸡。

家鸿吃得正香的时候，一位脸上画着"豆腐块"的宋叔叔过来说道："这孩子来的巧啦。下午两点的开门炮垫场戏《佛门点元》缺一个小童子，我在台下走了几遍想找个小孩给他说戏，让他来童子，愣没一个合适的，不是太大就是太小，要不就是不好看，再不就是胆小，不敢上台。我正发愁呢，怎么这孩子就到了，正合适！"大家都哈哈大笑，神了，神了！这时张秀琴颇有顾虑地说："别，别，这孩子没上过台，别给演砸了。咱这几天成绩不小，保住这难得的成果，小心点才好。"那大哥说："您放心，我多给他说几遍保准没有问题。"接着转过脸来对家鸿说："看了好几年的戏了，来个活儿没问题吧？"家鸿一听说要让自己登台，心里那叫一个美滋滋，也搭着那股初生牛犊不怕虎的劲儿，就满口答应下来。张秀琴见状虽然开心，但嘴上却说："别人来疯！"家鸿吐了一下舌头，脸红了。那宋大哥说："没问题，包教包会三遍准过，化妆去！"

家鸿坐下来，这个帮着化妆，小红脸蛋拍上胭脂粉，眼眉中点了一个红点；那个帮着穿彩裤、娃娃衣。戴上小娃娃头套后，大家一看呆了：真是仙童下世！心想今天的观众来着了。那位宋大哥在化妆棚子后面找一块平地，连比划带示范走了几遍，家鸿虽然只有几句台词，也十分认真反复地背念，直到认为万无一失，才到后台大衣箱旁的空椅子上坐了下来，等候上场。

垫场戏《佛门点元》开演了。只听得银铃般的一声高叫："啊……嗨！"锣鼓声中小童子骑着老虎（虎形）上场亮相，台下观众定睛一看，啊，太可爱啦！给了个碰头好。只见这孩子细皮嫩肉，浓浓的眉，水灵灵的一双大眼睛，人都说没见过这么好看的孩子，也没见过给孩子碰头好。后台的母亲及诸位演职人员也同时鼓起掌来，连声说："这真是送上门的神童！"观众不断往台上扔铜子儿、扔糖果，场面火爆。

这童子骑在老虎身上，反复在上下场门舞蹈，到中场时候虎形小声对孩子说："哦，您该下来了吧？"家鸿这才想起："太好玩儿了，忘记我得躺这儿啦。"立马躺倒在地。虎下，老伯（丑角）上，念："老汉今年六十八，一切都挺好，就是有点遗憾，没儿子啊。昨晚做个梦说今天就有个孩子到我家，一大早出门把果子摘，把核桃打，这不急着忙着跑回家，啊！"（嘟仑，嘟仑，嘟巴大——仑）滚一个毛儿，"什么东西挡我路？我瞧瞧，啊，是个大小子啊！莫非梦想成真？我说孩子，起来，别躺这儿呀，冻着、饿着怎么办呀？起来，起来，我背你回家吧！这是怎么话说的。"只见老汉弯下腰，正要背这孩子，（嘟——仑）噌！孩子一挺身起来了，说："干爹在上，受儿一拜！""哈，哈，哈，梦想成真呐！"爷俩高兴地扭了几番，观众往台上扔糖，扔铜钱，叫好声此起彼伏。

初次登台，虽说只来一个逗趣的活儿，可是对于年幼的家鸿而言是体味到了演戏的乐趣，心里乐开了花！

张秀琴率河北梆子福社到河北省石家庄、保定的演出季完成了最后一场戏，大家非常兴奋。天黑前，管事的说："大家收拾好服装和道具，早点装车。舞台组先行一步押车回京，大马车回保定。"尽管这半个来月的演出大有收获，大家也有些想家了，每个人也都有些疲惫，该歇歇，好接着再战。正在大家各自收拾着，准备回家时……

化险为夷

忽听得一个河北口音很重的男人说："谁是管事的？张秀琴在哪儿？"只见来人黑瘦，一脸凶相，身后带着七八个青壮年汉子。"听说你们收拾东西要走人，有这事儿吗？"不容戏班管事的分辩，又接着说道："乡里有规矩，唱完商业戏还得唱两天谢神戏，你们一个人都不许走，要不然没好果子吃！听见没有？"管事的说："没听说啊！""什么？没听说？那今儿就告你们，谁敢不从，就别想回家！""嚯，真横！"不知哪位小声说了一句。

这时铁安他妈忙说："张秀琴感冒发烧坚持两天了，不能再唱啦！"家鸿看见卸妆的娘脸色通红，两眼无神地靠在椅背上，心痛地叫了声"娘！"来人接着说："别找不自在，唱也得唱，不唱也得唱，瞧着办吧！"来人又说了："谁是管事儿的经理？出来一趟！"管理经营部周老板站了出来。那人说："怎么着，你们要走？那可不成！没听说这儿的规矩吗？营业性的唱完，还得给我们唱三场义务戏呐！你们挣钱就跑那哪儿成啊！义务戏不唱就别怪我不给你们结账。"周老板说："这次签的合同上没写加唱义务戏三场，只有四六分账，你们六成我们四成。您看看那合同是不是这样签的？"说罢回头便叫："王小三儿，拿合同去！"这乡保捋起袖子，亮出粗壮的胳膊，又着腰狠狠地说："你跟谁签的合同我不管。这三场戏必须唱，要不然谁也别想走！"气氛一下紧张起来，大家不知如何是好。只见张秀琴强打精神、声音微弱对大伙儿说道："快过年了，别找不痛快。给他们唱！咱们不是就是干这行的吗？"小家鸿扯了扯母亲的衣裳，低声说："娘，您不是在发烧吗？"这时候家鸿的舅妈也过来："是啊，身子骨烧得这样，怎么能坚持唱啊！"乡保瞪眼来了句："发烧也得唱！要走人，一个子儿也别想拿！"众人无语。张秀琴说："我出来的时候，倒是带着点儿应急的感冒消炎药呢。"接着对经理说："您先请乡保把咱们演出的收入结清,然后定戏码,好吗？"周经理说："好！那辛苦你了，赶紧吃药。"转过脸，双手抱拳："请大家再加把劲儿，坚持一下！快卸妆，回去休息。明天上午九点开头场戏，中午一点半开戏，晚上大戏七点开。戏码儿定了，通知大伙。"乡保抢话说："张秀琴得唱《大登殿》！"气氛终于缓和下来。

回到老乡家后，张秀琴叫嫂子给房东多加几块钱，把炕烧得热一点，又说道："给我熬一碗红糖小黄米粥，我吃上两丸儿同仁堂的退烧药也许就好了。"经理和业务商定了演出三场戏的剧目，上午《打金枝》，下午《喜荣归》《伐子都》，晚上张秀琴唱《王宝钏·大登殿》。

次日，张秀琴支起精神来对大家说："大伙儿放心吧，我能唱！"家鸿看着娘憔悴的状态，体会到母亲的艰辛，暗自琢磨，我怎么才能替替娘呀！想着想着，不觉眼眶有些湿润……

结清账目后，全员乘火车打道返京，高高兴兴回家过年。

这次抱病演出，化险为夷，在业内传开，大家对张秀琴竖起大拇哥，十分佩服。

张秀琴拼命唱戏，又做针线加工活计，全家一起努力，省吃俭用，生活有了起色。1931 年十一月，张秀琴想用积攒下来的钱购买几间房子，跟儿子商量："我打算买几间房，咱们也宽绰宽绰，踏实踏实。"家鸿自然高兴。精挑细选后，他们在宣武门外汾州营买了三间半大北房。秀琴带着家鸿搬进新居，房子位于前门大街南边，离市中心不远，这地界住着许多当红的京剧名角儿，娘儿俩去前门大栅栏、珠市口一带演出跑戏园子非常方便。秀琴付出的劳苦终于得到回报，用自己挣的血汗钱买了自己的房产。这一切作为，都在小家鸿的心目中树起了榜样，为他日后的奋斗崛起种下根苗。

决心学戏替娘养家

十二岁时家鸿鼓起勇气对娘说："娘，让我学戏吧，以后我替娘养家。"张秀琴很是惊奇："你要学戏？能吃苦吗？""能！"孩子斩钉截铁地说。儿子的心意令张秀琴很是激动，她静下心想了想说："咱们娘儿两个都再想想，这可是一辈子的大事，决定了就得吃苦做下去。"看着儿子一本正经的样子，她觉得孩子真的是长大了。张秀琴自己是演员出身，深知吃这碗饭的艰苦，但考虑到眼下的境况，同时家鸿对京戏又这么热衷，那就让儿子试试吧。

传说中的富连成科班

十年能出个状元，却未必能出一个好角儿。那年月学戏有三种途径，一是将孩子送入科班，科班是学习与演出结合的戏曲学校，比如富连成。

　　富连成科班由吉林商人牛子厚出资、京剧演员叶春善筹办，于1904年在北京正式成立。它是京剧教育史上办学时间最长、造就人才最多、影响最为深远的科班，四十余年间，培养了"喜""连""富""盛""世""元""韵""庆"八科，共八百多名学生。其中雷喜福、侯喜瑞、马连良、于连泉（筱翠花）、马富禄、谭富英、茹富蕙、裘盛戎、叶盛兰、叶盛章、萧盛萱、孙盛武、袁世海、李世芳、毛世来、江世玉、迟世恭、艾世菊、谭元寿、茹元俊、冀韵兰、夏韵龙、叶庆先等，均成为京剧名家。他们中不少人又传承、培养了一批又一批学生，为京剧事业的发展作出了不可磨灭的贡献。1935年叶春善去世，由其长子叶龙章继任社长。

　　富连成改变了传统的口授传艺方法，实现了京剧教学的突破性变革。在喜、连、富、盛、世五科学生中，产生了好几位流派创始人和许多京剧艺术家；在元、韵两科和庆字科中，也出现了一些京剧名家。侯喜瑞（净）、马连良（生）、谭富英（生）、裘盛戎（净）、袁世海（净）、谭元寿（生）等都出自富连成，连梅兰芳、周信芳也曾带艺到富连成进修。

当时社会上有这种说法："进富连成科班学本事，就要有接受七年'坐大狱'般的毅力。"凡入科班一定要立字据，如同订下"卖身契约"，坐科期满后要为科班效力三年。富连成科班只收男生，而且没有文化课，只传授表演艺术：基本功、毯子功、把子功、唱工、做工。管教非常严厉，盛行体罚，称为"打戏"，所谓"不打不出戏"。学生趴在长凳上，教师用刀坯子（木板或竹板制的道具刀）打屁股。有一种处罚方式叫作"打通堂"，一人犯错误，全班通统要受到打屁股的处罚。学生被打的时候，往往还要脱掉裤子，光着屁股打。据说，谭富英先生看到儿子谭元寿被打得哭着跑回家，忍受不了，带着刀子要去拼命，结果被徒弟给抱住，免去了一件恶性事故发生。

张秀琴听说过科班体罚的厉害，鉴于此，就没让家鸿考科班。另一种学艺途径是"梨园世家"的家传，张秀琴虽是好演员，但不是唱京剧的。最后，张秀琴决定让家鸿走第三条路——投师学戏的路，也就是投在某一位先生门下，由老师手把手地传授技艺。

第二章
1932—1940

改姓更名投师学艺

张秀琴看到孩子对唱戏痴迷，根据他的嗓音、模样和聪明劲儿，认为这孩子是块好料，于是作了一个重大的决定，就让儿子学戏吧！她想，唱戏得取个艺名，家鸿出生在阴历九月，正值深秋，这孩子一定要培养成君子，就随自己姓张吧，便给家鸿改名"张君秋"。她对家鸿说："你想学戏娘答应，那咱们就先更名改姓，往后你就叫张君秋吧！"接着把"君秋"二字的意思讲给儿子听，家鸿喜欢这新名字："好！""你们哥俩都随我姓'张'。"张君秋这个响亮的名字由此横空出世。

张秀琴不忍心让瘦弱的君秋入科班受罪，便选择了投师学艺。她给儿子找到的老师名叫李凌枫。李凌枫先生是京剧界有"通天教主"之誉的王瑶卿老先生的学生。同时，张秀琴又让孩子跟锡子刚先生学习拉胡琴，锡老师以教学生为生计，他不上场。小君秋学习拉京胡这步棋走得好，万一嗓子倒仓出问题，精于操琴也是维持生计的本领。小家伙一天从早到晚除了学唱就是练拉琴，怕声响太大，骚扰街坊四邻，把京胡别上一只筷子，长弓子、短弓子，里外弦儿，西皮二黄，曲牌拉起来，十分认真。学会拉京胡对张君秋日后创立张派唱腔也起了很大的作用。

张秀琴聘请李凌枫先生教戏，还是有些缘故，这里不得不提到一个人，就是京剧老旦行当发展史上一个集大成的人物，"李派"老旦创始人李多奎先生。张秀琴是河北梆子艺人，她考虑到梆子那时已经远不如京剧在北平受众面大、行市广、叫座率强，所以为儿子选定了学唱京剧的方向，这也是随了儿子喜欢京剧的意愿。李多奎的二哥是梆子班社的琴师，和张秀琴是同辈人，合作过一个时期，平素关系也不错。李多奎非常喜欢君秋这孩子，收他为义子。一天，张秀琴对君秋说："后天咱们娘俩到你李多奎干爹家去，请他给你介绍个师父，你好好准备一下。"君秋听到娘这

四小名旦之一张君秋（十六岁）

样安排，高兴极了，马上去理发，晚上烧热水洗澡，还整理出门要穿的干净衣服，虽不是好料子，但是十分合体。君秋还特意喊喊嗓子，背背老生唱段。

　　第三天一大早吃过早点，秀琴说："走，咱们去你干爹家。"君秋换好衣服，精神焕发，好像是去赶考似的。秀琴梳洗后更显精明强干，她拿起买的大点心匣子，带着儿子直奔李家。进了门秀琴对多奎大哥说："您这个小干儿子呀，跟我说他要学戏，唱京剧老生行当，还自学了两段。我听过后觉得他有条好嗓子，再瞧他这个模样儿，是块学戏的好材料。我答应了孩子的要求。我呢，还让这孩子的姓随我，改名叫张君秋啦。您看好不好？"李多奎连说："好，好！这个名字响亮。"秀琴接着说："我在京剧界呢，认识人不多。我就想起哥哥您来了，您在梨园行正当红，在京剧界交际广朋友多，我想请您给他推荐一位教戏的先生。君秋也对我说，他想考富连成或者中华戏校。带他去看了看，怕他受不了挨打，我有点儿心疼，他说他不怕，人家能吃苦我也可以。话是这么说，我还是想请您给推荐一位先生，一个老师看着一个学生

上课比一个老师教八个学生，学得会更好。不然，很容易大家都学成一个样，那就没有意思了。大哥我今天就领他来了，您给看看，他会唱几段老生戏，让他唱给您听听好不好？"

李多奎大笑："哈哈哈！我这妹妹真不一般。这一进门儿就不让盖口，全听你的了。不过呢，你说的对，这大名改得好。这孩子我看模样儿、个头儿、长相真不错。咱们听听嗓子怎么样好不好？一个演员先听嗓子，后看长相，才再决定学哪个行当。你喊两嗓子'依……啊……'。"干爹小声地示范了一下，小君秋听过很多艺人在陶然亭那片儿喊嗓子，练发声，他试着学会了，喊了也有个一年半载，心中有数，所以今天一点儿都不怵头。只见他站好深吸一口气，用大嗓（即真声）喊出"依……啊……"，高亢嘹亮，多奎干爹听着也兴奋了："唱一段，唱一段。"君秋开口唱起了《文昭关》中伍子胥的二黄慢板："一轮明月照窗前……"李多奎听后十分满意，这嗓子音色好，有调门儿。他拿起竹笛子捏着几个眼，嘟、嘟、嘟吹了几下说："正宫调，行，有调门儿，好！这小模样我看唱大青衣就更合适，不然有点儿可惜。嗓子好，长得标致，身条瘦溜，个头也好，很难得。"李先生眼睛里放出对小君秋欣赏的光芒，说道："君秋，你有没有假声小嗓儿？你试试也喊几嗓子好不好呀？"君秋眨了眨大眼睛说："试试也成。""依依……啊……"，假声小嗓儿也有，还更水灵清脆，好听极了。李多奎赞道："行了，咱就大青衣了，我给你推荐一位名师，过两天见面。"伯乐一锤定音，看得好准呐。

母子在等待中过了几天，李多奎先生作中间人、保证人，把张秀琴和君秋带到李凌枫家。他了解秀琴一家老少靠她唱戏过生活，家境着实艰难些，便请求李凌枫道："您把这孩子交的月规（按成规每月付给老师的费用）减到五块大洋吧，孤儿寡母的，不容易。等过两年能唱一出了，孩子再多孝敬你，给你长份儿。"在场的几位会心地笑了起来。其他人家弟子都是十块大洋，由于李、张两家是街坊，君秋不在先生家中吃三顿饭，也不住在李凌枫先生家，李先生盘算一下，也就接受了这个条件。拜师没有举行大仪式，君秋给李凌枫师父和干爹分别磕头、敬茶水、交钱，拜师仪式就结束了。打这儿开始，张君秋正式跟随李凌枫学习京剧青衣行当的专业艺术。

张君秋拜师前没有练过形体基本功，早晨稍稍吃点稀粥就能顶一个上午。现在开始喊嗓子练功了，天不亮爬起来，秀琴早把一碗稀粥一个小饼备好，孩子拨点咸菜稀里糊涂吃完一抹嘴就奔陶然亭去了，连来带去两个小时，喊完嗓子便直奔师父家压腿、踢腿、跑圆场，毯子功后把子功。还没学唱呢，到中午那肚子里就咕噜咕噜叫了，前心贴后心，两眼冒金花。十二岁正是长身体的时候，需要大量的营养，可是日常吃的饭食又差，体力入不敷出，小君秋真能咬牙，饿也不说，一直坚持到中午下课回家吃午饭。秀琴知道孩子练功，需要补身体，就做得比平时加量，质量并没有变化，半个月下来君秋的饭量增加了一倍，人却越发消瘦。君秋有口无心地对娘说："在师父家看他咬着芝麻烧饼夹牛肉，吃得有滋有味，等将来挣钱了我一定要买好多牛肉夹烧饼吃！"为娘的知道孩子累了，营养跟不上，心里也有点起急。

君秋学戏心急，愿望迫切，因而全神贯注学得比较快。可老师对他教的比别的学生慢，每次授课才教几句唱念，满足不了自己的渴求，他不免感到焦躁。这情绪自然逃不过张秀琴的眼睛，但想到时下家里的窘境，无奈何也就只能安慰儿子："艺不轻传，且得慢慢地教呢。听你干爹说，李凌枫对演唱技巧进行了刻苦的钻研，又经过王瑶卿先生点拨，对京剧吐字、发声和四功五法有独到的见解。他能教戏，还拉一手好胡琴，是个人才。"君秋说："一句'玉堂春含悲泪忙往前进'他教唱半天，我早就学会啦。"秀琴说："这就对了。""哦，是吗？"君秋心想不能急躁，要慢慢细细地学，学精了才是。

君秋是个非常自觉好学的孩子，学戏时那精神集中的劲儿令李凌枫心服口服，他名下弟子不少，真没见过像君秋这样的。君秋不仅把老师教自己的很快学会，就连旁听老师给其他学生授课的内容也两眼紧盯着，竖起耳朵一句不落地听着，嘴里小声跟着唱，默默记忆着。所以不仅是教他的那一出戏学得扎实，教别的孩子的戏他也照样学会了。

有一次师父骑自行车带着君秋去一个学生家，这家经济条件好，钱给得多，所以每次都是老师亲自登门授艺。那孩子学了有个把月时间，这次李先生过来，本想着让学生给他爹妈唱一段《二进宫》二黄慢板"自那日与徐杨决裂以后"，汇报成绩，也展示一下自己的教学成果，谁知那孩子边闪躲边小声嘟哝着说："我还没学会呢。"李老师很下不来台，脸上有些挂不住，轻声对徒弟说："你没问题，有师父兜着你呢，唱吧，好吗？"过门儿拉完该开唱了，这位学生死活不张嘴，局面十分尴尬。此时，站在师父身后的张君秋出来解围："师父我来吧！"老师愣了一下，眼睛瞪着君秋："你来什么，你会这段吗？"君秋说："没问题，就这段吧。"那位家长见这愣小子清秀的小脸儿着实可爱，就顺着说："让他唱唱，听听。"老师又瞧着君秋问："什么调门儿？"君秋说："就这个调门儿，没问题。"李先生拉起京胡，怕这孩子不知道该在哪里张嘴，一直用眼睛盯着他，没想到大段的《二进宫》二黄慢板他居然唱下来了，非常顺溜，一点儿也没觉得吃劲费力，嗓子富富有余。唱罢，李先生和在场的大人都觉得真是不错，那家长鼓掌说："太棒了，怎么有这么好听的嗓子呀！您可是收了一个好学生。"李先生也是满心欢喜，刚才那点尴尬的情绪也烟消云散了。

时间过得真快，转眼就一年时间了，君秋已经学会几出戏，每到一处都给老师露脸，从此李凌枫每到一家授课都要带着张君秋，先生操琴，君秋唱一段作示范。老师觉得这是教学成果，是招牌，暗自庆幸捡了个大金娃娃，能吃上这孩子，心花怒放！于是脑子里浮现出一个想法："这孩子得好好培养，可是他家太穷，怎么办好呢？他学得这么快，到我教不了的时候，得请我师父王瑶卿来教，必须深造，将来可就了不得啦！有啦，就这么办。"转天，李老师跟君秋说："明儿请你母亲过来一趟，我有事儿跟她商量。"君秋到家一进门就对娘说："我师父请您明天过去谈点儿事儿。""啊，什么事儿？你怎么了，让师父不高兴了？"张秀琴赶忙问道。"没有，师父可高兴了，这几天每到一个师兄弟家，他操琴让我唱一段给他们示范，我可给师父露脸了！"君秋非常得意地说着。秀琴听了觉得有些丈二和尚摸不着头脑，就问君秋："师父叫我去到底有什么事，你知道吗？""不知道。"小君秋答得很简单，可是他自个儿心里也有些疑惑，只是没再多想下去。

第二天上午十点多，张秀琴买了点心盒来到对门李凌枫先生家。迈过大门槛儿，就听见李凌枫正给孩子们吊嗓子呢。她先在外间屋边听边等了一会儿，一段结束后进到里屋，谨慎地和李凌枫打招呼："先生您辛苦了，您找我有事儿？"李凌枫赶忙起身说："君秋娘，是有事儿。"又对学生们吩咐着："你们屋外背词去，半小时过后都回家吃饭，下午准点上课，君秋留下。"

李凌枫转过身对秀琴道："请坐，坐。请您来是商量君秋学戏的事。"张秀琴听李先生开头这么说，心里嘀咕上了，赶忙追问："怎么了？要涨钱吧？"李凌枫见张秀琴思维转得那么快，怕她误会了，就赶忙补充："啊，您真行。是跟钱有关，您先别着急。君秋这孩子条件忒好，是唱大青衣的好材料，实在难得，又极聪明，他跟您说了吧，我还没教他呢，他先比人家会了，还唱得挺好，很有前途，咱不能耽误他。我也在想，秀琴大姐您那家境哪有可能再给加钱呐。我打算请我的老师王瑶卿先生给他进一步深造，这样吧——"李凌枫边说着边从桌上拿起两张纸，上面赫然写的是"关书"二字，所谓"关书"即学生家长与师父的签约字据。李说："您把君秋交给我，举行个仪式，立个字据，正式收他为徒弟，关书写明收费分成方式，从演出之日起分成，师父必须包教包会，师父不会的戏可由王瑶卿先生教授。因为您家境不富裕，自立关书之日起不收学费。"李凌枫对张君秋说道："对你的要求是认真刻苦学习！你从登台演出开始，直到出科的最后一场戏，所有演出收入票款咱们对半分成，您看怎么样？你君秋的置装、行头、全套戏箱费用你们自己出，我说明白了吧？如果没有意见就让君秋签字，不得违约。"秀琴不是外行，她头脑也极灵活，一看到"关书"，再听李凌枫那么一解释，自然心知肚明。这就等于把孩子完全交到李凌枫手里，李凌枫不会的，再请他师父王瑶卿教，或者找别的师父，包教包会。如果张君秋再想找谁学戏，必须经过李凌枫的批准，受其约束。

签"关书"立字据

张秀琴早就听说过，签约"关书"合同，就像卖身契一样。

在师父家学戏的，称作"手把徒弟"。老师认为，学生吃唱戏这碗饭是他给的，不是白吃的。通常师父都是四十来岁，不登台了，全靠收徒挣钱、捞本儿，会叫你卖命！前辈荀慧生、程砚秋，都是签关书的手把徒弟，那师父严酷得出奇，打骂是家常，学习之余还要做家务。据说，六七岁的荀慧生挨打时，被棉花堵住嘴，师娘帮着摁住，师父用力过猛，荀慧生腰被打断，卧床休息一月有余。还真不错，他熬过来了。程砚秋的师父也是稍有不顺心、不如意，就把气都撒在程砚秋的身上，下手特狠，把棍子都打折了……

家里的经济条件太差，为了进一步深造，张秀琴只好让孩子立关书学艺七年。她拿定主意，对站在一旁的君秋说："就这样儿，跟你师父签了这关书吧。"张君秋十三岁了，完全听得明白师父和娘的对话，自己提高的愿望迫切，虽说条件有些苛刻，但算算对自己未来的发展也值得，而且还能减轻娘的负担，于是下决心："签！"

这份从 1933 到 1940 年、历时七年的合同成为法定的契约，他们择日在前门打磨厂富春园饭庄举行了一场拜师仪式。王瑶卿、李多奎、萧长华、万子和等名人出席见证。李凌枫和几名徒弟兴高采烈，王瑶卿也带些徒儿前来参加张君秋拜师签约的仪式。张秀琴打扮得漂漂亮亮，君秋穿起灰蓝色小长衫，容光焕发。拜师仪式开始，李凌枫讲话，对张君秋这个徒弟赞不绝口。"通天教主"王瑶卿先生应邀讲话，增添了隆重的气氛。张氏母子异常兴奋，这场拜师会是张君秋步入梨园行关键性的一举，也是他人生的重要起点。

张君秋开始了更加系统的学习。关书中写明，李凌枫能力不够时，请王瑶卿教授，这在科班学戏是可望不可及的，就是说张君秋学艺是"吃小灶"，而不是大拨儿撮。直接求教于"通天教主"王瑶卿，机会难得，当然，张君秋没有点儿绝佳的天赋，那也是断然办不到的。王瑶卿先生在戏曲界就是位圣人，张君秋能得到这位泰斗的教授，真是做梦也想不到，令般儿长般儿大的学弟羡慕不已。

学戏的强度层层加码，考验着张君秋的能力、耐力。他每天还是天不亮就起床，到陶然亭喊嗓子。那时陶然亭不是现在的公园，而是一片荒凉、带有些恐怖的乱葬岗子。小孩子摸着黑儿去练功，路坑坑洼洼，深一脚浅一脚很容易跌倒，可这些都没难住他，不管刮风、下雨、下雪，一天不落，从不偷懒。一次，正值数九隆冬，冰天雪地，刺骨的寒风卷起沙尘，刮得眯了小君秋的双眼，天又黑看不清路面，他一不留神跌进一个沙坑，摔得满嘴都是沙子。君秋被摔蒙了，趴在坑中俩眼发黑，过一会儿觉得没问题，连忙蹿起身，连连晃了两下脑袋，爬出坑来，幸亏是年纪小，身子骨柔软灵活，没什么大碍，不过想起来也有点后怕。他拍拍身上的土，用衣襟擦擦脸，定了定神，觉着嘴巴特别疼，用手一抹，哇，红的！准是磕破流血了，又用袖口轻轻摅了摅。他一心想着练功，没把这放在心上，赶紧找了个僻静的地方开始喊嗓子、念白。师父看见小君秋嘴巴肿了，问怎么回事儿？君秋轻描淡写地应着："没事儿，不小心摔了一跤。"李凌枫说："小心着点儿，摔一小跤还可以，大摔一跤破了相就麻烦啦！"张君秋说："下次一定小心。"君秋依然坚持着每天的功课，从不间断。

当时和张君秋同在李凌枫门下学戏的还有小师妹吴素秋，他们既是同学又是近邻，一起学戏，一起吊嗓子练功。时隔几十年之后，吴素秋依然还能回忆起和君秋师哥在李家学戏的情景。她说："君秋师哥的成绩日新月异，李凌枫老师常常叫他示范唱一段给我们听，比老师教十遍还说明问题。一来二去师哥的名声就传开了，都认为是老师教得好，于是家长带着孩子纷纷前来向他求教，这下儿师父的学生越来越多，可算是名利双收。"

跟随王瑶卿深造

看着小君秋学业进步之快，李凌枫感到自己的能力有限；看到这个孩子如此勤奋，前途无量，于是他盘算着，该请王大爷（梨园行对王瑶卿先生的尊称）给这孩子说戏了。

王瑶卿先生早年搭过"四大徽班"中的三庆班和四喜班，边学边演，不仅青衣戏有功底，刀马旦和花旦戏也都精通，后进入名角如林的福寿班，声誉大增。他还当过几年"内廷供奉"的差事，为前清皇室演出，曾和杨小楼、汪笑侬等同台，尤其是与有"伶界大王"之称的谭鑫培先生长期合作，成为红极一时的名角儿。后来由于嗓音"塌中"（是指原来嗓子好，而到一定年龄时突然变坏，发声时失去控制能力，不能正常演唱。表现为中气不接，底气不足，逢高不起，出现平槽、无立音，勉强演唱时声音塌底、滋花、冒嗓、不搭调），就专门以教学生为业。他阅历丰富、腹笥渊博，不论旦角戏还是老生、武生乃至小生行当的戏都能说，所以被誉为"通天教主"。王瑶卿是京剧艺术的革新家，旦行演员的名导师。他的学生很多，像"四大名旦""四大坤伶"等都曾受到过他的教诲或提携。梅、尚、程、荀都是王宅的常客，王大爷为他们量体裁衣，一直引领他们的发展。其中程砚秋最典型，王大爷根据程的嗓子，煞费苦心为他设计戏路和演唱风格，终于使其创出了一个崭新的流派"程派"。

王瑶卿家住宣武门外大马神庙胡同 28 号。这一天，王先生正在里院小憩，李凌枫就带着小君秋直奔师父屋内，先生见有人来了，连忙起身。李凌枫恭敬热情地向老师打着招呼，王先生看到李凌枫旁边跟着的小孩，不就是前阵子拜师仪式上的那个小小子吗？于是就半打趣地说道："缉之（李凌枫的字）来了，听说你现在可是'桃李满园'啦。"李凌枫赶忙说："师父，您可别说了，我这点能耐您还不了解嘛。这趟来您这儿，想跟您

师爷爷王瑶卿

商量商量。"说着便把君秋拉近前,"快来,见过王师爷!"君
秋见到王瑶卿先生心里格外激动,赶忙恭敬地深深鞠一大躬后
磕仨头行礼:"师爷好!"王瑶卿这回仔细打量了一下这个孩子,
眉目清秀,身条高挑瘦长,的的确确是个不错的坯子,十分喜欢,
就问君秋学会了哪些戏,又让他唱了两嗓子,边听边不住地点头。
李凌枫把君秋在他这儿学戏的情况对先生作了说明,王瑶卿当
即就表示:"孩子在你那儿该怎么教还怎么教,你教不了的就只
管带他到我这儿来,我给他说。行里有这样的规矩,叫引、保、
带,这是对徒弟负责,我保证帮你带。教得踏实,君秋也学得
安心。"初见面,张君秋就受到了王大爷的青睐,啧啧称赞君秋

道："这孩子扮相错不了，嗓子又好，很像我年轻的时候。这可是一块可雕琢的美玉呀！"李凌枫心说，还没见过师父像对君秋这样赞许过谁。君秋激动万分，庆幸有了进入王家门儿的机会，开始更高层次的深造。

在大马神庙，张君秋感触最深的就是眼前的世界更加开阔了。往常在师父那儿，一板一眼、一招一式都是按照规矩来，不允许有半点走样儿，打基础时这是必须的。可是在王宅，君秋更多的是学到了在规矩中灵活运用，怎样应对各种不同的路数，如何能把学到的戏搬上舞台。王瑶卿把与各个流派的名角儿合作时须要掌握的特点、要领，传授给君秋，使他日后与大腕儿们同台演出得以自如发挥。这些教导对张君秋的发展产生了极大影响。在师爷家一出戏一出戏学通本，比在科班学得还要细致，学了通本就可以登上舞台唱整出的戏了。张君秋的艺术观、创作态度和演唱风格，在王宅的学习中逐渐成形。

每次从大马神庙回到家里，经常已是半夜，那时左邻右舍早已进入梦乡，君秋却还不肯休息，他脑子里总琢磨着在师爷爷家中听到的看到的，不论是王大爷说戏的方式方法，还是听他谈到的那些趣闻轶事，再或是王大爷挖苦学生时说的损话，君秋都觉得这里面包含着很多深奥的道理和艺术法则。他还想着把当天学到的唱、学过的戏一段段一场场地走个遍，连对方角色的唱念都要背得滚瓜烂熟。无论睡得多晚，第二天也不会耽误练早功。

秀琴还特意买了一面大镜子靠墙放着，君秋用来照着走走身段，这个小房间就是他的排练室，真比科班的练功房还好，一个人专用，无人打搅。到点铁安表哥把做好的菜饭给君秋送过来。只是在家里不能放开喉咙练习，怕影响周围人家休息。那怎么办呢？君秋灵机一动，想到一个法子。家里有个专门放茶叶用的大陶瓷罐，口挺大，他把里面的茶叶都倒出来，在罐子里盛满了清水，他对着罐子打引子、练唱和白口，如此就不再为打扰到周围邻居而担心了。除到师父师爷家学艺，回来这儿就是"练功房"。

张君秋一门心思学戏，已经达到走火入魔的程度。戏班里有这样一句老话："要想人前显贵，必须背后受罪。"这话在君秋的耳边听过无数遍，如今他切实有了亲身体会，把这"背后受罪"当作是上天赐给的机遇，其中涌动着一股不懈追求的力量，而这力量正孕育着未来的希望。他把练功吃苦受累看作是不断提升自我的过程，回顾日新月异的进步也是一种享受。

三年中，在王瑶卿和李凌枫的教导下，张君秋学会的戏出日渐丰富，戏路越来越宽。其中王瑶卿教授通本戏是最重要的，没有通本就上不了舞台，这要求张君秋把整出戏都要演练顺畅，两人对唱的戏、三人在台上的戏都要对答如流，天衣无缝。在台上打闪认针的时间，容不得你半点迟疑。搭戏班唱戏，没有人陪你对戏、联排、彩排，基本都是台上见，功夫不到家的确让人悬着心。张君秋三年学完科班七年的功课，除把自己角色中的唱念做打舞记牢，还要把其他角色的活儿倒背如流，这为他登上京剧舞台打下了坚实的基础。

君秋对娘说："我在王大爷家听到、学到很多，关于演员上台应格外注意的要点。他说了，作为一个演员，演唱时最忌讳跑调儿，没板眼，慢板太慢、散板忒散，唱得稀汤寡水儿！身段表演忌讳一顺边儿，抬右手应出左脚才好看。真有那笨徒弟抬右手、出右脚，顺拐，那老师的刀坯子瞬间就打下去，没跑儿。念白忌讳连片子嘴，上下句不分。吐字要清楚，像讲故事一样铺平垫稳，娓娓道来。这些要领不掌握，会闹出大笑话儿，被观众起哄、叫倒好。"

张君秋练功一天都不曾停，正所谓"台上一分钟，台下十年功"。学习三年了，见时机已经成熟，王瑶卿、李凌枫对君秋说："可以实习演出了。"张秀琴眼见儿子有了出人头地的机会，自然是开心与激动。想着这些年娘儿俩艰难困苦的经历，不知怎的思绪又转到了那个一去杳无音信、曾让她挚爱如今又恨得深切的滕联芳，几年来一封信都没有，一点钱也不往家里邮寄，真是绝情呀。嗐，不去想他了吧!

首次登台初露锋芒

吉祥戏园最初叫吉祥茶园，又称吉祥园，位于北平东城金鱼胡同西口。它开业于清光绪末年，是由内廷大公主府主管刘燮之出资兴建的。初时规模不大，客座是横排长椅，可容纳七八百人。1919 年，东安市场一场大火，虽未波及吉祥戏园，但被救火人员踩坏楼顶，前半部受损。后吉祥戏园重新修建，戏台改为椭圆形，观众坐席也改为单人椅子，男女分座，楼上为女座，楼下为男座，并加演夜戏。它成为当时东城仅有的一个新式剧院，故北平著名的演员如余叔岩、杨小楼、言菊朋、梅兰芳、荀慧生等均能约到。据说杨小楼晚年每星期日都在此有场演出，为固定档期。杨去世后，孙敏堃就承袭了杨的班底和这个档期。北平戏曲学校及中华戏曲学校的学生一度也长期在吉祥演日场。

张君秋初次登台就在这吉祥剧院，戏码是《女起解》。剧中苏三的"罪衣罪裙"装扮是一身红色，"吉祥"，图的就是"开门红"。王瑶卿请出名丑萧长华老先生饰演崇公道，演出前几天萧老在王大爷家中，非常认真陪着小张君秋把戏对了几遍，这是极少见的。萧长华老先生非常喜欢这个聪明伶俐的孩子，连连点头挑大拇指对张秀琴说："这小子条件得天独厚，没入科班是遗憾。"秀琴说："谢谢您的抬爱，我一定好好照看这孩子，把跟他师父签约的关书守到七年届满。"

张君秋这个名字，即将在第一次登台演出《女起解》时落入观众的心中。

阴历年前，十六岁的张君秋正式开始了他的演艺生涯。王瑶卿鼎力相助，深知第一场演出对孩子的重要性，成败关键在此一

张君秋、萧长华《女起解》（1938）

举。张君秋化妆穿戴后，怎一个"美"字了得！声音美，扮像美，身段美，简直让人看不出是一个少年男儿身，活脱脱一个落落大方的少女。王大爷悬着的心方才放下了一半。

　　《女起解》这出戏观众是再熟悉不过了，那段脍炙人口的西皮流水"苏三离了洪洞县"经典唱段家喻户晓，观众对这出戏的剧情也都十分了解。《女起解》是全部《玉堂春》中的一折戏。《玉堂春》讲明代名妓苏三结识了一位公子叫王金龙，二人情义相投，海誓山盟，白头偕老。不料鸨儿利欲熏心，对王金龙百般盘剥，王金龙千金散尽，一文不名，被赶出妓院。鸨母又把苏三以重金卖给了山西富商沈燕林，沈妻皮氏心生妒恨，在面碗里下了毒药，想害死苏三，不料被沈燕林吃下去，致使沈一命归天。皮氏反诬苏三害死夫君，买通官衙，将苏三打入死囚牢里。王金龙高榜得中，任巡按之职，得知苏三被屈入狱，特意调审此案，将苏三由洪洞县押往太原亲自审问，后申明冤情，夫妻团聚。《女起解》演的就是苏三被押往太原的一段经历，台上一旦一丑，旦角是主角苏三，丑角是押解苏三的崇公道。崇公道是个老狱卒，衙门口里的内幕他全门儿清。他心地善良，知道苏三冤，一路上百般照护，不仅去掉了苏三身上戴着的沉重的刑枷，还把自己手里的拐棍交给苏三使用。受尽牢狱之苦的苏三见崇公道如此关照，十分感动，便认了崇公道为干爹。一路上，苏三向崇公道倾诉冤情，崇公道再三慰藉，父女二人你有来言我有去语，直唱到了太原府。台上就是这么一点事儿，小一个钟头的戏。观众来也不是冲着剧情，为的就是听旦角那口唱儿。在这出戏里，旦角的西皮、二黄、反二黄，各种声腔板式非常丰富，堪称经典。

随着崇公道一声："苏三走动啊！"只听幕后一个清脆响亮的声音："苦……啊……！"迸发出一腔哀怨、满腹冤屈，顿时把观众的注意力集中到上场门，吊足了他们的胃口。在锣鼓声中，张君秋睁大炯炯有神的双眼亮相，无比惊艳，碰头好响彻整个剧场。行弦儿中君秋把苏三的"喂……呀……"化为生活中的啜泣，惹人怜爱。之后的二黄散板"忽听得唤苏三，我的魂飞魄散"大家不知道听过多少遍，可此刻像是在听一个融入惊恐、无可奈何情感的全新唱段，妙不可言。

头场那段祷告狱神保佑平安的大段反二黄慢板，张君秋遵照王瑶卿师爷的教导，唱得迂回婉转，有滋有味儿。第二场"苏三离了洪洞县"唱得干脆利索，赢得观众的高声喝彩："好！"至于行路中苏三倾诉冤情唱的那一大段西皮慢板及几段原板，更显示出君秋吃"开口饭"的能耐。苏三唱完了一段原板后，萧长华还在现场抓台词儿砸挂说："我看今天这新角儿，条件忒好，好好努力准错不了啊！"剧场的观众以雷鸣般的掌声给以肯定，这是对新星张君秋的高度认可。

台下的观众中来了不少关心着张君秋的亲朋好友。君秋果然不负众望，他台风端庄大方，没有一丝矫揉造作，俨然以一个美丽少女的形象映在观众心中。有人为了猜这演员究竟是丫头还是小子相互之间起了争执，直到有人说："别争了，这孩子我认识，是个男孩儿！是男是女不重要，还得看台上的玩艺儿地道不地道。"这插话者正是经营戏装、行头的"久春社"老板。

张君秋有一条得天独厚的金嗓子，甜、水、脆、亮，高音响彻云霄，低音委婉缠绵，声声入耳，句句动听，沁人心脾。戏迷们看得听得如醉如痴，叫好声掌声此起彼伏。王大爷坐阵，张秀琴监督，李凌枫先生亲自为小君秋操琴，越拉越带劲，傍得严严实实，几年来给君秋吊嗓子的经历保证了当天演出的质量，两人劲头往一块使，这戏就好听啦。

开门红的首场演出让张君秋名声鹊起，事业蒸蒸日上。后来，唱《大登殿》请动干爹李多奎，《玉堂春》演王金龙的是梅兰芳先生的搭档名小生姜妙香，《法门寺》演赵廉的是谭鑫培的公子谭小培，演刘瑾和贾桂的是净角大家郝寿臣和名丑慈瑞泉……这么多的名伶来陪着一个初出茅庐的年轻人，自然是光彩倍增。这些前辈们一致认定："这孩子错不了！"

不久，张君秋搭了王又宸班社。王又宸是谭家门儿的姑老爷，也是当红的谭派须生，唱《四郎探母》演出前问管事的，张君秋这出戏是跟谁学的，一听是"王大爷王瑶卿"，马上说："不用对了！"这出戏非常要功力，要派头，要洒脱。这出戏是角儿唱的，无论是唱念做，旦角和老生都要配合得严丝合缝。特别是《坐宫》一折里的快板对口唱，必须抢着唱，比一般的快板要快得多，很多角儿栽跟斗就栽在这儿。不用对戏、排戏，说明王又宸先生对王瑶卿的佩服和对小君秋的信任，更是对君秋严格的考验。秀琴十分紧张，这一出唱功重头戏没对几遍就上台，真不敢想象。秀

张君秋（1936）

琴不知该如何嘱咐儿子，怕添乱就紧闭着嘴在化妆间打下手递东西，看着君秋化妆、吊眉、勒头……默默祝福着，顺、顺、顺……

李凌枫和王瑶卿也为孩子捏把汗，心里不住地念"阿弥陀佛"。小君秋在二道幕后以娇美的京白高声喊出："丫头，带路哇！"于倍儿脆的板鼓"哒、哒、哒"声中出台站稳亮相。"好！"碰头彩没给孩子吓回去，他定了定神开唱："芍药开牡丹放，花红一片……"唱得悠闲自在俏皮悦耳，又博得一片掌声。张君秋全神贯注，从容镇定，唱到"对口唱"时接得分毫不差，像撒豆子似的干巴利落脆。观众完全没有料到会这么精彩，情绪高涨一浪接一浪。

散戏后王又宸老板满意地对管事人说："叫那姑娘过来。"管事的说："不是姑娘，是个男孩子。"王又宸惊道："啊？是吗！啊这嗓子，这扮相……是个人才。"管事的急忙接着说："往后您多照应着点儿。"以后演出的《红鬃烈马》《大·探·二》（即《大保国·探皇陵·二进宫》），张君秋唱得一出比一出好。

勤学苦练的成果

　　小君秋每天开始先练基本功打靶子，然后吊嗓子。他师哥师弟们就吊一遍，再多唱一句就喊："哎呦，嗓子哑了，嗓子疼，嗓子肿了！"可是君秋说："我要吊三遍。"从上午九点到十一点，下午两点到四点，晚上七点到八点，坚持不懈。师爷王瑶卿笑着说："怎么啦，拼了吗？适可而止不要过量，我就是因为用嗓子疲劳过度，不能唱了。"接着对李凌枫说："君秋年纪小冲劲儿大，你得盯紧。"

　　李凌枫对其他徒弟说："难怪君秋他的嗓子那么经得住考验，就是练出来的，他能随时唱随时有。好多的角儿啊，还有的不是角儿，想听他唱一段儿，他要挑时间点儿，说：'这个时间我唱不出来。'要这位'大爷'接演出哇，说得先感觉感觉嗓子在家没有，感觉有才能接活儿。那剧场经理急了说：'您

十六岁和谭富英同台演《梅龙镇》。

是干这个的吗？您既然是吃这碗饭的随时请您，您就得能张嘴唱！不然票都卖出去了，你说我这会儿感觉没嗓子唱不出来，我的妈呀！到时候怎么处理这个票务？'真着不起这急，索性就不约他唱了。"

李凌枫为有君秋这样出类拔萃的徒弟骄傲，赞不绝口地对师父王瑶卿说："君秋睡觉前要背戏到很晚，有时连做梦也朦胧地在背唱段。这孩子真有出息！师父您教授的通本教得好，君秋也学得磁实，所以和名角儿们一起唱戏没出岔捅篓子。"王大爷点头道："没错儿，君秋是个不可多得的好苗子。"

张君秋能和当红的名角儿们同台，观众说他这是"唱出了人缘儿！"刚入行的后生凭着出众的才艺被前辈如此接纳、引领和给予各方面的帮助，实为罕见。

挑起养家重担

张君秋开始挣包银了，虽说能够给娘补贴家用，但由于和师父对半分后还要置办台上使的、身上穿的行头等，开销不小，并不宽裕。一天李多奎先生听说君秋要去领包银，他了解张君秋家里的经济状况，就忙给送过来一件水獭领子的大衣说："这年头儿瞧衣帽看人，尤其咱们这行儿，你整天的外出搭班儿闯码头，穿上这个像是个角儿的样儿，那前后台就不敢怠慢你，开份时给你应十个子儿也绝不敢少五个。"李多奎干爹的这一番心意和举动，让张秀琴和君秋娘儿俩万分感激，同时也让秀琴、君秋知道自己不能节俭得没样儿了。

过后掌管家财的张秀琴开始给君秋、自己和嫂子、侄子铁安等置办新的日常穿着，大家面貌一新，容光焕发。君秋和娘商量给李多奎先生买一件更好的海龙皮领子呢大衣送过去："我要孝敬我干爹。"秀琴非常爽快地答应君秋，说："嗯，小子，有良心！"

好一派欣欣向荣的景象，小君秋为之振奋，秀琴却说："别高兴太早，这才刚有好苗头，还差得远着呢。"君秋一点也不明白，两个大眼睛眨了眨："噢，是，是……"

干爹尚小云

有两位梨园行举足轻重的人物在一次品酒叙谈中，说到了当今的旦角童伶，除了富连成正在培养的李世芳、毛世来以及中华戏校的宋德珠外，私人授业的张君秋也成为他们的话题。说起张君秋，一个挑大拇指："是好样的！日后能成气候。"另一位先生说话有点保守："能不能成气候还得看一段时候，台板上这一亩三分地不那么好崴咕（对付），弄不好栽了的也有的是，要想成气候，谈何容易？！"两个人说来说去竟争执起来，谁也说服不

尚小云（前排右二）和学生张君秋（后排左三）、李世芳、毛世来等合影。

了谁，又是发誓，又是打赌。此事传到梨园公会尚小云会长的耳朵里，加上连续听到戏班内外纷纷议论张君秋个头、扮相好，嗓子好，是个难得的人才，这引起尚老板极大兴趣。他还听说君秋家境清苦，又是孤儿寡母，暗自思量打算为这孩子做点事。

尚小云从未忘记年少时的困苦与艰难，自己成名后，他对求助的亲友和同行几乎来者不拒，侠肝义胆，扶危济困，仗义疏财。

他特意把华乐戏院经理万子和先生请到家来，因听说万先生尽知详情。二人落座寒暄了几句，尚小云就开门见山地说："万先生，外面对张君秋的评论铺天盖地，您能不能跟我说说究竟，这孩子到底是个什么情况？"万子和一看尚小云对张君秋这么感兴趣，就把他所知道的情况大体说了一遍，结论是："这孩子是百里挑一的好苗子，个头、扮相一流，嗓子少见的清脆、响亮、甜美。才十六岁，前途无量！"又讲戏迷之间还打赌如何如何。尚小云听后越发好奇，决定亲自去看个究竟。这天正赶上华乐有演出，是张君秋的《大·探·二》，和他同台合作的是王又宸和金少山。演出之精彩自不必说，到了结束谢幕时，观众雷鸣般的掌声经久不息，老半天不肯散去。这观众席当中就坐着尚小云先生。

好容易谢幕完毕，君秋回到后台，万经理就迎过来说："君秋，赶紧跟我到经理室来，尚先生等着你呢。"张君秋还在兴奋中，一时想不起尚先生是谁，随声问："哪位尚先生？""还有哪位？尚小云先生啊！"听到尚小云三个字，"啊？是吗？！"君秋提溜起裙子，也不卸妆了，随万老板和母亲一起走进了经理室。

只见三十六七岁的尚老板英俊挺拔，目光炯炯有神，身后站着几个青衣布褂的后生。君秋看见尚大师就有一种亲近的感觉，急忙上前鞠躬，张秀琴也向尚先生请了个安，万子和介绍说："这是君秋他娘。"尚小云笑着点了点头："咱们不是外人。"原来尚先生的夫人王蕊芳和张秀琴在早年未出阁的时候就有过往来，还曾姐妹相称。尚先生拉起小君秋的手说："孩子唱得不错，多大了？"君秋回答"十六"，尚先生又问："十六岁？谁教的你呀？"君秋回答："李凌枫先生。"

尚先生满怀怜爱地说："是个好苗子，赶明儿到我家来，我给你说几出戏。去，赶紧卸妆，回去吃点儿东西。这几天有戏吗？"君秋说："有。""那好，过两天到我家来。"尚先生看戏后深信不疑，认定这是块美玉，可以雕矣。

君秋高兴得简直要蹦起来，心想：大师不仅来看我这毛头小子演出，还要给说几出戏。我这是不是在做梦呀！

李凌枫先生得知尚老板要给君秋说戏，坐不住了："这是要夺爱呀，不行！张君秋是写给我的，这算怎么回事呀？这在梨园行是犯忌的呀。"李先生反复让君秋说了好几遍过程。君秋也不知师父为什么那么不安，自己还高兴得不得了呢。他跟娘说："咱什么时候儿到尚先生家去呀？娘，我师父听说尚老板要教我几出戏，非常不高兴，怎么回事呀？"君秋娘说："你是写给他的。你是他的钱罐子，他紧张，怕你被尚老板抢走呀！""噢，那怎么办呐？尚先生的戏我想学呀，我真的想学呀！"秀琴说："戏照学，会有法子解决的。"

李凌枫越琢磨越不是滋味儿，得让师父王瑶卿出面摆平这事。李凌枫见了王瑶卿说："您听说了吗？尚老板要给君秋说戏，他可是写给我的，那次在富春园拜师的仪式，您也参加见证了。"王瑶卿一听笑道："嗯，有这事，这孩子来学戏，不言不语的，规规矩矩，是个人见人爱的苗子。这事儿交我了，你稍安勿躁，我会把它处理好。孩子去学戏没错，就看是什么名分，依着绮霞（尚小云字绮霞）的脾气，也不是轻意就愿给哪一位说戏的。"

三场演出结束后，张秀琴一大早就带着君秋到了尚家。尚家很气派，红漆大门上挂一块匾"树德堂"，北屋客厅名曰"芳信斋"。进了尚宅，管家就上前招呼着把他们娘儿俩领进屋去。尚先生和尚太太热情地请他们坐下，相互问了安，还没等张秀

尚小云、李世芳、张君秋、毛世来

琴提及把儿子写给李凌枫的事，尚先生就开口道："我知道君秋和李凌枫的关系，我已经跟王大爷说了，请你放心！这孩子我喜欢，我认他作干儿子。"君秋忙跪下磕了三个响头："谢谢干爹，谢谢干爹！"三十六岁的尚小云收了十六岁的君秋为义子，这是 1936 年 9 月的事儿。

尚老板说："孩子，以后凡是你想学的我都乐意教你！"

从此，张君秋除了跟李凌枫先生学戏，不时搭王又宸的班社唱一阵子戏之外，隔三差五的就去尚府干爹家。尚先生悉心传授《祭塔》《春秋配》等大青衣唱功戏，张君秋一丝不苟，认真领会。

尚小云对儿子尚长春的学习状况一直不很满意，决定亲自安排儿子长春的学习和演出。那时长春才八岁，君秋十六岁，尚先生着意让君秋唱大轴，有时还安排张君秋和自己同台演出。比方尚小云唱《失子惊疯》，就让君秋来丫环寿春；尚小云排新戏《九曲黄河阵》，他自己演云霄，芙蓉草演琼霄，而碧霄则让张君秋来，这对科班中的学员们来说是可望不可及的。搭了尚家班不仅可以唱大轴，挣包银、份儿钱，空闲时还可以搭其他班唱，对于年轻的张君秋而言，那真是最好不过的状况了。重要的是搭干爹尚小云老板的"长庆社"，他学到的本事更多了。尚小云真是拿张君秋当自己孩子一样，他看到了君秋的能量和魅力，选了一个约三千座位的剧场演出。尚大师的经济头脑灵通，看人也看得准，那三千人座位的剧场让张君秋也叫满了，虽然票价低，满座后也胜过一千个座位的总收入，而且演下来观众的总人数也增加了好多倍。

君秋十六岁到十七岁这一年，不仅是在学戏方面收获颇丰，充分展示才华，从尚先生身上还学到了很多为人处世的方法，这令他脑洞大开。在尚干爹身边看他排戏，尤其看他编新戏背台词，真是一绝。只见尚小云在屋子里手拿本子来回走蹉，念一阵背一阵，背的差不多了，就把本子递给张君秋："拿着，你看我背！"尚小云就逐字逐句地背。背好一段，问："对不对？""对。""好，把那段撕了！""撕了？"张君秋看了看干爹的脸，那神色是不容商量的，只能遵命。背一段撕一段，戏词本撕完，尚小云把整出戏也背会了，排起戏来决不打嗑巴儿。这样的见识和锻炼为张君秋日后搭班组班集中背戏词和通本养成了良好的习惯，使他在各大名家的班社唱戏时能够出彩而不出错。

对一个演员，尤其是一个想成角儿的好演员而言，舞台如战场，戏中遇到的每一个角色对手，表演到的每一处情节情景，台上是不容你现想词儿的，必须把全剧背得滚瓜烂熟，还得感情充沛，才能环环相扣，博得喝彩。当时戏曲市场的竞争环境，不像现在的院团，一出戏落地总是要经过对戏、响排、彩排，折腾一个多月才能见观众。那时为了生计、为了夺取更多的商业市场份额，推出新戏几天一个或者一天一个都是常有的事，根本没有那么多时间容许你排练，全靠自个儿日夜钻研应对。张君秋那时正是从少年往青年发育成长的阶段，蹿高个儿的时期，人瘦得不过百斤，张秀琴看着心疼，叫学料理的侄子铁安做些好吃的给儿子补养身体。

1936年，张君秋（右）、李世芳合演《姑嫂英雄》。

　　儿子挑起了养家的担子，张秀琴确实轻省了很多，但也绝没有到享受生活的地步。张君秋知道娘过日子一直是节省再节省，所以每回把挣的钱奉给母亲的时候总要嘱咐说："您买些好衣服、首饰，穿戴打扮一下，有什么可心的就添点儿。"张秀琴欣慰儿子的这份孝心，但她虑事周全，想到的不是眼前，而是儿子和家里人的将来。她常和儿子说："你们都大了，长成人模狗样儿的了，要攒钱买房子，过不了几年要娶媳妇。你大哥都二十岁出头了，得回北平呀，别老漂在外头；你表哥铁安也不小了。哪一样不需要银子呀！先保你什么都不缺，吃好睡好，一门心思地学戏，其他什么事你也不要管，不要想，统统由我来安排。你师父希望你现在就挑班，我不赞成，咱们现在这样挺好，既能名正言顺地学戏，又能搭你想去的班社挣包银。别听其他人说什么，这点儿必须得听我的。"君秋自然是不违母命的，这不仅仅是出于对娘的孝顺，更是因为他知道母亲所说的所做的都是为了自己好。

"四小名旦"出炉

　　1936年是一个不寻常的年份，10月，《立言报》主持在北平发起了一场童伶评选的活动。这是自"四大名旦"的评定之后，为了更好地选拔优秀人才，推动京剧青年旦角演员的发展，由社会各界有识之士和广大热心观众呼吁策划进行的。经过一番公开投票，最终选出了李世芳、张君秋、毛世来、宋德珠为"四大童伶"。当时李世芳、毛世来和宋德珠三人还在科班里学习，张君秋也尚未满师。消息一出，立刻在社会上引起巨大轰动。

　　后来，1940年《立言画刊》在北平长安大戏院精心组织了一场《白蛇传》的演出，由四位青年旦角合作扮演主角白娘子。毛世来演其中的《游湖》《结亲》和《酒变》，宋德珠演《盗库银》

四小名旦李世芳、毛世来、张君秋、宋德珠

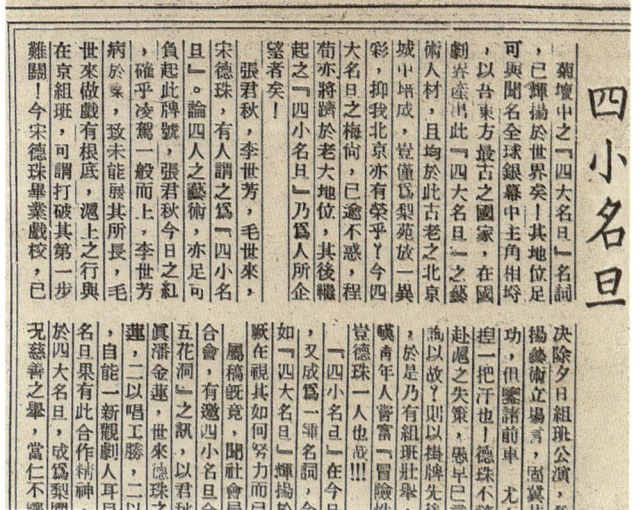

1936年，北平《立言报》选出全国京剧四小名旦。

《盗仙草》两折，李世芳演《断桥》一折，大轴是张君秋的《祭塔》。

　　李世芳、毛世来、宋德珠这三位科班高材生的演出，把剧场效果带得火爆之极。最后张君秋演的《祭塔》，向来是一个被公认为非常考验正工青衣演唱水准的剧目，面对大段的反二黄唱腔，演员若没有一点真凿实砍的功夫是很难胜任的，这曾经是前辈旦角胡喜禄和有"铁嗓钢喉"之誉的尚小云先生之代表作。张君秋这出《祭塔》完全是尚干爹亲授。他嗓子甜美清脆、高低没档，刚柔并济、委婉动听的唱腔，俊俏的扮相和个头，尤其突出的是他的唱，俗话说在唱念做打中"唱"排在第一，过往进戏园子叫"听戏"，可见"唱"对于一个大青衣演员来说是多么的重要。师父和王大爷认为君秋来蹲底的安排十分合理恰当。这场演出可谓异彩纷呈、蔚为壮观，唱念做打技术含量高，满台青春靓丽。

　　那天参演的同行及观众都不是一般人呐，王大爷、尚干爹、李凌枫师父对君秋的嗓子放心，只怕他火候不够，蹲不住底。李凌枫说："看戏的比唱戏的还紧张。"要说张君秋一点儿压力也没有，那是瞎话，但是他没有表现出来。上台前，把场的师父李凌枫嘱咐君秋千万别慌，君秋微笑着点头回应，走向边幕，在幕后的导板和出场的几段散板，唱得不紧不慢，节奏鲜明，声音嘹亮，高低自如，深深抓住了观众的心，叫好声四起。大段的反二黄慢板在甘露般清新甜美的嗓音中跌宕起伏，娓娓道来的叙事咏叹，把戏园内的气氛推向一个接一个的高潮，效果奇好无比，从头至尾叫好声不断。人们一致评论："张君秋的个头、扮相、嗓子都数第一！""四小名旦"之论遂成定格。年纪轻轻的张君秋也因此继尚小云之后赢得了"祭塔旦"的美誉。

还有债务

事业起步顺利，张君秋高兴得不得了，于是就跟娘商量，他觉得自己可以挑班挣钱了，也该让娘歇息歇息，享享清福。没想到秀琴却泼了一盆冷水说："儿子啊，要饭的还得有个盆，有根棍儿呢，你一无所有，你还有债呢！"君秋一听还没反应过来："娘，您说什么呢？"秀琴接茬儿又说："你那剧装行头大部分是赊来的，账都还没还完呐。再者，你还没满师，虽然有王瑶卿先生给你说着，可在行里行外，你人脉远远不够，没到挑班时候，别高兴太早！""噢！"君秋一下子懵了，本来学唱戏除了自己确实爱这一行外，最现实的就是要赚钱替娘担起这份生活的担子，怎么现在有了出人头地的机会，反倒给家拉下债务啦？仔细一想，可也是啊。新角儿年纪小，租谁的剧装都不合适，台上不好看，所以必然就得量体裁衣。张君秋在台上的行头都是张秀琴在久春社定制的。大幕一拉开，满堂新，光彩照人，面子和风头挣尽出足，可这样一来开销自然也就越来越大了。

一天上午，张君秋和母亲在家正说着行头的事呢，有人敲门。一听说是剧装社刘老板，君秋赶紧躲到里边屋去，心神不安，大概是来要账！君秋不敢吭声，竖起耳朵，只听母亲和刘老板说："桌围、椅披、大帐、蟒、披、褶子……"君秋心想，敢情真是要账来了，拿什么还呢？自己刚刚出道，家里娘的负担已经很重了，想到伤心处，十六岁出头的小伙子止不住哭出声来。

外屋的俩人正说话呢，听到好像有什么动静，刘老板问张秀琴："君秋在家呢，怎么在里屋不出来？去瞧瞧。"推门一看，君秋满面泪痕。"哎，这是怎么回事呀？"君秋一看刘老板进到里屋就慌了，赶忙说："您能不能再等等，我一定尽快把钱还上，今儿个不行。"接着又是一阵哽咽。刘老板一听乐了，连忙解释道："孩子，我今儿不是来要账的，今天得空过来主要是想问问你娘，要不要给你再添置几件新行头什么的，我可不是要钱来的。等你大红大紫，别的唱主儿问你服装哪儿做的，别忘了说'久春社'就行了，到那时我也跟着你挣大钱哩。"君秋听刘老板这么一说，破涕为笑，心里的石头这才落了地。他心里盘算着，自己得更加卖力演出偿清债务才是。

置办行头

京剧行头是一门很深的学问。"行头"规模大小标志着一个班社的身份。张君秋在京、津两地的演出不只是一个简单的搭班唱戏，不仅丰富了他的舞台经验，与名角儿同台演出更积累了财富。张秀琴是挑过班的艺人，也是个角儿呢，她看到儿子的发展趋势，君秋挑班做老板是早晚的事，置办行头是必须要做的大事，拥有一份戏箱就能带班走遍大江南北。

戏箱分为"衣、盔、杂、把"四大类。

衣箱，分大衣箱、二衣箱、三衣箱。大衣箱包括上至帝王将相、后妃贵妇，下至平民百姓的各种长短袍服。二衣箱包括各种武装人员的装束。三衣箱即演员所穿内衣、彩裤、胖袄、龙套衣和各种靴、鞋等用品。

盔头箱，主要是盔、帽、冠、巾四种。此外还有演员头上所戴的网子、水纱、雉尾翎、狐尾，等等。

杂箱，指彩匣子、水锅和梳头桌。彩匣子和水锅是为男角色面部化妆、抹彩、勾脸、卸妆、洗脸所用。梳头桌是专为旦角梳理大头、古装头、抹彩、贴片子、插戴银泡子、翠泡子、钻泡子和绢花等饰物所设。

把箱，包括从刀、枪、剑、戟等各种兵器到桌椅、板凳、帐幔和山、城、墓、碑等景片；从文房四宝、印信、茶酒器皿、令旗令箭、马鞭、车、船、风、火旗到圣旨、香案、旗、锣、伞、报和剧中特定道具，如家法、手铐、铜锤、棋盘、笛箫等。这些都是绝对不可缺少的道具。

一个角儿想成功地挑班，江山坐得稳，必须有一份属于自己的戏箱，不然你戏码定好了，到开戏那天借不出服装道具，或者借出来的是破的、旧的，就没法开戏。越是演出旺季，这问题就更显突出，尤其是演出旺季你的班社开戏，那也是大多数班社唱戏挣钱的时节，万一借不出来，或是高价借出来的又不顺手，那也是很无奈的事。

张秀琴近两年紧把持计划着张君秋的收入为他攒钱，首要大事就是找久春社刘老板置办组班社必备的头面、剧装、大帐、椅披等一份整整齐齐的戏箱，张君秋唱《女起解》《武家坡》《大登殿》《大·探·二》《法门寺》《四郎探母》《汉明妃》这些必演的戏穿、扎、戴、挂、拿俱全。有了这份戏箱，张君秋搭班唱戏身价必然大大提高，自己的戏都能派上用场。这会使得他在舞台上更加讲究、更加光鲜亮丽。

张君秋与名角儿同台受到的教育就是讲究而不是穷凑合，加上张君秋的师爷爷、尚小云的教授，张君秋演唱艺术的不断进步，不光是戏迷观众认可、爱戴、追捧，就连行内有识之士也时常把"张君秋"仨字挂在嘴边儿了。

夯实基础成好角

这边张秀琴母子正为张君秋艺术发展一帆风顺而感到欣喜，那边李凌枫见挑班的事情没动静，心里开始嘀咕起来。一天，张秀琴和张君秋来到王瑶卿家里，李凌枫也在场，李先生再一次把张君秋应该挑班的事情摆到了桌面上。张秀琴听出李凌枫的意思，差点儿跟他闹僵了，她说道："决不能！十六七岁担当不起，又管理，又唱戏，又学戏，会出问题的，必须好好学戏，您不要想其他做不到的事儿吧！"看来张秀琴冷静得很，那就是源于张秀琴丰富的阅历和舞台经验。

在一旁听着的王瑶卿先生转面问君秋："君秋啊，你是想当好角儿，还是成好角儿？当好角儿是空架子，会塌；成好角儿就是把基础夯实。"张君秋心领神会，当即就表示自己要成好角儿，多学习。经王瑶卿先生这么一番表态，李凌枫也没的说了，张秀琴也就此打住。张秀琴这决定英明，使得张君秋又扎实地学习了几年的戏。张君秋是私人教授，不属于任何班社，所以只要有档期，凡是邀约条件优厚的就优先安排。李凌枫先生、王瑶卿先生也及时调整教学剧目。

除去教整出戏，王瑶卿还把艺人在舞台上演和唱的要领、规范和忌讳，一一讲给张君秋。张秀琴问儿子："今儿个，你师爷说什么了？"君秋说："他说了，唱戏唱戏，唱得要有'戏'！要唱出感情来，才能打动观众。很多人在台上，有腔有调儿，有板有眼，就是没滋没味儿，像背书一样。所以，你一定得把剧本、唱词要表达的意思吃透，带着情唱！尤其是大慢板，唱得要有娓娓道来之情，绝不能清汤寡水儿，把人唱睡着了。有一天，师爷跟一个学生急了，那孩子调门儿高，唱得声嘶力竭，还忘词儿，实在没法儿听。师爷瞪着眼睛说：'你这是在唱吗？是扯着嗓子嚎！荒腔走板，还忘词。我不想拿板子打你，今儿就到这儿吧。'这徒弟哭着走了，再也没来过王家大院。"

王大爷给君秋讲表演时，他让君秋念了一段《苏武牧羊》胡阿云的大段京白，连连夸奖，说这段念白念得好，有情，有起伏，很动人；又说念白忌讳连片子嘴，稀里呼噜，嘴里像含着热茄子，这些毛病是一个演员在舞台上一定要格外小心的，要带领观众随着你的情走！不掌握这要点会产生"笑场"的反效果，"七两话白三两唱"。

"在舞台上，注意力一定要在剧情中，台上台下什么人都有，会干扰你，精神一定要加倍集中，不然会跑板、会打嗝儿，行话'一走神生砍'，把你晾在舞台上，闹出大笑话儿，被观众起哄叫倒好！"

张君秋牢记这些要点，所以张君秋这两年进步特大，和王大爷教导的严格是分不开的。

张君秋学戏、演出实践日益增多，剧目随之丰富，进一步得到业内的认可。干爹尚小云把《汉明妃》这样一出连唱带舞很吃功力的戏原模原样地教授给了张君秋。这出戏和《失子惊疯》是尚小云先生的拿手代表剧目，非要具备较深的圆场功底以及水袖功夫，方能展示驾驭得了人物的塑造和剧情的发展。这两出戏学下来，君秋掉了十来斤肉，整个人瘦得有些走样儿了，用句玩笑话说，此时的张君秋都快变成大眼儿灯了。张秀琴见到儿子这般模样，着实有些怕了，于是她叫铁安买肘子，炖鸡，给孩子补养身体，增强体能。

张君秋这点好，能吃苦，不多说话，吃饭、睡觉都在背词。这天，张君秋参演干爹的《失子惊疯》，扮演丫鬟寿春。散戏后他走在大街上撒起欢来，连唱带做，路人看他这样子都吓一跳，心想这男孩儿是怎么回事，魔怔啦？张秀琴和铁安看到君秋这份儿用功劲儿，就在一旁笑。张秀琴连说道："行了，行了，少爷，赶紧回家吃夜宵，早点儿睡。你这么疯待会儿该睡不着了，明儿还得上课呢！"君秋说："再来两遍睡得就踏实了，干爹说明天要看这段戏，该往下说'跑竹马'。干爹说：'我这小科班有条件唱这出戏，挑出十二个学员来现成就有，不用外请。'干爹说给我教会了，排练时让我带着跑。"张秀琴听着不觉深深感动，尚先生行侠仗义果然名不虚传。她泪水在眼圈里打了打转儿又咽回肚里，说："儿子，你好好学，娘和你哥替不了你。""娘，没问题，这不算什么。"张君秋边宽慰着娘边说道。

到家后张秀琴和铁安把准备好的夜宵热热端上桌来，只见君秋狼吞虎咽地吃起来。秀琴说："慢点儿，别噎着！"君秋吃着吃着忽的又站起来，聊起晚上演出时的突发事件："娘，您不知道，今天《失子惊疯》那个下场儿，是我干爹临时抓的戏。原来没有让我抱下去的情节，干爹'即兴'发挥，他小声对我说：'快，把我抱下去！'突然改戏了？我吓一大跳，不知怎么好？他让我把他抱下去！干爹得有一百三四十斤，可是又不能把戏搁在台上，抱吧！结果您看见，剧场效果多好呀！活生生给我上了一堂课，台上不墨守成规，可以见机行事，把戏演得更好。今儿得多吃点儿，不然没劲儿了。"张君秋边说边乐，逗得张秀琴和铁安也都笑喷了。说归说，笑归笑，秀琴还是担心着儿子的身体，心疼地说道："怎么那么精神啊！快吃，快睡，不许说了！"

阵容强大的荣春社

张君秋在充实忙碌中又过了一年。

1937 年，尚小云老板把长庆社解散，筹备创办荣春社，把大部分学员转入荣春社。尚小云为了培养自己的儿子尚长春，聘请著名武生沈富贵、武净钱富川为教师，招收三十六名学生给尚长春配戏，称为"三十六友"。次年，在此基础上扩招学生二百余人，于 1938 年 4 月 4 日正式成立荣春社。

尚小云创办科班，主要是有感于京剧艺术之每况愈下，后继乏人；也有感于当时京剧舞台上为时尚所趋，多以神怪荒诞戏吸引观众，致使"先哲典型，亦因以漫漫有没落之势"。尚小云慨然、愤然，他以挽颓风为己任，全身心地投入到创建科班的工作中。为切实造就人才，尚小云特聘名噪一时的各个行当的老先生，如王凤卿、尚和玉、程继先、郝寿臣、蔡荣贵，后又敦聘于连泉入社担任教师，采取由教师单独指授的办法，让他们把自己独具风采的拿手剧目教给学生。由这些享誉梨园、技艺精湛的教师亲授，再加尚小云严格把关，一一过目，仅一年多的时间，科班学生能演出的剧目就达二百余出，长期在中和、长安两个戏院轮流演唱。每天售出票数总在九成以上，极博好评。

尚小云真是喜欢张君秋这干儿子，无奈张君秋受到和李凌枫师徒契约的限制，不能进入荣春社。此时，张君秋已经在北平城中打开了局面，有了台缘、人缘。各大班社纷纷前来找李凌枫、张秀琴签约，所以离开尚家班丝毫没有影响到张君秋的发展。

搭名角儿班社津门走红

有干爹尚小云、师父李凌枫、师爷王瑶卿的指教，加上大量的演出实践，张君秋在旦角本工戏方面的进步让观众痴迷，叫好叫座，声名大震，引起马连良、谭富英、孟小冬、杨宝森等诸位当红名角儿的注目，收到的邀约不断。

十七岁的张君秋初到天津演出是应王又宸、金少山之约，戏码是《大·探·二》。天津是京剧和曲艺的重镇码头，戏尤其的不好唱，过去戏班儿有句话叫"北京学艺，天津唱红，上海挣包银"，由此可见天津对一个角儿的要求之高。因为天津人爱看戏，懂戏，会品戏，甚至有些票友比专业演员会的还多，所以，演员一点小的失误、一个细节上的疏忽，都难以逃过天津戏迷锐利的眼睛，

《五花洞》饰潘金莲

于是天津就成了戏曲和曲艺演员演出水平的"校场"。天津观众上自达官贵人，下至平民百姓，见的好角儿多了，就连三轮车夫蹬到戏园子门口，赶上演《四郎探母》都得问一声："怎么地啦？今儿谭大爷'叫小番'上去没有哇？"只要听说今天这"嘎调"上去了，戏园子里外是一片欢呼。

"叫小番"，是《四郎探母》戏中，身在番邦的杨四郎，拿到公主盗来的令箭后，立即赶往宋营探母，叫番兵牵马时唱的。这三个字的调门差不多要高两个八度，以表达四郎急切的心情，难度非常大，很不容易唱，是老生演员演得最揪心的，上不去，观众就要喝倒彩。因为大家看这出戏，就要听老生挑高地唱，痛快、过瘾、解气！

张君秋去天津演出前，张秀琴千叮咛万嘱咐，不可大意！君秋一句话不说，心里记下了。从天津中国大戏院老板孟少宸接待角儿的冷热劲头中就能体会到角儿的身价。孟老板看到王又宸和金少山两位，像是见了神仙似的，带很多服务人员接迎，提箱子的，拎包的，搀下车的；孟老板他用冷眼打量了一下张秀琴、张君秋等几位，一扭脸就像是没看见人。这人世间真是冷暖两重天！张君秋满不在意，搀扶着母亲，一旁铁安表哥帮着拿化妆箱，娘儿仨默默地进了后台，来到化妆室。张君秋对着镜子心说："我可是今儿晚上的李艳妃，咱们台上见！"也较上劲儿了。

张君秋扮演的李艳妃头戴凤冠，身着蟒袍，在宫娥们簇拥下一出场亮相，其华丽端庄、潇洒大方的仪态即引起轰动，赢得个碰头好。接下来"珠帘高卷金钩挂"的引子秀出了他甜美清脆的嗓子，又博了个满堂彩。当金少山唱到"功劳簿无有国太令尊"的时候，张君秋从容地接上对口，一个气势磅礴，大吕洪钟，一个嘹亮婉转，响遏行云，观众皆为之一振。紧凑的君臣对口唱高潮迭起，不仅台上的唱主儿给力，就是台下的观众也卯足了劲儿品味这珠联璧合的好戏。张君秋唱到"你道他无有篡位的心肠"的"他"字，毫不费力地甩了一个华丽的高腔，轻松、悠扬、顺畅，这一句唱得把观众的汗毛都炸起来了，天津的观众再也绷不住，叫好声、掌声震动了整个戏园子。十七岁的张君秋初到津门，就以自己的实力打动了这些阅历颇丰的观众，像考官似的这些戏迷们兴奋不已，连连称赞："这扮相没的挑！""个头好，台风正，嗓子甜，太漂亮了！是一个好角儿坯子。""听这调门儿，齐着谭大爷、金大爷的一般高，顶着唱，句句不含糊。"

天津红了，演出圆满落下帷幕。散戏后孟老板见了张君秋和君秋娘，像变了一个人，挑起大拇哥说："孩子啊，行！行！往后你想什么时候来天津，我都接着你，我会给你安排，等好消息吧！大家望你多留几天和各界聚聚，都想见见您的真容。"张秀琴挡驾说："真对不起，一则明天北平有课，立马儿就得往回赶；二来明儿个晚上还有演出，都登报三天了。等孟老板下次再约，决不驳大家面子，劳您驾，跟大家伙儿多多美言几句，感谢大家对君秋的爱护！"孟老板说："这孩子天津这一炮打响，往下就好唱了，回去好好保养身子，太瘦啦！哈哈哈，都以为你是个姑娘呢，哈哈哈！"跟张秀琴说："您哪，真养了一个大宝贝儿呀！"

秀琴也笑脸相迎地说："谢谢您夸奖，现在还没出科，您还得多多帮助他呀！"张君秋结过娘的话说："我还在学习阶段，还希望您给我安排与名家同台演出。"孟老板说："过些天我给您信儿好吧，会邀你再来天津中国大戏院。明儿一早我派人派车送您回北京好吧？"张秀琴和张君秋欣然应允。

第二天一大早，孟少宸老板带着几个人来了，帮拿箱子，装车送到火车站，恨不能要跟到北京。张君秋心里热乎乎的，涌起一种成功、大长志气的感觉。天津首战告捷，对张君秋今后的发展意义重大。

孟老板果不食言，过了数日先是邀君秋同谭富英到天津合作《四郎探母》《红鬃烈马》大戏，还点了君秋单挑剧目《女起解》《玉堂春》，约请姜妙香先生、萧长华先生作为搭档。戏迷看戏后堵着后台门口，排长龙要见见卸妆后的张君秋，孟老板在前面开道，张君秋娘儿俩笑容满面，频频向戏迷们招手、点头致谢，观众簇拥在过道儿兴奋地欢呼：好哇，好哇！

其实，张君秋等人住的饭店离剧场很近，不用坐车，但孟老板怕人群跟到下榻处，所以包了车绕一大圈再回饭店。天津观众的确非同一般。

观众越热情，演员越胆小。这一天李凌枫和张秀琴接到孟小

张君秋（十六岁）和孟小冬演《四郎探母》时留影。

冬约君秋唱《四郎探母》的帖子，李凌枫紧张了，女老生调门高，节奏快，尤其是对唱，真有点儿担心。可这是天津孟老板特意安排的，也是戏迷观众点的这二位，人家盛情邀角儿，不去不合适。张君秋见师父有点儿不放心，便说："今儿个起每天二十遍！"师父操琴，连着三个上午就是高调门对口唱。君秋真有灵性，越练越俏，要不下好来决不罢休。

经过王瑶卿师爷的指点，李凌枫师父操琴反反复复地练唱吊嗓，张君秋心里有了底。他知道这是难啃的骨头，在北京只唱过《坐宫》一折，没唱过全出，这次到天津唱整出，必须做到万无一失。张君秋是写给李凌枫的，李凌枫算计，搭哪家班社给的包银多就答应哪家班社，张秀琴也同意。唱对儿戏，接上下荏口不容思考，得如行云流水般顺畅，才能让观众满意、享受其中呢，才能让名角儿乐意点你和他一起合作，所以不容许有一点纰漏，真好比上战场一般。经过舞台的洗礼，梨园中一颗璀璨的新星正在冉冉升起。

在天津和著名坤生孟小冬一起演出的《四郎探母》，声势浩大，盛况空前。人没到，大广告就把张君秋和孟小冬齐名贴出，最让孟老板喜出望外的是戏码一贴，没两天工夫票就已售罄。张君秋已经成了孟老板在中国大戏院叫座儿的"金票王"。

先声夺人，迎来一片喝彩。出场的"芍药开牡丹放"四句摇板就把观众给唱醉了："美！忒好听了！""真来着了。"天津看过的、没看过的观众都迷晕了！那西皮快板对口唱句句紧凑、声声逼人，观众像是炸了锅。李凌枫和张秀琴以及后台的工作人员也都惊呆了，这么高的调门，这样快的速度，简直是闻所未闻。老师紧张得半捂住耳朵，不敢听又得听，最后雷鸣般的掌声使得李凌枫和张秀琴大大地、长长地舒了一口气。张君秋在天津红得发紫！

李凌枫先生教授了一个非凡的学生，十分得意，影响不断扩大，令其忙得不可开交，名利双收。谁都知道他是张君秋的师父，抢着拜在他的名下。报纸上曾经有一幅漫画，画的是李凌枫一手指着自己、另一只手指着张君秋，对王瑶卿先生说："您徒弟不如我的徒弟。"画得生动，妙趣横生。由此也可见当时张君秋在观众心目中的认知度与日俱增。

名师出高徒

短短几年间，张君秋把王师爷、尚干爹亲授的《玉堂春》《桑园会》《乾坤福寿镜》《四郎探母》《大·探·二》《汉明妃》《祭塔》等戏演了个遍。李凌枫看到张君秋这个后起之秀势不可挡，一边把学过的戏码重新精细加工，另一边不断增加新剧目《红鬃烈马》《龙凤呈祥》《骊珠梦》和《虹霓关》等。李凌枫不会的戏如《虹霓关》，就请朱桂芳教。张君秋学戏快，老师们都喜欢这孩子，对他另眼看待。尤其是王瑶卿主动向这个孩子授课，这是极为罕见的事。张君秋在学艺道路上，既感受不到过去"艺不轻传"的陈规旧俗，也很自然地摆脱了门户之见对于演员的束缚。

尚小云的全班人马给张君秋配戏。张君秋扮相好，嗓音好，学戏又用功，并有尚小云大力提携，立即引起了戏曲界内外很大的注意。北京有许多著名老生约他配戏，张君秋先后与雷喜福、王又宸、孟小冬、谭富英等诸多优秀演员合作。

谭富英是京剧大师谭鑫培之孙，谭小培之子，谭门第四代传人，与马连良、杨宝森、奚啸伯合称"四大须生"，是"新谭派"创立者。谭富英与张君秋、裘盛戎合演的《大·探·二》堪称绝唱。

机遇又一次到来，"四大须生"之一的马连良打算约请张君秋加入他的"扶风社"。马连良听说近来北平有位新出道的年轻人张君秋，乃"通天教主"王瑶卿门生，嗓子好、扮相好、个头好，年龄好，于是他也动心了。

马老板做"星探" 张君秋入"扶风"

马老板亲自到剧场做"星探"。那天的戏码是《大·探·二》，张君秋的演唱非常精彩，观众报以阵阵热烈的掌声、喝彩，剧场氛围火爆。看过张君秋的演出，马连良十分满意，决定约张君秋合作演出。张君秋、张秀琴和李凌枫觉得这是一个难得的机遇，便很爽快地答应了。

马连良的表演艺术风格独特，在当时的生行演员中，脱颖而出，自成一派。他对剧装的色调、样式，舞台设置的典雅、美观等方面也均有创新。他要求扶风社的艺员重视演出服装的整洁，做到"三白"，即护领白、水袖白、靴底白。自上世纪 30 年代起，他提倡废除了演员在台上饮场、打扇等陈规陋习。

马连良严格要求同台演员和乐队尽量发挥，配合默契，强调整体美，以达到最佳戏剧效果，令观众得到艺术享受。这一切对张君秋（十七岁）、谭富英、王泉奎合演《二进宫》。

初入扶风社的张君秋来说，印象深刻，影响深远。

马连良、张君秋同台的第一出戏是《苏武牧羊》，这是马连良专为给张君秋试戏而贴演的。张君秋在剧中饰演北国臣女胡阿云，被狼主许配给苏武为妻。这个角色可是王瑶卿的绝活儿，张君秋一连几天跑到王宅求教。他承袭师爷的风采，结合自身的优点加以发挥，特别是与马老板演的苏武有一大段京白对话，道得甜、脆、爽朗，令人陶醉。观众被扶风社新来旦角的扮相、唱功、做派征服了，马连良老板非常高兴，当即拍板，邀张君秋加盟"扶风社"，并收他为义子。这年张君秋十七岁，演出接连几日剧场爆满，水牌上张君秋大名与京剧界大腕马连良并排，轰动了京城，震惊了戏曲界。

张君秋搭扶风社之前，一直和前辈谭富英先生的扶春社合作得很好，君秋考虑，不能因为入了马家班社而失去和谭家的关系。经协商，马连良应允，张君秋在去谭家时，马就唱《借东风》《八大锤》等戏，而像《龙凤呈祥》《苏武牧羊》《法门寺》《四进士》

《春秋笔》《打渔杀家》这些戏，则等张从谭的扶春社回来再唱。李凌枫和张秀琴自是非常高兴，这样安排，两全其美，不仅能多挣包银，又扩大了不同风格艺术实践的空间。

在扶风社演出的几年里，张君秋从马连良和同台的前辈那里学到了不少舞台经验，获益良多，加上"通天教主"王瑶卿三年多的调教，张君秋在艺术上突飞猛进，奠定了他日后自领一军的基础。

在天津这个大码头站稳走红后，关于新星张君秋的消息报刊争相报道。上海黄金大戏院老板飞奔北平来请马连良参加戏院的重张庆典演出，顺带问马先生，新角儿张君秋是否能一同前往。马连良对张君秋赞不绝口，说君秋是自己班社的搭档，自然同行。

上海黄金大戏院老板金廷荪和经理孙兰亭都是名票，酷爱京剧，刚装修了整个剧场，音响、灯光、天幕、大幕一堂新，观众座椅加宽，增强舒适度，就想着有新角儿打炮，卖个好彩头。张君秋这次赴上海演出非同寻常，包银已经不是几十块大洋，而是几根金条了！张君秋给师父一半，足够他买一所房子。

对这次去上海演出，张君秋丝毫不敢怠慢，每天在王瑶卿师爷家学戏，回家后闷在屋里自习消化，常常忘记吃饭和睡觉。如此严肃认真的态度正是成功的保证。王瑶卿、尚小云和李凌枫都说："君秋要是能再被上海的观众认可，就是彻底红透，这孩子在梨园行的地位就站稳了。"

初临上海滩

1937 年 5 月，张君秋随扶风社第一次到上海演出。人未到，报界就大张旗鼓宣传开来。一篇转载自天津《十日戏剧》上署名"津客"的文章颇引人注目，题为《介绍青衣界里的一颗星——张君秋》。文中写道："在最近这两个月内戏迷们的脑海里（至少是在北方的戏迷）又新印上了一个张君秋的影子……随处可以听到关于他的谈论和赞美，可见，个人只要有真正的技艺，社会绝不因他陌生而对他冷落的……他在这里已演了一个星期，预备日内就随马连良出演上海黄金大戏院……特地借'十日'宝贵地位来介绍一下：他今年还是个十八岁的孩子，原籍江苏。面貌和身材都合青衣的标准，扮相做派嗓音都十分动人，他的老师是王瑶卿得意门生李凌枫……最拿手的戏有《探母》《玉堂春》《虹霓关》《王宝钏》等二十多出……昨晚是在天津最后的一晚，他和孟小冬合演《探母•回令》，彩声竟比孟老板还多，慢板一段字字珠玑，台风又特别可爱，回令时的几个请安，全场掌声如雷。可是他不能继续在这里多演而是要去沪了。我们希望上海的戏迷们好好地饱一回眼福吧！"

上海媒体一天到晚地宣传"四小名旦"张君秋唱得怎么好，扮相如何美，"他受到王瑶卿的真传，是尚小云的义子，又得尚小云亲授。""张君秋是王瑶卿亲传弟子李凌枫写字的私塾门徒，在北平、天津红得发紫，搭过诸多名角儿的班社。""五月就要来上海了！"报道特别详细，并配有张君秋年轻漂亮的剧照，吊足了戏迷的胃口。

马连良对艺术要求苛刻和讲究可是出了名的，总是要亲力亲为检查各部门及诸位搭档的准备情况，连跑龙套的都不放过，要求整齐划一，舞台画面漂亮。马老板邀约十七岁的张君秋搭班扶风社绝非偶然，令观众十分期待。广告海报半月前就贴在了上海黄金大戏院的看板上，报纸杂志相继登载。黄金大戏院重装的首演是《苏武牧羊》，一改马连良先生开门戏唱《借东风》的惯例。

张君秋和母亲第一次出这样的远门，火车坐的是软卧，要乘二十多个小时，一路上母子俩聊的话题可多了。窗外的景色南北迥异，刚出发时是北平的 5 月，街上树木稀疏，枝头刚刚冒出一些嫩芽；往南走则是满目青山绿水，苍翠欲滴。人们衣服的色彩、样式也不尽相同。

君秋对娘说："王瑶卿师爷跟我说，到上海马先生一定会带我去拜见一些社会名流和票房，这叫'拜票'，对这次演出会大有帮助。还说，去上海演出各方面要小心，比天津码头的戏还难唱，上海捧红了很多角儿，也哄走了好些角儿！"

君秋又说："师爷对我真像对自己的晚辈一样。他一再嘱咐：'小心点呀！在大上海你要红了，就有好日子过啦！'我说：'是，是！谢谢师爷爷！'

秀琴听后说："你师爷这番话可比给你金条都贵重啊！老话儿说这叫指给你一条生路，王师爷就是你的大恩人，永远也不能忘记。"

聊得正欢，就听列车员大声叫喊："火车马上进站了，到上海啦！请大家起身收拾行囊，准备下车。"舅妈和铁安拿着箱包，君秋挽着四十出头的母亲，这娘儿俩容光焕发，颇引人注目。母子二人走到车厢门口挨着个儿下车。忽然觉得有两个人在向娘儿俩急切地招手，一个是中年男子，一个是年轻人，都非常清瘦。张秀琴心头一颤："是他们爷儿俩！"不知说什么是好，张君杰（滕家鸣）忙跑过来叫："娘！"张君秋见到久别的父亲和哥哥，眼泪唰唰地流下来。

张秀琴抱住大儿子，仔细观看长大成人的君杰，激动得热泪盈眶，转面冷冷地对滕联芳说："来啦，你先跟我们回饭店，这儿说话不方便。"剧院老板叫管事的雇儿辆黄包车，将张君秋一家送到上海南京路大饭店，将君秋和张秀琴娘俩安排好房间入住。滕联芳、张秀琴和两个儿子在沙发上坐下来，张秀琴对滕联芳说："叫君杰跟我回北京吧。"君杰马上和父亲低声商量，过一会儿回母亲的话："娘，我跟您走吧。"滕联芳也觉得君杰还是跟着秀琴和君秋在一起好，说："君杰会管账，回家能帮助君秋，比在上海有发展，就这样定下了吧。"张秀琴点点头说："就这么办吧。"张君秋让娘拿出一个钱包来交给父亲，说："这是儿子的一点儿孝心。"滕联芳搂着君秋的肩膀泪眼朦胧道："看到你们都很好我就放心了，我对不起你们……要好好孝顺你娘，她把你培养成人、成为有用的大材，了不起！"君秋小声问父亲："您要不要也回北京？我买好房子接您回去。"滕联芳说："孩子，我留在上海很好，放心吧，我会常写信给你。"父子二人哽咽着说不下去了。

张秀琴这时四十一岁，这十几年吃的苦头一言难尽。张君秋四岁时，滕联芳头也不回地走了，自那以后杳无音信。万幸的是张秀琴有本事，重又登台唱戏，挑起养家糊口的重担，没有流落街头，没有再嫁人，活下来了。张秀琴因此决不原谅滕连芳。

上海一别后，滕联芳看破红尘，就到静安寺皈依佛门，法名妙谛。

震惊黄金戏院大舞台

黄金大戏院地处上海最繁华的地区，于1930年1月30日建成开幕，创办人是实力最强、影响力最大的帮会势力头目，与张啸林、杜月笙并称上海滩"三大亨"之一的黄金荣。该戏院初时放映电影，以欧美黑白片为主，后改演京剧，曾有众多京剧大腕在这里演出，剧院档次高，闻名遐迩。1937年，黄金大戏院改由金廷荪、孙兰亭等海上名票经营，当红的四大名旦及各行当名角纷纷应邀献艺。此番扶风社马连良、张君秋、刘连荣、叶盛兰、马富禄五员虎将即将于此隆重登台亮相。

接连几天，萧长华、尚小云、马连良轮流带着张君秋去拜票房，拜见大老板、实业家、银行家和上海戏曲界名家。张君秋在票房里、在宴会上清唱了几段，俊秀的长相、甜美的嗓音令人倾倒，人们相信这位新角儿的戏一定好看，一定要看。

不满十八岁的张君秋和头牌须生马连良在报刊上、广告中齐名并列。几天来扶风社的演出，只要有张君秋的戏码，票房准好。

《女起解·玉堂春》连演几天都是座无虚席，观众也跟着了魔似的，有人场场不落。扶风社本来就有"龙虎班社"之称，角儿们个个都是好样儿的，堪称珠联璧合。萧长华、李多奎、马富禄、刘连荣、叶盛兰等，每位出场都有碰头好，演出中掌声不绝于耳，散戏后观众都舍不得离开。张君秋的加盟为扶风社锦上添花，马连良心

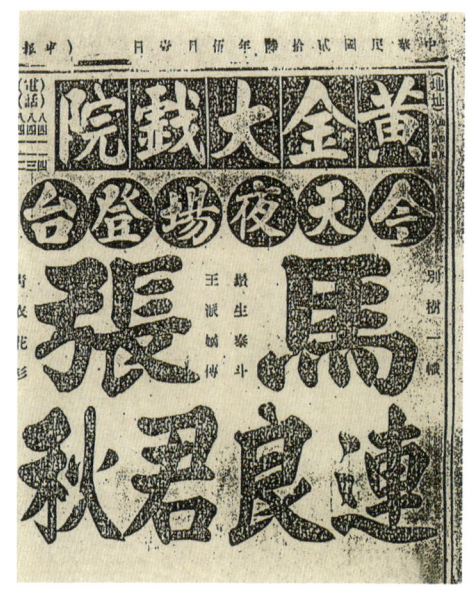

1937年，张君秋在上海一炮打红。

中甚是欢喜："这个角儿挖得好。"

黄金大戏院老板金廷荪、经理孙兰亭高兴坏了，觉得重张庆典请这个班社约得好，尤其这个张君秋更是大冷门，带给上海戏迷从未有的惊喜，戏迷毫不吝啬地给予赞誉。孙兰亭经理为了吸引观众，想方设法突出"张君秋"，如何让这颗新星闪闪发光呢？有了！结果他在剧场大堂装上霓虹灯"张君秋"三个字，以极其醒目的光芒吸引着人们的眼球。看到霓虹灯，铁安高兴地蹦了起来，张君秋心中倒有点不安，扮戏时暗暗嘱咐娘跟表哥说："别张扬！"说完自己也不禁笑起来，暗含苦尽甘来的欣慰与激动。张秀琴拍拍君秋的肩说："扑点儿粉。"张君秋冷静下来，接着化妆，准备上场。马连良走到张君秋面前，那炯炯有神的目光对着小君秋，看头面、看服装都满意后还嘱咐了一句："今天要卯上！"张君秋看马先生没有因为霓虹灯之事不高兴，这才松了口气。马连良老板让少年张君秋跟他肩并肩，挂双头牌，实为罕见。张君秋知道自己还差得很远，搭扶风社这大戏班，是马先生对自己的抬爱，张君秋珍惜这大好机会，决心在演出中好好学习。

在扶风社时的张君秋（十七岁）

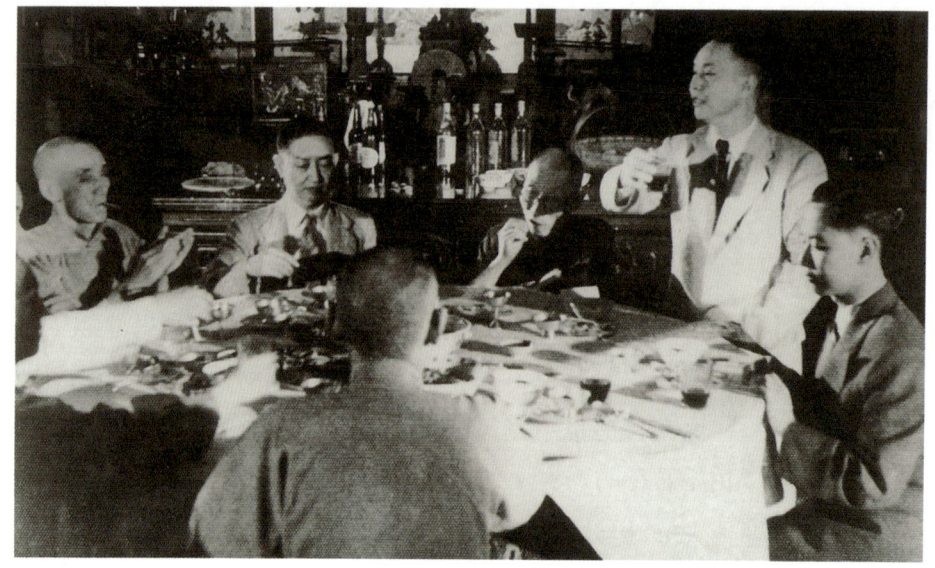

十七岁的张君秋（右一）与谭小培、梅兰芳、周信芳。

张君秋和马连良同台演出的戏票早早售罄，应观众要求加座，加座儿不够，就卖站票。一些有身份的太太、小姐不能站怎么办？老板有主意，把乐队从侧幕条安排在舞台最后一道天幕中间的位置，梨园行里曾有过这样的做法。舞台侧面摆上座位，专门提供给那些戏迷太太、小姐们。

精彩的演出、轰动的场面令上海滩大小报张杂志和电台都争相报道，忙得不亦乐乎："'扶风社'约了一位新角儿叫张君秋，未满十八岁，后生可畏，嗓音甜美，光彩照人。""黄金大戏院连连满场，连站票都买不着，侧幕条处坐满人，乐队紧靠天幕上舞台了！"

这一季扶风社演出剧目有《借东风》《龙凤呈祥》《四郎探母》《审头刺汤》《红鬃烈马》《苏武牧羊》《女起解·玉堂春》等，获得巨大的成功，尤其是张君秋单挑的《女起解·玉堂春》，迷倒了上海观众，掀起一股追捧之风。

广大观众要求加演张君秋的《女起解·玉堂春》。老板金廷荪、经理孙兰亭看这阵势，就去找马连良、张秀琴和李凌枫商量，

《女起解·玉堂春》加演一周。张君秋到马连良房间问安，正赶上讨论他加演的场次。"侬吃得消吧？"孙兰亭经理用上海话问，大家把目光热切地投向张君秋，这小伙子听懂了上海话，十分肯定地回复孙经理："没问题！"在场的前辈们同时伸出了大拇指。商定下来，马连良叫剧务演出科的儿子马崇仁安排人头、日程，之后交给剧场经理室，隔日见报。

剧场开始连连做广告，霓虹灯"张君秋"三个大字欢快地闪闪发光。黄金大戏院金老板、孙经理认定张君秋就是一大卖点，不吝在他身上做文章。上海观众们怀着探宝、赏宝的心情跑到剧场来，彻夜排长龙购票。

张君秋有在尚干爹家剧社演出的锻炼，有在天津大码头一炮打红的经历，这次来上海唱戏心里有底，他不慌不忙，不多说话，处处以晚辈自居，小心翼翼，总是微笑着听大家讲话，实是招人怜爱。孙兰亭经理尤其得意，说挖了块"宝玉"来上海献给戏迷观众，特意请老板金廷荪出面宴请张君秋。金老板年纪比君秋大几岁，十分钟爱张的艺术，在宴会上兴奋地说："今后张君秋就是我的新票房王！"频频为张君秋斟茶续水，欣赏他那青春洋溢的风采，两眼只顾看着君秋，哇！水都溢出来啦，引得在座嘉宾哈哈大笑。后来，这位铁杆张迷多次邀张君秋赴上海演出，还留他母子住在自己的公寓中歇暑度假，调理身体，给予无微不至的关照。

一个青衣演员若是唱功不行，扮相难看，观众听不下去、坐不住，就起堂走人，别说连续七场，一场都不行。《女起解·玉堂春》是大青衣行当的看家戏，你嗓子不好，剧装不合身，又脏又旧，头面不鲜亮，就别想受待见。观众、剧场都一样，"衣帽看人"。

张君秋穿戴上自己新置办的行头，演《女起解·玉堂春》，一身鲜红的罪衣罪裙，衬出苗条的体形，俊俏的扮相楚楚动人，出台就让观众眼前一亮，他们被崭新的容装叩动心弦。

《起解》一场戏，女犯苏三在狱中，有大段反二黄慢板的唱。赴审路上，她挂着根藤子棍走来走去，和解差崇公道边聊边唱着西皮导板、慢板、原板；《玉堂春》里，苏三跪在台前一唱四十来分钟，那真是要有极高的演唱功夫，嗓子必须得好，气力必须能盯得上。没有多少表演动作，全凭婉转的歌唱动人心魄。听戏过程中，戏迷们交头接耳，赞不绝口："这扮相比女孩子都漂亮！嗓子又脆又甜，实在是好听。""果然名不虚传，真的是一颗新星！""前途不可小觑！"

几天的演出，在上海掀起一阵"张君秋热"，大报小报消息不断，记者忙前跑后，报导新人张君秋的演唱"震惊了黄金大舞台！"

京剧唱念做打"唱"为首，张君秋唱得让观众听得过瘾，加上各方面条件都好，难怪令人称奇叫绝。演出结束后，大幕拉不上，观众拥到台口惊喜地鼓掌叫好。马连良用十分欣赏的眼光看着君秋这还未成年的孩子，不住地夸奖："不错，不错，有前途！"他拍着君秋的肩膀："这才刚开始，还得努力啊，小子！"君秋连连点头："干爹您放心，我知道我还差得好远呢，我一定会加油。"

扶风社的成员也为张君秋加盟感到欢欣鼓舞，演出结束回到饭店后，纷纷到君秋的房间里去祝贺。张秀琴看到眼前的情景，别提多高兴了，过往的付出总算没白辛苦。张君秋登陆大上海一举成名，今后的日子会越来越好，前途一片光明。

李凌枫和张君秋同住一个房间，有一天《女起解·玉堂春》演出结束后，大家不住地称赞："这孩子行，不软！"叶盛兰说："他就是角儿坯子！"马富禄接着对君秋师父李凌枫说："您怎么教的？没听说您打过他呀？有的那师父打徒弟把棍子都打折了，还唱不好。有唱得好也打！找个因由儿就打，直到把徒弟打懵了算，最后跟师父结仇。"

李凌枫笑着说："君秋这徒弟不用我逼着他学，是他逼得我不得不找我师父王瑶卿教，我那点儿本事不够教他的。要是没有

1937年，扶风社五虎将（左起）：张君秋、刘连荣、马连良、马富禄、叶盛兰。

王大爷哪儿有今天呐，我爱他还爱不够呢，怎么舍得打他呀。我请了好几位老师教他，文戏武戏都得学。君秋也下了不一般的功夫。舞台上这一亩三分地不是那么好驾驭的，是常人想不到的。他的条件好，得天独厚，可要是不下功夫，台上也保不齐会砸。"大家连连点头称是："你收了这么一个好徒弟，真给你露脸啦！这孩子大有希望啊，照这样下去，行！您挖了一个金矿。"在场的人对君秋说道："好好跟李师父学，王大爷教的就是不一样。在出科前就多学，多演出。""你这么年轻，能搭扶风社这个班儿和大老板同台演出，还轰动了上海大码头，我们替你高兴！"李凌枫感激地说："谢谢啦，谢谢啦！让这孩子早点儿休息吧。"劝半天才各自回屋。张君秋唱的一场好过一场，接连三天，饭店里头这一层楼老是这么热闹。

扶风社上座率一天比一天好，马连良老板和黄金大戏院金廷荪老板给剧社全体演职员加"份儿钱"，给大家发红包。这下可不得了，大家高兴，除了喝点儿小酒，还玩起扑克牌，都不想睡觉，赢了的跺脚欢呼，输了的被贴纸条、刮鼻子，却忘了楼下还住有

另外一个戏班儿呢，那就是程砚秋先生的班社。程老板也来上海演出了。

楼上太闹了，吵得楼下的演职员们无法入睡，他们忍了一天忍两天，第三天忍不住了，抄起家伙嘀哩嘀嗒地敲打吹奏起来，惊动了整个饭店的人，都跑出来以为出什么事了，直到饭店经理前来制止才算打住。一经了解，楼下知晓是为新角儿张君秋打炮大获成功的反应，也替楼上高兴。

拜师梅兰芳

梅兰芳（1894—1961），字畹华，生于北京，祖籍江苏泰州。他出身于梨园世家，祖父梅巧玲、父亲梅竹芬和伯父梅雨田均为京城名角。梅四岁丧父，八岁学戏，九岁拜吴菱仙为师学青衣，后又随姑父秦稚芬学武旦，十岁登台。梅兰芳十二岁丧母，寄养在伯父家。他刻苦学习昆曲、练武功，经过长期的舞台实践，对京剧旦角的唱腔、念白、舞蹈、音乐、服装、化妆等各方面都有所创造发展，形成了自己的艺术风格，世称"梅派"。1927年，在《顺天时报》举办的京剧旦角名伶评选中，梅兰芳与尚小云、程砚秋、荀慧生被推举为"四大名旦"。

前面讲过，那时到上海唱戏的京角儿，演出前都要去"拜客"，所谓的"客"是指当地社会名流和各大票房，一是请他们出来捧场，二是遇事时帮助摆平。尚小云领着君秋去拜会了当时沪上"有号召力的名票"孙多禔先生。一般演员"拜客"时是不唱的，但因为尚小云的关系，自然随便一些，张君秋当即来了一段《汾河湾》，唱罢，一屋子人都鼓掌叫好，尚小云笑着说："瞧，比我还响！"尚小云的嗓子特别好，外号叫"小雷子"，而张君秋这后生唱得比干爹还响亮。孙多禔先生一看张君秋确实是个人才，有心捧他，就想请梅兰芳给指点指点。但梅兰芳是"伶界大王"，一般不去看别人的戏。孙多禔连着看了几场张君秋、马连良的对儿戏和张的单挑《女起解·玉堂春》，兴奋异常，连呼："人才呀，不多见！这样年少应好好培养。"

梅兰芳从武汉演出回至上海，就听到北平来了一个旦角张君秋，才十七岁，刚刚加入马连良的扶风社，就和马老板挂了个双头牌。还有人说扶风社在黄金大戏院演出，票卖得好，不少人都是冲着张君秋这个小名旦去的。梅兰芳想，马连良来上海自己应该尽地主之谊，王瑶卿先生也提到过新秀张君秋，既然有这个机会也该去看看。本打算请人买票，正好，赶上了，在黄金大戏院旁的饭庄有朋友宴会，大家都知道，今天马连良 张君秋就在演出，吃饭都不踏实，谈话内容都是小张君秋。孙先生坐不住，说快吃，旁边黄金大戏院有戏看，大家跃跃欲试。梅兰芳说："别吃了看戏去，就走过去吧。"

梅兰芳不想招摇，头戴一顶毡帽，帽檐拉得很低地进了戏院。这时正当马连良、张君秋唱到《武家坡》一折，台下有些骚动，台上的张君秋没有过这样的经历，心想，没唱错呀，怎么台下有些异样？一走神，忘词儿了，怎么办？马连良一看他不接下茬，就知道忘词了，马先生到底老道，千万不能搁那儿！立马接着往下唱，楞给兜住啦。台下观众因为注意力被梅兰芳的出现所吸引，没有察觉。此时张君秋也镇定下来。对口唱到最后一句"低下头来心暗转"，目光往台下一扫，"原来是梅兰芳前辈来听戏啦！没错，是梅先生来了。"

马连良转过身暗嘱咐一句："沉住气，别慌！"张君秋冷静下来，越唱越好，到《大登殿》更加卯劲儿，以挽回刚才的失误。谢幕时观众欢呼，张秀琴、李凌枫悬着的心也踏实下来。

戏总算演完了，张君秋回到后台，心里还是有说不出的懊悔，恨自己还是不扎实，火候欠缺，以至慌乱中出错，又恰恰是梅先生来看戏。张君秋对梅先生一直崇拜仰慕，希望他能给自己指点一下。想不到今天真来了！他激动万分。忽听孙兰亭经理说："君秋，梅先生来了！"张君秋慌忙起身，毕恭毕敬躬身向梅先生行了一个礼，抬起头来时，两行热泪扑扑簌簌地落了下来。"哟，怎么哭了呢？"梅兰芳和蔼地望着小君秋，笑着说："是因为出错了吗？"张君秋像孩子见到长辈似的说："对不起！今儿唱砸了。"金廷荪老板说："刚才台下有点动静，让这孩子出乎意料，哈哈哈。"梅兰芳接着说："别哭，别哭！以后咱们不出错不就行了？"梅老板如此宽厚待人，果然名不虚传。孙多褆先生说："有什么不对的地方，您给他说说。"孙兰亭经理乘机说："您要是觉

张君秋和梅兰芳1956年合影

得他条件不错，您就收他做您门下弟子吧。"梅大师当即对君秋表示："欢迎你到我家里来。"张君秋真的是喜出望外，连连拱手作揖。

向梅兰芳讨教并非易事。李世芳为拜梅先生，专门为他在北京演两场戏，并摆了丰盛的宴席。报纸上刊载梅兰芳收李世芳、毛世来、刘元彤三人为徒的仪式，那是办得很排场。而今天，梅先生一句话就把君秋引入梅门，张君秋是何等的庆幸！

梅兰芳先生1932年三十八岁时，由北平搬至上海定居。如今已经四十多岁了，没有重要的大活动就很少出来演戏，宅在家中作画，有人说，梅先生不演出，以卖画为生，还卖了一所房产。今天能出来看张君秋的演出，就是对年轻新人的鼓励。

张君秋一个刚出道、两眼一抹黑的后生，到上海后，金廷荪、马连良、李凌枫都没有带着他去梅宅拜会大师，反而是梅先生亲到剧场观看自己的演出，并得到梅先生邀请到家里去，小张君秋真是诚惶诚恐。

张君秋由梅兰芳亲授《霸王别姬》等梅派经典剧目。

　　次日十点来钟，张秀琴带着君秋到位于马思南路的梅宅。梅兰芳一家人热情接待了这母子俩。梅先生言谈间对君秋透着满意和喜欢，夸奖君秋条件太好了，并把君秋学戏的全过程认真听了一遍，说这孩子肯下功夫，有悟性，不到五年时间能有这样大的进步，真是不简单，是块好材料。梅先生当即表示自己也很愿意教这孩子，他关切地对君秋说："不必大摆桌，给祖师爷的牌位磕头，然后咱们合影留念就行了，一切从简。"梅先生开明，张秀琴和张君秋母子感动得不知如何是好，君秋说："我有幸拜在您的门下，真像是做梦一样！"

当天，七岁的梅葆玥、三岁的梅葆玖小姐弟俩，以及一些梅家的好友和学生参加了这严肃又简约的拜师仪式。梅先生对张君秋视如己出，把《奇双会》《凤还巢》《宇宙锋》等剧目传授给他。《霸王别姬》这出戏，那真是手把着手地教给张君秋，尤其是"舞剑"的段落，教得特别的细致，他还语重心长地对君秋说："我现在把这出戏传给你，将来你可以把这出戏教给你的葆玖弟弟。"张君秋到梅宅感觉就像回家一样温馨。梅先生对张君秋说："你唱的功夫很好，要吸取各家之长尽量发挥。"又再三嘱咐自己的小儿子葆玖多向师哥学习。张君秋和梅葆玖这份珍贵的兄弟情谊，在梅兰芳先生故去后仍然一直延续着。

张君秋病倒惊动梅兰芳

第二年，张君秋和马连良在上海四十天的演出期间，又签下接着和谭富英赴上海黄金大戏院演出的合同。扶风社四十天演出结束，张君秋本应与马连良干爹一同回京，但黄金大戏院金廷荪老板说："北平正是最热的天气，先别回去了，就在上海歇夏吧。"张君秋和母亲一起住进金廷荪的公馆。

这期间张君秋向江南名旦学昆曲，此外还跟随时慧宝先生研习水墨丹青。张君秋有灵性，学戏作画进步迅速。最有意义的是他借休息的机会搜集各方评论，开始静心回顾自己的演艺历程，发现搭戏前辈和同伴的长处，弥补自身不足，使其艺术能得到深层次的积淀。

在金公馆歇暑时，有一天清早，不见张君秋起床练功，张秀琴连叫几声："君秋，该起床喽。"不见动静，进屋一看，只见君秋昏迷不醒。她急转身出门，叫仆人请金廷荪先生过来，看看是不是该请医生来。张秀琴两眼含泪，百般焦急。金先生听到消息一路小跑过来，没进房间就对仆人说："快快去把医生接来！"

了解张君秋的人都知道，几年来他为家庭、为京剧事业打拼，从没有真正休息过，勤学苦练，加上频繁的奔波演出，小小年龄担起这样大量繁重的工作，真是累得喘不过气来了。秀琴看着君秋心想，孩子累坏了！很后悔把学习和演出安排得太满，真有个好歹可怎么办呐！

张君秋病倒昏迷在金公馆一整天了，金廷荪请来上海最好的中西医给他检查看病。这事儿惊动了正居住在上海的梅兰芳师父，梅先生买了营养品和一些急用的东西来到金廷荪公馆，见爱徒小君秋还在昏迷中，不由一阵心疼："这孩子是累的，演出、学戏安排得太满，可不能这么干呐。"他静静地坐在床前一直守候着。金廷孙不住地轻声叫："君秋醒醒，醒醒！""啊！醒了，醒了！这就好啦！"金老板激动地喊道，众人悬着的心这才放下。梅兰芳也愁容尽散，和蔼地看着君秋："好好休息些日子，补一补，看这孩子瘦的！"张秀琴说："他虽然瘦吧，但这几年还真没有病倒过，这一歇暑倒病了，大概是松了口气的缘故，先前弦儿绷得太紧了。"

经大夫检查，X光片显示肺部有钙化点，医生问："张先生是不是得过肺结核病？"张秀琴说："嘻，君秋从十三岁学戏起就没有想过自己哪儿不舒服了，什么咳嗽、气喘之类的情况在练功的时候也出现过，自认为是累的，没想到是肺出毛病了，该去医院看病。"张君秋从昏迷中醒过来后，金廷荪安排每日加餐炖一只鸡给他补充营养。

走红

张君秋在上海期间，还应约灌了很多畅销唱盘。对此，丽歌公司有一段详细的记载：4月8日下午钟鸣二时，后起名旦、有"小梅兰芳"之称的张君秋翩然莅临。由乃师李君凌枫亲自

1937 年，还是戏迷的吴励箴（十六岁）看张君秋演出后，暑期到上海戏校学戏。

操琴，李为老伶工王瑶卿之高足，故君秋所唱之腔，纯宗王派。首灌《甘露寺》一片歌声洪亮，及《拜寿算粮》《缇萦救父》《清风亭》《四进士》相继完毕，已五时许矣……君秋此番随连良来沪献艺，颇获佳誉，捧场吹嘘，更不乏其人。唯独求艺术之精进，必须潜心探讨，不耻下问，登高自卑，行远自迩。寄语君秋，好自为之，则异日成就未可限量也。"这是摘自丽歌公司 1937 年《本公司灌音记》的文字，由此可见张君秋在上海的受欢迎程度。

上海、天津、北京，是一个戏曲演员功成名就必须打响之地。1936 到 1938 年，京、津、沪的杂志、报纸紧追着张君秋演出盛况、拜梅兰芳、学昆曲、习字绘画等行踪，就连歇夏养病恢复健康的过程也有详细报道，张君秋真是红了。张君秋还清债务、置办戏箱，底气大增，令同行们羡慕不已。

置办第一份不动产

十九岁的张君秋事业蒸蒸日上，经济基础牢固，家里生活大

冉冉升起的新星张君秋

大改善。张秀琴跟儿子商量："如今咱们还有一大笔款项，你看，咱们买一所房产好不好？"

张秀琴这个掌舵人把船行使得稳稳当当。她费尽心血，一步一个脚印，把张君秋推向成功。对于一个母亲来说，最欣慰的事莫过于看着她的孩子健康成长，有所建树。作为单亲妈妈，要照顾好一大家人，培养君秋成才，真的是很艰难的。张君秋是个孝顺儿子，刻苦努力，实现了他少年时替娘换肩、改换门庭的承诺。

张秀琴把儿子的收入、支出安排得井井有条，对此，张君秋一百个放心。得知还有余钱，他同意娘买一所房产的计划，随即购置了宣武门外棉花上四条的第一所"张宅"。这是个两进深的四合院，共有十一间房，约有三百五十多平米，正南正北四四方方。

管理好张宅家财，是另一门艺术。张秀琴常对儿子说："想要家财稳定，得学会守财，抠门儿是必须的。"自张君秋挣大钱后，她的腰间总是挂着一大串钥匙，少说也有一斤多重。别说家中值钱的东西，就是一坛油、一桶米，她都会锁起来；买大箱子、特大柜子存放剧装，做舞台上大帐使用的加厚软缎十几匹；生活方面，储备大米、白面等粮油食品和烧饭供暖的煤炭。每餐做饭时，张秀琴必亲自开锁。她看见家人择菜时，把可吃的菜叶扔在地上，急忙弯腰捡起，满脸不悦地说："这些还能吃呢，怎么就扔掉了！"张秀琴常将每一季、每场演出结余的钞票十张为一叠，待装满一口袋，就放进箱子锁上，然后叫铁安跟着，

青年张君秋与前辈谭富英合演《梅龙镇》。

张君秋（十七岁）出演《二进宫》。

张君秋（十七岁）应上海戏迷要求，加演《女起解·玉堂春》一周，盛况空前。

坐人力车到骡马市的小银行里，将积蓄兑换成金条，再装回口袋里，到家中又锁起来。家中晚辈只觉得奶奶太抠门，哪知当年的艰辛和今日的来之不易呀！

结识程砚秋

棉花上四条张宅小红门，位于百顺胡同西边，距程（砚秋）宅、尚（小云）宅、王（瑶卿）宅、荀（慧生）宅都非常近。程砚秋在王瑶卿府上听到张君秋大名后，就想会会这个小青年。得知张君秋从上海演出回来，他亲自到张宅登门拜访，凑巧张君秋不在家，程先生便说明来意自报家门："我是程砚秋……"君秋回来听娘一讲，转身就到程宅去回访。自那日起，二人常常结伴在王瑶卿家中学戏，于归途边跑着圆场边聊着，交流心得，成为挚友。程砚秋像个大哥哥似的对君秋说："你刚出道打开局面，也会引人嫉妒。我的搭档俞振飞先生惨遭同行设计，在台上闹得俞先生连连忘词儿，让观众叫起倒好。后来，俞先生把那个小人开了。戏比天大，舞台上有矛盾台下解决。你一定要加倍小心防范，经得起各种干扰。"

程砚秋喜欢穿中式服装，与经常西服笔挺的梅兰芳大不相同。他通常是身著长袍一袭，手提公文包一只，给人的感觉像是大公司的老板、教书先生或从事文职工作之类的人。程爱看电影，张君秋喜欢听他聊电影，也向往程先生的生活方式和风度。1939 年，程砚秋创排新戏《锁麟囊》，每日待众人离开王宅后才向王瑶卿请教。程先生挽留张君秋一同听编排的新腔，其中一个"哭腔"源于美国电影《璇宫艳史》的插曲，令张君秋大开眼界，所看所学不再限于京剧和昆曲，终生受益匪浅。张君秋有幸成为《锁麟囊》的第一个听众。

1940 年《锁麟囊》在沪推出，连演二十场，轰动上海滩。彼时张君秋正在上海与前辈马连良演出，只要晚间自己没有戏，遇上程先生演出《锁麟囊》，他一准就早早地赶到剧场去欣赏、学习。

签约不断　何顺信加盟

那一年张秀琴和李凌枫接的签约单非常多，演出安排太满，张君秋超负荷了。大年初一奔天津，前辈王又宸先生约张君秋《御碑亭》。四天戏倒有两个黑白天儿是张君秋单挑《女起解》《玉堂春》《十三妹》。二月是和马连良先生的《三娘教子》《苏武牧羊》《游龙戏凤》《龙凤呈祥》，单挑戏码《女起解·玉堂春》《祭塔》。三月份签约谭富英同庆社《四郎探母》《打渔杀家》《大·探·二》《桑园会》《御碑亭》《红鬃烈马》《女起解》《玉堂春》。谭老板喜欢这个小晚辈，只要张君秋有档期立刻就把他约到同庆社来，四、五、六三个月又合作演出《红鬃烈马》《法门寺》《四郎探母》《玉马连良、张君秋在上海领衔为赈灾筹款义演。

堂春》，几出戏都是干爹尚小云亲授，效果极好，每一场上座达到千人。

张君秋在京、津、沪和山东等地频繁演出，票房收入颇丰。李凌枫也买了房，这是李凌枫对张君秋授艺在物质上的一大收获。该事传到王家大院就热闹了，说什么的都有，有评论君秋得天独厚的条件说："这才开始，好日子还在后头呢！""李凌枫先生能教出这样的好徒弟，值得庆幸。"还有的说："富连成和中华戏校要是有俩这样的学生，那日子就不发愁了。"在场梨园行求学的、教学的纷纷议论，称赞不已。王瑶卿频频点头："开口饭难吃的原因就是要求条件苛刻，大多数一般，有嗓子没扮相，嗓子扮相有，没个头儿！像君秋这样儿的嗓子、个头、扮相、灵气儿全具备，绝不多见，再加上他特别能吃苦，有今天的成就，不是偶然而是必然，他不红谁红！"

生活在呼和浩特的姨表弟何顺信（后来同张君秋合作创立张派艺术的琴师）来信说："听了二哥的唱盘，非常棒，自己也学了几年京胡，期盼着能到北平和二哥一同合作。"张秀琴很高兴，就回信，一再让他们到北京来，并告知他们如今家里的情况，有地方住。何顺信母子满心欢喜，相继来到北平，住在张君秋租的宣外菜市口附近宏业里，一个坐北朝南的小三合院。

张君秋（十七岁）出演《十三妹》。

张君秋

此后，张君秋每天在九至十一点、下午两点至四点由琴师李德山吊嗓子外，晚上七至八点则由何顺信伴奏。他们经常一起听京剧前辈及各行名家的唱片，除京剧外，还有河北梆子、京韵大鼓、乐亭大鼓、单弦，甚至像《何日君再来》等流行歌曲，从中撷取精华丰富自身，获得灵感改革创新。

马连良、张君秋、马富禄合演《审头刺汤》。

张君秋、叶盛兰合演《奇双会》。

王家大院京剧沙龙

在王家大院里，张君秋除了学戏、聊戏，还常常听到一些梨园的奇闻轶事。

王瑶卿说："老谭（鑫培）先生当年每年初登台必择吉日，首演必是《定军山》。首先他认为黄忠穿绛红靠，近似红色，象征吉利，再者独有此剧先在右边出场，右为东方，生瑞。"与张君秋长期合作的陈少霖说："君秋年轻，初生牛犊不怕虎，他从来不挑日子口，有空档就接。"

王瑶卿问君秋在沪闯荡的经历："大家一直在关注着你的上海之行，在那儿立住不容易，好些名角儿在这个大码头栽了，没法儿再次前往。"君秋把获得上海观众认可、梅先生收自己为徒等细说一遍："这次去上海收获巨大，也是对我的鞭策。梅先生还教了我几出戏，简直是做梦也想不到呀！他带我拜见了杜月笙，在宴会上梅老师点我唱了一段他教的《霸王别姬》南梆子'看大王在帐中合衣睡稳'。那小宴会就是为我特设的，您看这照片，梅老师疼爱我，让我坐中间，我紧张极了。几天后，杜老板包场请上海各界名流看了我的《女起解·玉堂春》。"王瑶卿听后说："真是难得，多少人梦寐以求啊！你千万要珍惜、珍惜、再珍惜，踏踏实实的往前走。"

叶盛兰说："看戏、听戏、花钱买票都是要听当中的角儿唱。四梁四柱是帮衬呀，他们再好也是绿叶儿。"在座的陈少霖、马富禄等人都说："君秋弟这条嗓子值大钱了！依我看《女起解》《玉堂春》《祭塔》连唱十天半个月，就能挣出一笔款子买所房子。""戏迷识货，君秋的一条嗓子，是金不换哪。"

又有人说："现在兵荒马乱的，大家日子不好过呀！富连成、荣春社很艰难，这一班又一班的学生都是半大小子，正是长个儿能吃的时候。但是卖座不灵，科班没有经济效益，再加上那几位股东生意不好，又撤资，真是雪上加霜，老板都快急死了！"叶盛兰说："我们祖上绞尽脑汁儿，想尽办法维持着生存，难、难！"陈少霖接茬："为了挽救荣春社，尚老板最近卖了一所房子。"说到这里大家唉声叹气，十分惋惜。

第三章
1940—1951

张君秋成家

张君秋快二十岁了，他的婚姻大事在京剧界行内外惹人注目。谁家的姑娘能有幸嫁给这位冉冉上升的新星呀？

有人说："我五年前就打赌，如果张君秋成才，我一定把姑娘嫁给他！"张君杰把社会上的传言告诉娘："外面很多人说，弟弟已经是名角儿了，台上戏装美若天仙，台下便装也是一表人才、风度翩翩，应该娶媳妇成家啦！有多少人家都盼着把闺女嫁给君秋哪。"

可是，在张君秋的意识中，现在兵荒马乱，戏确实难唱，绝不敢掉以轻心，婚姻大事完全没有提到议事日程上来。艺术上要更加精益求精，牢牢保住在北平、天津、上海打开的局面。

从 1933 年至 1940 年，张君秋学戏、演戏已有七个年头，和李凌枫签约的"关书"期满，该毕业出科了。王瑶卿先生、程砚秋先生也认为君秋挑班的时机已经成熟，张君秋本人同样有挑班打算。搭班唱戏，张君秋的票房收入已经占到扶风社收入的小一半，五员虎将中马连良第一，第二就是张君秋了，叶盛兰、袁世海、马富禄的戏码比前边二位合作的剧目、单挑的剧目少很多。张君秋通过在这里学戏和大量的舞台实践中，越来越想拥有自己的班社，以展示和发挥自己的才艺。如今，他已完全有能力和实力挑班了。张君秋的全部精力完全扑在业务上，哪还有空闲顾及婚姻大事！

张君秋对男女感情方面的事情真没有太多的想法，一则是师父和娘看得紧，更主要的是自己重任在身，他要多学本事才有能力挑起养家的担子。他脑子里全都是戏词、唱腔、白口，表演的身段手势，还要背通本。这正是张君秋学习最紧张、搭班唱戏最多的年月，他真的没有工夫考虑结婚之事。

张君杰说："君秋还真没动过结婚的心思。比他小两岁的师张君秋十九岁时已唱响京、津、沪，置办了第一份不动产和一套完整的戏箱，为后来的发展打下基础。

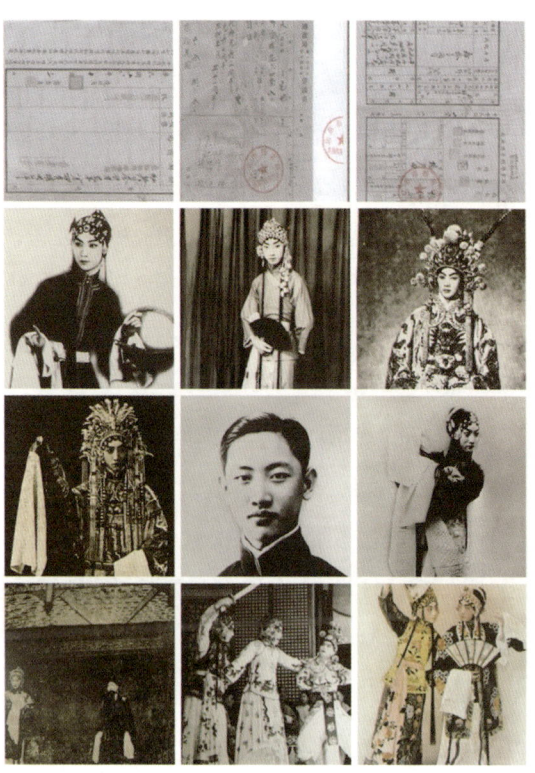

妹吴素秋，聪明漂亮，她和君秋同在李凌枫先生那儿学艺，可他们俩怎么没发展成恋人呢？据吴素秋说，当时学戏有严格的规矩，男孩子在老师家不许和女学生讲话，不可以同女徒弟一起搭伴走，如果发现违规就会开除。"

　　吴素秋回忆："那年，我十三岁，君秋师哥十五岁。一天，在去师父家的路上碰见了，好高兴，我叫了一声师哥，搭伴往师父家去。走着走着，忽然闻到烧鸡味，不约而同地叫出声：'真香！'俩人掏了掏兜儿，凑了几个铜子儿，买了只烧鸡，因为钱勉强够数，那卖烧鸡的给挑了一个小个儿的。俩人馋的口水都快流出来了，不管三七二十一，掰开两半儿，大口吃起来，真解馋！一边吃一边四下看着，心想，可别碰见熟人。嘻！怎么那么巧？怕什么来什么，只见师父骑着自行车就往这边来了，吓得我们俩赶紧藏到一辆洋车后边儿躲起来。差一点就被发现了，好险哪！"

张君秋确实出众，无论在哪种场合露面，都会引人注目。他不多说话，总是以微笑迎人，不会奉承，也不会贬低人。和他的名字一样，他是个令人喜欢的谦谦君子。人都说："谁家姑娘会有这福气嫁给张君秋做媳妇呀？"张秀琴倒是没打算让君秋早结婚，总说："君秋还小，还没有成家的念头。过两年再说吧。"

张秀琴和君秋每到尚小云家去，学过戏后，就是聊天儿，离不开演戏的范围。从天津回来，娘儿俩带着礼金和当地特产去尚宅。一进门，尚小云就对君秋和秀琴说："来得正好，君秋快二十岁了吧！长成个相貌堂堂的大男人啦，如今事业有成，该结婚成家啦。托我给你做媒的人，把我们家门槛儿都快踢破了。尤其是我的琴师赵先生，他看好君秋，再三催我提亲，想让你们迎娶他的大女儿，我觉着可以考虑。"张秀琴接过来说："先谢谢您和大家伙儿惦记着君秋的婚事。赵先生也跟我们提过，希望把他的大女儿嫁给君秋。我知道赵小姐比君秋岁数大，还听说那女孩子脾气不太好，我没答应。"张君秋回话说："现如今，我这事业的压力很大，还没有结婚想法，过两年再说吧，不忙。"

一天，赵先生正在尚小云家聊天，张君秋、张秀琴进门来，赵先生十分兴奋，聊了些家常便开始劝君秋："孩子啊，听话，我这几年看着你发展，势头不错，咱两家结亲，你事业会有更大的发展！"君秋低头不语，赵接着说："不是我自夸，我闺女长得漂亮，双眼皮儿大眼睛，只不过岁数比你大点儿，俗话说，女大三抱金砖呀！"赵先生看君秋还不说话，又说："好汉占九妻，往后，你不满意，可以再娶嘛。"总而言之，不把女儿嫁给张君秋绝不罢休："我把你们俩的生辰八字都测了，非常配！"尚干爹对君秋说："赵先生真是喜欢你呀，话都说到这份儿上了，我看挺好，就答应了吧。"转面对张秀琴说："您拿个主意！"张秀

1940 年，张君秋与赵玉蓉结婚。

张君秋岳父、北平梨园公会副会长赵砚奎（京胡琴师）

琴说："听说姑娘有点儿小性子？"赵先生说："见了君秋准没脾气！"逗得大家哈哈大笑。张君秋转身出了屋。

张君秋是出了名的孝子，一切听从母命。但是对自己的终身大事，他不该压制个人情感而盲目听从包办，以致到后来给赵小姐造成痛苦。

架不住大家一再地撮合，在尚小云的筹划下，张君秋二十岁时与比他大三岁的赵大小姐举行了结婚典礼，宾客云集。梅兰芳在香港，特意请上海国华银行总稽核、金融家吴曾愈先生代送礼金，吴先生很高兴，也很喜欢这个青年新秀张君秋，他交由徐兰沅先生代他们出席致贺，并送上礼金。

在旧中国，包办婚姻是很正常，一般姑娘大门不出，二门不迈，都是包办解决终身大事。京剧界很多人也都是包办婚姻。其实无论包办婚姻还是自由恋爱婚姻，都有终生恩爱相守的，也有半途失败离异的，这在人世间是常有现象。

张君秋婚后，一家搬入宣外棉花四条，一所坐北朝南、两进深的院子，有十一间磨砖对缝的大瓦房。这是张君秋婚前买下的。

年纪轻轻的张君秋，创业成绩斐然，着实是令人佩服。张君秋和赵大小姐二人倒也和睦。新娘子真没有"发过脾气"，她过门万分高兴，爹爹给她找了一位如意郎君，她哪里还有脾气。

梨园公会是戏曲界人士的民间组织，尚小云董事推荐张君秋加入，并送了牌匾。张君秋开始做公益活动，参加救灾、扶贫等公益性演出，唱戏不再是只为个人养家糊口了。其中一场是他最卖座的剧目《女起解·玉堂春》，贴出就满；还有一场是和马连良的《桑园会》；大轴，言菊朋、程砚秋、金少山、孙毓堃《美人计》。公益演出盛况空前，巨额善款全部捐出，梨园公会给张君秋颁发了一座两尺多高、双耳圆肚带帽冠的银质大奖杯。多年来，张君秋参加公益活动，获得十多个奖杯和奖牌，全摆放在后街东屋的桌子、条案上。

婚后第二年（1941年），君秋夫人给张家添了一对双胞胎男孩，满月这天，又逢张君杰娶妻王树龄，前来祝贺张宅添丁进口之喜的宾朋络绎不绝，张秀琴真是心里乐开了花。第三年，老太太又抱了第三个孙子，张君杰的媳妇也生了个儿子，大排行老四。这两年，张家兴旺得让世人啧啧称赞，羡慕之至。

张君秋的演出、学戏任务极其繁忙，张秀琴请了一位王运家先生做管家。这位王老先生慈眉善目，总是面带笑容，君秋等均尊称他"叔爹"。他主要是带养调教张君秋的一对双胞胎儿子，并管理张宅的家庭账目，工作繁重，责任重大。

张君杰自回北平后，担负起弟弟的演出接单业务，安排火车票、飞机票，运输赴各地演出戏箱等具体又繁杂的任务，还要往返各大戏班结清账目，并负责张君秋搭班演出的内外联络。这些工作要求仔细认真，多亏当年君杰在上海时，张秀琴让他念了几年书，肚子里有点儿墨水儿，回北京就能顺利接下经理科的业务。一家人齐心努力各尽所能，日子越过越红火。

张君秋挑班

媒体报道："马连良老板请不起张君秋了，原因是张君秋要求长份儿钱，开销太大。"其实真正的原因是，张君秋在扶风社期间拥有了广大的基本观众，博得行内外的深度认可。张君秋想多演唱本身的正工青衣戏，但在扶风社他大部分时间是为马先生配戏，没有他发挥的余地，所以离心力逐渐加大，最终导致分手。张君秋着手组建班社，决心自己当老板，掌握主动权。

旧时代的梨园界"老板"分为"后台老板"跟"前台老板"。"后台老板"即戏园子老板，前台老板"即戏班子老板。戏班的"角儿"往往同时是班主（老板），衣箱道具多为班主个人私有。其他演职员跟班演出，属于"傍角儿"，票款所得，由戏班班主同戏园子老板分账，一般按二八或三七成，最高一九成，至少是四六成。

戏班班主（"角儿"）拿到分成后，留下大部分份额，余下再分给其他演职员，所以旧时代把"角儿"称为"老板"。后来即便"角儿"不是班主，也被尊称为"老板"。了解张君秋根底的认为："以张君秋的名气和实力，可以做老板了。"这时张君秋二十岁，戏路宽，在行内外人气相当高，"有戏箱、有房产，是挑班儿的时候啦"。有人在王瑶卿家说："张君秋的戏好看好听，如今一些名角儿都很少唱了，就看君秋的啦。"王大爷感叹："多少年来才出一个嗓子好听，高低没档，个头儿、扮相漂亮，戏路又宽的大青衣呀！难得君秋是百里挑一。"清末民初旦角宗师陈德霖之子、余派老生陈少霖搭下茬儿："现在，好些班社都请不起张君秋挂二牌，听说，每场戏马连良能给张君秋三百多大洋，君秋他娘不干。"青年丑角演员钮荣亮说："这几年倒是有几位年轻的名角儿，都很早挑班。结果又怎么样？散了！实力不够，不叫座儿，那就什么话都甭说了。""张君秋的上座率高，已经是马连良扶风社的半壁江山啦！""听说有一批戏迷买半堂的戏票，就专为看君秋的戏，捧张君秋。"

1939 年，张君秋学艺期将满，决定挑班，王瑶卿从中主张最力。

　　王大爷说："君秋应该挑班做老板，条件具备了。关键是正当年，有实力，有上好的票房保证，大家都愿意跟这样的老板一起合作。"

　　就在这一年，张君秋与李凌枫先生写字的关书合同到期了，李先生靠这有出息的门徒挣的是满盆满罐。从张君秋十五岁初登台开始，李凌枫的学生就源源不断地找上门来，虽然没有一个像张君秋那样红火，但是有张君秋一位成功足矣。此时张秀琴算是松了口气，往后再挣钱就不用分出一半给师父，一家大小的日子也就宽裕多了。

　　王师爷对君秋说："我收到很多同行带来的报纸，其中一则说的非常好：'梅兰芳在上海收君秋为徒，也出于对其得天独厚的激赏。'路介白署名文中这样记述：'忆余旅沪时，晤畹华于梅华诗屋，适君秋亦在。梅盛赞君秋眉目俊秀及出场之风头。梅谓：伶人出场以一身笼罩全部观众，如霞光之外射，使视线集中，此所谓风头也。君秋此点特佳，况其嗓音甜润充沛，尤为难得。梅氏说的"风头"和"嗓音"，已是经过京剧艺术规范陶冶后的天分。君秋嗓音浏亮甜媚，宽润高宏，无所不具，听其大段三眼，譬之甘粹肥醲，使人腹饫。字字真著，虽以不谙戏词者亦能听清。所

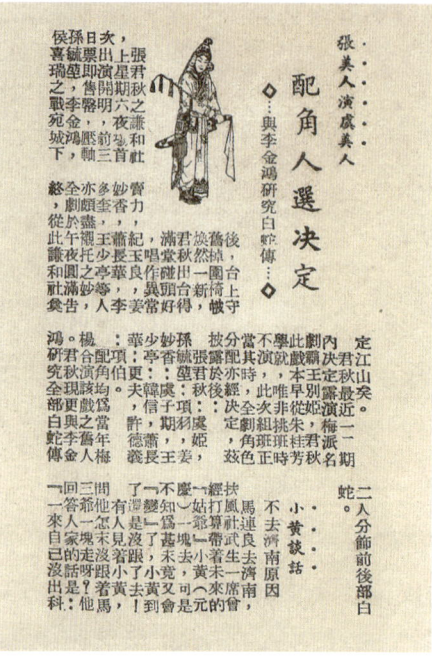

张君秋挑班的谦和社深受戏迷欢迎。

谓"玉果声声彻，金铃字字圆也。"'这报纸你收藏好！"君秋连连鞠躬道谢。王瑶卿对君秋格外疼爱、关怀，事无巨细都替他想着。

组班紧锣密鼓地进行着，张君秋邀请到李多奎、萧长华、姜妙香、叶盛兰诸多名角儿加盟。他和母亲、兄长一起筹措资金，增添适应班社使用的戏箱和行头，规定演职人员如何分份儿等，都要有细则。

1942 年，张君秋任社长，赵砚奎任执行社长，取名"谦和社"的戏班宣告成立。年轻的张君秋在艺术上获得了独立发展的地位与空间。

正如王瑶卿先生讲的，要想有成就不能"当好角儿"，要"成好角儿"，有真本事，行业内外全买账才行。在张秀琴和王瑶卿的坚持下，张君秋磨砺七年，练就扎实的功夫，登台不久，红遍京津沪，为今日的挑班奠定了牢固的基石。

谦和社成立后，张君秋以老板身份演出的第一站是北平。他

程砚秋支持张君秋挑班。

格外小心，以单挑剧目为主，对儿戏、群角儿大戏兼容安排，以满足不同观众的需求。谦和社戏箱质量好，崭新、齐全，戏装整理好装进四角四边加双层铁皮的大戏箱，适合长途运输。非常讲究的戏箱抬进剧场，就让剧场经理及上下工作人员兴奋："金票房张君秋的谦和社来啦！"

每场演出，张君秋都要请几位前辈来督导。王瑶卿和尚小云、程砚秋只要有空，到点儿准坐在那预留位子上。天津中国大戏院孟老板是张君秋迷，一连几天都在北平看戏，并邀请张老板带谦和社赴天津公演。

张秀琴记得1937年张君秋首次赴天津大码头，还是默默无闻的小学徒，由李凌枫先生带队搭班唱戏。时过境迁，张君秋这次是以老板的身份率剧社到天津公演，令人刮目相看。天津观众也非常得意，张君秋五年前初次搭班来时，观众就认为这小伙子会成大材，果然不出所料。

张君秋《红拂传》饰张凌华。

张君秋

赴天津演出效果极佳，中国大戏院老板设宴欢送时说："张老板，下次来要安排一个月的演出，这次两周时间太短，戏迷还没过足瘾呢！"张君秋说："我这老板还嫩呐，这次成功和萧长华、李多奎、姜妙香等前辈名角儿的帮衬是分不开的。演出收获这么大，是您孟老板安排得周全，这些都让我底气十足，艺术上的发挥也就更加从容。"孟老板夸奖君秋说："这次演出的《女起解》《玉堂春》《金·断·雷》全部都是唱功的重头戏，尤其是你干爹尚小云亲授的《祭塔》，大段反二黄把个天津戏迷听得是如醉如痴。京胡换了你表弟何顺信，俩人堪称珠联璧合。"张君秋说："表弟跟随我也有五年的时间了，他刚开始拉京二胡，但是一直在家里用京胡给我吊嗓子，顺信操琴有功力，刚柔适度、节奏严谨，我们俩合作，心气儿能碰得到一块儿，他拉得痛快，我唱得舒服。"

近几年，程砚秋向张君秋传授了《金锁记》《朱痕记》《贺后骂殿》等程派看家戏，张君秋轮流上演了这些剧目，戏迷们观后感慨万分，为程砚秋无私传授张君秋这么多出自己的拿手戏挑大拇指，更为张君秋把程派剧目演得惟妙惟肖赞不绝口。他虽然唱的是程腔，但用的是自己的嗓音优势，自己对剧中人物、剧情的理解来唱，听来不失程派的幽怨哀婉，又巧妙地化为张韵，得到观众认可和赞许。曾经有人问程砚秋："谁学您唱得最好？"程老板不假思索地道出："张君秋！"

当年，张君秋旁听了王瑶卿、程砚秋编创《锁麟囊》的全过程，一字一腔破格创新的设计，对张君秋以后的创作影响深远。张君秋也开始尝试把自己不满意的唱段、唱腔加以改变，他认为唱腔的设计应该以充分表达剧中人物的思想感情为准则，不同的人物用一样的唱腔，等同于千人一面，是不恰当的，需要加以变化。现在是表弟何顺信操琴，两人随时可以商榷，试着在唱腔和伴奏上进行改动和创新。加上君秋自己也会操琴，说明意图时还可以抄起胡琴示范，所以编创新曲更加顺手。这样的改革被王瑶卿先生肯定，他对君秋说过："将来学你的唱儿的人会遍天下。"还说："时下，班社太多了，成败兴亡，全看老板的本事。你的谦和社位列其中，一定要踏踏实实，稳扎稳打。"君秋对师爷说："您的嘱咐，我一定会牢记在心！"

吴曾愈接触张君秋

黄金大戏院老板金廷荪邀请谦和社到上海演出，为期两个月。上海戏迷在戏院的广告牌上看到张君秋率北平谦和社来沪演出的日程和戏码，高兴得跳了起来，连夜排长龙抢购戏票。提前十五天开票,不几日便宣告售罄。张君秋一行人于北平、天津演出结束,没休息几天便收拾行囊,奔上海大码头去了。

到上海还没安顿好,黄金大戏院金老板、孙经理对张君秋说:"上海戏迷都盼望着你,经常跑来问:'张君秋老板什么时间来沪呀?'"又拿出来一个帖子,"国华银行董事长吴曾愈先生送来一张请柬,后天中午在上海大饭店宴请企业家和戏曲界名流,盼张君秋小老板一定光临。"金老板又一再说金融家吴先生是梅先生的好友。

这位四十八岁的实业家、银行家、金融家,姓吴名曾愈,号希之。他青年时代就读于北京清华大学,被保送美国普林斯顿大学攻读金融专业,是普林斯顿大学经济学院毕业生,哥伦比亚大学金融管理硕士,曾在美国华尔街金融市场工作。这都是在1920年前美国种族歧视非常严重的时候完成的,太不可思议了!吴1921年回国后,娶妻生子,建立基业,在多家银行任董事长,担任储金局局长。1935年,他是中兴木业上市公司股东之一;1942年,任上海国华银行总稽核、执行总长,中华懋业银行总经理,手里的客户上万家。吴还前后创办了多家贸易公司,是学者型的金融家、银行家、企业家。

吴曾愈为了银行吸纳金储,在上海大饭店豪华宴会厅摆酒席,

上海金融家吴曾愈

在圣约翰大学求学的吴励箴

请当时上海的企业界大亨，文艺界、戏曲界名流，尤其是邀请在沪的梅兰芳、周信芳等名角儿，特别请来上海演出的张君秋出席。吴家的长女吴励箴、大公子吴济生两位大学生随同父亲作陪，负责接待贵宾。

吴家姐弟均是上海圣约翰大学在读的高材生，这位吴励箴小姐刚满二十岁，就读英语系一年级，非但学习成绩优秀，更生得美丽端庄，被评为圣约翰大学校花。姐弟二人均是张君秋戏迷，都打过站票看张君秋的戏，是非常忠实的张粉。宴会中姐弟俩都愿意挨着张君秋坐在一桌，吴励箴充满崇敬的目光不时盯着这位偶像，看得张君秋不好意思起来。席间，大家有说有笑，聊得融洽、开心、尽兴。

吴曾愈和梅兰芳、程砚秋、尚小云、周信芳等早有结交，国华银行对京剧界存储嘉宾给予优惠让利，因此，这些京剧名家班社到上海演出的往来资金都乐意通过国华银行存储、支出、扣税。吴老板喜欢新角儿张君秋，大力支持照应他，每场戏包三排座，买几十张正中间座位好的戏票，分赠给他的客户和亲友们。

吴老板在宴会上对张君秋说："你十七岁在上海第一场演出我就看啦，真好！那时候我的朋友们就看好你啦。黄金大戏院金老板是你的戏迷，只要他邀到你来上海演出，就先告诉我。"说到这儿金老板搭腔："您是吸金的钱库，通知您是必须的！"在座的宾朋大笑起来。张君秋起身向在座的前辈致敬，向吴曾愈老板、金廷荪先生道谢。他对吴先生说道："我大婚之日，收到您交由徐兰沅先生转送的您和梅老师的礼金。在此，我全家向您和师父表示深切的感谢！"

宴会结束后，吴先生起身走到君秋面前说："等你哪一天没有演出，我邀你阖府到我家中做客，敬请光临。"张君秋感到这位吴先生十分和蔼可亲，遂满口答应："下周一排戏没有演出，我们娘几个一定登门拜访、答谢。"

谁也没有想到，后来就是这位大金融家死活不让自己的长女吴励箴嫁到张家！

吴曾愈的子女除吴励箴、吴济生外，吴定一、吴定文也都就读圣约翰大学。圣约翰大学创立于1879年，是中国首座全部用英语授课的高等教会学府，是当时上海乃至全中国最优秀的大学之一，也是美国在华办学时间最长的一所教会学校。该校享有"东方哈佛""外交人才的养成所"等盛名，培育出了顾维钧、宋子文、严家淦、林语堂、邹韬奋、荣毅仁、经叔平、贝聿铭、张爱玲、周有光等一大批声名显赫的校友，成为中国教育史上的传奇。

应邀拜访吴宅

吴曾愈在上海市愚园路668弄有两所洋房住宅。在繁华的大都市中，愚园路上总是熙熙攘攘，人来人往。初走在愚园路上，脚步不由得就慢了，有很多名人居住在这条街上。吴宅是一幢三层西洋楼房，围墙上方露出茂盛的松杉树，沿着围墙走进一条深深的弄堂，才能看到那座宅子，法国风格的白色建筑和装饰使人眼前一亮。梧桐树叶的影子映在建筑物上，还有那布满房檐和窗户周围的爬山虎，显得格外幽静，甚至使人感到有些神秘，但并不觉得压抑。这里环境优雅，整齐清洁。

张君秋、张君杰和母亲一家三口人应邀来到吴公馆。男仆将客人引到会客大厅，吴曾愈先生和有孕在身的年轻太太笑容满面，吴励箴、吴济生姐弟俩搀扶祖母吴老夫人一同出迎。

吴先生关切地问张君秋："上海天气潮湿住得习惯吗？语言的差异会觉得有些不方便，有什么需要不必客气。"就着这个话题他们开始聊一些上海和北京不同的方言和有趣的笑话。张君杰因为在上海住了几年，可以用不太流利的上海话同吴家伯伯交流。吴董事长青年时代在北京清华大学读了两年多后保送去美国深造，所以北京话也能说一些，跟张君秋交谈十分愉快。遇有彼此听不懂的，就由吴励箴翻译，吴小姐能说一口带上海口音的北京话，她对张君秋颇有好感，乐得为其效劳。

吴曾愈谈到，那天看君秋演出，观众疯狂叫好声不断，站票都买不到的情景，犹在眼前，大家都兴奋起来。茶过三巡，管家说："老板，可以请客人用餐了。"宾主一起边谈边来到餐厅，只见仆人们在有序地忙着摆台、上酒、端菜。餐厅是西式装潢，金丝绒内衬抽纱质地的落地窗帘，大黄铜鎏金水晶吊灯，法式雕花黄檀、酸枝木桌椅，象牙白色抽纱桌布四边镂空，尽显华丽讲究，非同寻常。张秀琴和君秋、君杰看着这一切，真是大开眼界。吴励箴搀扶着张秀琴，大家顺序入座，吴励箴的奶奶紧挨着君秋娘秀琴，二位相处十分融洽。吴老夫人说的最多，励箴、济生姐弟就给奶奶帮腔，好不热闹。

吴曾愈举杯热情致词，祝贺张君秋在上海演出大获成功，竭诚欢迎张氏阖府到来，令吴家蓬荜生辉。几道菜上过，吴老板说起他的生意来："梅兰芳和马连良先生他们的班社都在我的银行办理银钱往来，他们存钱在我银行，利息要比其他银行多很多的。"面对君秋说："你的这些前辈都是我的老客户，我也有发展国华银行与你谦和社的业务计划。希望你们把演出收入存到我的银行来，你看好吗？"君秋很不好意思地说："吴先生，您说的理财之事，我一窍不通，钱财问题全都由我母亲和君杰大哥管理，我只管唱好戏就是啦。"大家听君秋讲过之后都笑了起来，吴老板说："难怪君秋戏唱得好，真是全心全意呀！"转身对励箴姐弟道："这就是你们学习的榜样！"众人点头称是。吴励箴把双方意思都解释一通，张秀琴和君秋、君杰兄弟都听懂了，即谦和社在上海演出的包银存在国华银行，利息多，安全可靠。张家母子三人同声说："那好，我们会把钱转存到您的银行中去。"

吴先生还允诺，回赠张君秋一套舞台上的台帘、桌围、椅披、剧装等，并说："这份戏箱，你们就专门在上海用好了。"越聊越投缘，吴老板对张母说："你这两个儿子实在可爱，前途无量。"君秋哥俩对这位可亲的长辈感激之情油然而生。吴励箴调皮地说："父亲的承诺我来督办！"这晚的家宴充满欢乐祥和的气氛。

送走张氏母子，吴曾愈又对吴老夫人说："张君秋扮相好，个头好，那条好嗓子值钱了！实力雄厚，所以挣得满盘子满碗，要知道现在挣钱很难的，可是他们娘几位很行。我从来没有听说过张君秋去逛大上海扫货，去高级饭店吃法国大餐。几年来他在上海站稳了，金条挣了不少，但是他非常低调，好像不会花钱，简朴得很，总是穿那两件灰蓝长袍，干净漂亮即可。一心一意唱戏赚钱，养家过日子。这样的人家可交。"励箴的奶奶哈哈大笑："瞧你说的，真是三句话不离本行。"

吴励箴恋上张君秋

历经几次聚会以后，这位吴宅的大小姐吴励箴深深被张君秋的才情、外貌、朴实作风迷倒，他与她平时接触的男同学和青年男子大不相同。但逢张君秋有演出，她就请张君杰给预订戏票，那座位排号是张君秋在台上往下一看就能见到的"吴小姐专座"。她下了课夹着书就跑来看戏，看得心花怒放，偶尔和台上的张君秋对上眼神，那种感觉像触电一般，舞台上下的呼应，使得这个二十岁的大学生心动加速，崇拜之心不由得变成浓浓爱意，心境再也不能平静下来。

吴励箴记得，那年放暑假期间，她和弟弟妹妹们去青岛避暑游玩，恰逢张君秋也在青岛。很巧，张吴两家住在同一个酒店同一层的房间，出入会经常碰面，算是缘分吧。吴曾愈除在上海经管银行外，在其他地方也有产业，在青岛有投资。青岛是个气候宜人的海滨城市，夏天吴先生就会带着全家人到青岛来度假。

张君秋晚上有演出，早上还要在房间里吊嗓子说戏，丝弦声伴着他那悦耳的唱腔传到楼道中，引得吴家姐弟在门外驻足聆听欣赏。"哟！门外有客人在听唱。"张秀琴发现后就把他们请进房间内来听。看到张君秋演出那么多，人消瘦之极，吴励箴就特别加以关注，只要得知张君秋没有演出，吴励箴姐弟就会约张君秋一家人到西餐厅，喝奶油汤、吃烤大虾、炸牛排大补一通。姐弟二人看他们吃得香，自己也高兴。张君秋喜欢吃西餐就是从那时开始的。

度假归来，吴励箴对张君秋的爱陷越越深。济生发现姐姐对张君秋动了情，便暗示励箴："咱们跟着奶奶把君秋哥的戏都看遍了吧，你也太走火入魔了，怎么去找张正芳老师学戏？爸爸知道会不高兴的，好好读书才是。"济生又旁敲侧击："你知道吗？张君秋已经有太太啦！他结婚时，梅兰芳老板还托咱们父亲送去大礼金，爸爸随礼也送了一份。听说今年9月孩子都生了，你没见报纸的报道吗？"这一番话说得吴励箴眼泪流出来了，济生问："姐姐怎么哭了？"看来，张君秋成家之事吴励箴早已知晓，就怕人说出来捅破这层窗户纸。不等弟弟再往下说，她转身跑回自己的房间去了。

吴励箴神不守舍，在房间里一闷就一天，为自己心仪的人已婚生子伤怀，傻乎乎，发愣，痛苦不堪。开饭时，阿姨敲门她就是不开，奶奶和济生弟弟一起来叫，门才开。吴老夫人已经听济生说了原因，老太太很是焦急，严厉地对大孙女儿说："你千万不要想着不可能实现的事，你爸爸会被你气死的！好好念书，还有两年就毕业了，听话，吃饭去！"吴励箴的生母十年前病故，励箴最听奶奶的话，老人家也最疼爱这几个从小失去亲娘的孩子，她是孩子们的主心骨，孙女孙子都热爱奶奶、尊敬奶奶。吴励箴听罢奶奶的话一愣："哦，您都知道了！"她怕奶奶担心着急，又恐爸爸知道，只好按下心情对奶奶说："您放心吧，我一定好好读书，请您千万不要对我爸爸讲，好吗？"吴老夫人说："你刚刚长大成人，还不懂得爱情有多么复杂……"励箴忙拦住："奶奶您别说了。"

北平张宅接到电报，秀琴、君杰、君秋和铁安等次日要从上海回来。大家忙着打扫卫生，连大街门都冲洗得干干净净，就像要过节似的。

一家之主张秀琴给大伙儿分配在上海买的礼物，旗袍、男装和鞋等。张君杰的太太王树龄忙着总结家用账目，向婆婆交代。平日家里粮油问题都是由张君杰管，赴上海后，这些事情就都交给妻子打理。树龄倒也很会精打细算，把这些后勤工作做得井井有条的，张秀琴也很放心。

张君秋将上海挣的现金、折子都一并交给母亲，张秀琴好开心，接过钱和折子马上锁起来，脸上绽放得意的笑容。她虽然财权大握，过日子照样非常节省，甚至有些抠门。这倒并不是因为她小气，而是她知道儿子挣钱不易，眼下有些成绩，一大家子开销也不是个小数目，能省就省，要把钱用在刀刃上。首先孝敬几位老师，每逢年节、寿诞之日必备大礼金奉上，以尽徒儿一片心意；再就是添置戏箱；余钱购买房产，解后顾之忧。张秀琴坚信来日方长，会好上加好的。

滕联芳去世

转眼间又是一年。一天，张君秋接到上海寺庙发来的电报，告知滕联芳故去的消息。张秀琴、君杰、君秋娘儿仨不禁悲从中来，其他人不知该如何安慰。父亲的辞世对君杰、君秋兄弟而言，可以说是未尽孝道，留下遗憾；张秀琴呢，听到滕联芳死讯的那一刻，她内心对过去遭受的种种苦难和对丈夫的怨恨也都随之烟消云散。

张秀琴带着两个儿子去上海奔丧，几天后把滕联芳的骨灰盒包裹好抱回北平，先存放在陶然亭，筹备后事。做好孝衣，奉好香火，张君秋为父亲大办丧事尽孝，在庙中设灵堂，请大班组和尚唱经文计七天整。滕联芳骨灰装在紫檀木匣子里，摆放在香案上，张君秋在父亲的灵位前深深叩头，长跪不起，君杰和铁安几次向前才把君秋搀起来。张家大小二十多口子轮流守灵上香，接待各界亲朋好友前来吊唁，向来宾深深鞠躬致谢。

滕联芳生前万万没想到，有个好儿子给他举办这样隆重的后事。张君秋在北京西山买了一块地，在寺庙的指导下，依据滕联芳在寺中的地位，修建了一座塔状的墓碑，为他的人生圆满地画上一个句号。

吴励箴一往情深 张君秋感到困惑

同年的 10 月，张君秋率领谦和社一众人马再赴上海公演。这次演出戏码有《玉堂春》《四郎探母》《霸王别姬》《凤还巢》等，还有张君秋早期的私房本戏之一《凤双栖》。尚小云亲授的《汉明妃》是一出唱、作、舞并重的大戏，由于剧中有群舞的情节，所以这次张君秋请了上海戏校"正"字辈三十二名学员，在台上"跑竹马"，载歌载舞，声情并茂，场面壮观。张君秋一改只唱不舞的风格，练了多年的跑圆场于戏中大放光彩，策马扬鞭和马童串八字，和"竹马"在锣鼓声中有节奏地跑动起来，颇有云里飘舞的感觉。由于少见张君秋演这出尚派戏，阵容整齐，气势庞大，台上热闹，台下观众更是疯狂。连贴二十场，场场满座，剧场效果奇好。

每次在上海演出，时间都比在别的省市长，因为乘火车的费用高，得赚回来。对已大学毕业的吴励箴来说，这是再高兴不过的事了，她依然对张君秋深深迷恋，不因时间的流逝而减弱，急忙赶着跑去看张君秋的戏，场场不落。

张君秋出席很多宴会，吴励箴作为嘉宾也有不少机会参加。她不仅能亲近心中的偶像，也有了更多接触张秀琴、张君杰的机会，帮助他们打开局面，一来二去就熟悉了。看这个大学生温文而雅，礼貌周全，说话得体，热心为张家忙前忙后，再加上吴家对君秋的照顾，张秀琴也很感激，觉得到上海只要有吴励箴在，会方便许多。母子三人都对吴励箴说过："什么时间去北平，一定要到我们家来玩儿。"这样客套礼让的话让吴励箴心潮澎湃，恨不得即刻飞往。

一有空闲，吴励箴便约张秀琴、张君秋去上海有名的红房子餐馆吃西餐。张君秋有什么需要办的事她都会去做，无论做剧装还是做便装，从挑选料子到量体裁衣，吴励箴都找上海老师父。她陪张秀琴等去逛街、看医生，可以帮助消除不同方言的障碍，就好像做自己家里的事一样，可这些事情她在家都未曾做过。戏迷们宴请张君秋、张秀琴，吴励箴必定在场。这样的往来使吴励箴与张家老少的关系更近了一层，张君秋暗中察觉到吴小姐对自己的感情非同一般，她清纯的容貌、高贵的气质、优雅的谈吐和文明的举止时时会浮现在他脑海。从未谈过恋爱的张君秋心中产生了异样的感觉，一腔热血冲上心头，莫非自己也动了真情？只是，自己已经有了家室和孩子，无法接纳吴励箴的一片深情，也不能耽误她的远大前程。

真情流露 难以割舍

按当时的社会地位与家庭条件而言，吴励箴与张君秋可真是太不对等了。张君秋有太太，有孩子，虽说是颇有成就，但终究不过是个新成长起来的年轻艺员；而吴励箴是豪门大小姐，是圣约翰大学高材生，美丽似明星。这样有才有貌的女孩子实不多见，自然也是众多官商子弟、青年才俊渴望追求的对象。有多少人家来提亲，其中有一位钱先生的公子是吴励箴在圣约翰读书的学长，暗恋学妹已经有两年时间了，毕业后请家长到吴宅求亲。钱家有实业，生活富足，住的离吴宅不远，特别渴望促成这桩婚事。吴曾愈觉得门当户对，不错，留下照片和联系方式。

吴曾愈常年把全部身心倾注于事业，此时猛然意识到，一直当作是孩子的爱女励箴长大了，谈婚论嫁已经提上日程。此后，又有不少媒人前来，可让吴先生中意者甚少。吴先生虽然是美国留学的精英，不保守，但很看重门当户对这一条，自由恋爱也得守住这个底线。吴家的家规很严，子女都要念大学，都要学习好，始终恪守着"万般皆下品，唯有读书高"这样的信念。女儿穿着不须时尚，中式布料高领短上衣配学生裙套装，非常朴素，从不化妆。儿子身穿一般质地的学生西服，保持一种自然美，阳光得很。

吴家富饶幸福的生活，在不谙世态炎凉、过于单纯的吴励箴看来一切都是理所应当；她缺少对一般百姓家庭生活的认知，对门第出身高低和生存环境的差异全不以为然。她视而不见那些前来提亲的人，心里就只有张君秋。

二十三岁的张君秋再度来到上海演出时，吴励箴对张君秋的情感已经愈发不可收拾。吴励箴爱张君秋，不仅是爱他的音容笑貌，她更认定这位青年艺术家也是深爱自己的。他事业前途辉煌，很匹配于自己！她还可以用文化学识辅佐他，助他取得更大成功。

张君秋的口中也时不时提起吴家来，夸赞吴小姐帮忙做了很多事。张秀琴发现儿子近些日子"励箴""励箴"的常挂嘴边儿，事有蹊跷，得机会便提醒君秋："注意点儿！好日子不容易，你已经有了妻儿，别想入非非。"君秋说："娘您放心吧，我爱她，我有分寸。人家是大学生，吴家在上海的地位数一数二，我有了包办的婚姻，有了几个孩子，这就是'门不当户不对'。我不妄想，您也别担心。我有自知之明，我要是没结婚，我会拼命追的！"君秋很痛苦。这次谈话让张秀琴更不放心了，她是过来人，看得出，君秋是动了真情。她心里打鼓，七上八下地不安起来。

吴励箴的痴情时常流露出来。张君秋是热血男儿，不是木头，吴小姐炽热的情感扑面而来，让他不由自主地为之激动，发觉自己也对这位大学生产生了爱恋之情，时时觉得很难处理，还是应该回避，尽量克制。见吴励箴在台下听戏，他装看不见，不碰眼神。化妆的时候干脆让张君杰关上门，在外把守着，避免闲杂人等，尤其是拒绝吴小姐探班。可没过几日，张君秋收到师父梅兰芳派人送来请柬，上海金融界名流在国际饭店宴请梅兰芳，希望张君秋出席晚宴。吴励箴、吴济生也在场，张君秋见到吴励箴，越发动心了。

吴小姐一次次单独邀请张君秋去红房子西餐馆，这里可以品尝到由法国厨师长亲自烹制的鹅肝批、黑胡椒沙司牛排等纯正传统的法式大餐，也可在咖啡厅任选种类繁多、风味各异的西式便餐，制作精良的蛋糕更赢得上海百姓的喜爱。在悠扬的轻音乐伴奏下，喝咖啡，慢慢品尝西餐、甜点，低声细语交谈。在上海，此种环境是有身份之人出入的场所。吴励箴发现张君秋很喜欢奶油汤和起司蛋糕，每回点餐必不可少。吴小姐讲话简捷生动、通俗易懂，张君秋饶有兴趣地聆听着。吴励箴得知张君秋由于家境清苦，只读了四年私塾就开始学戏的过往，和由家庭包办，不情愿地结婚成家、生子的经历后，惋惜地说："今后我会多多的给你买书来读，好不好？"张君秋只是笑而不答，是腼腆，也有着一丝纠结，可内心深处是甜甜的。二人聊得情投意合，沉浸在幸福甜蜜之中，忘记了时间的流逝，张君秋把对娘说过的话早已抛到九霄云外。

东窗事发！吴曾愈听到母亲和儿子济生的对话，知道了吴励箴私下与张君秋在西餐厅约会，如五雷轰顶，他从没想到张君秋会和自己可爱、美丽、聪慧的女儿谈恋爱！他怒不可遏，不住地拍桌子："怎么可以？！这怎么可能呀！一个受过高等教育、有身份的千金小姐怎么会爱上一个唱戏的？况且张君秋他有太太和孩子。我不能理解，过着锦衣玉食、一呼百应的爱女，怎么会对一个靠演艺过活的伶人用情至深？！"他越想越控制不住自己的情绪，也怪自己公务繁忙，无暇关注女儿的成长，如今这样的情况发生，自己也该负有责任。一定要阻止这样有损颜面的荒唐事往下发展，必须和女儿谈个清楚，决不姑息！我吴家喜欢张君秋是真的，但是绝不能把励箴嫁给他！

这可怎么办呢？依着自己的脾气是想对女儿大发雷霆，可他到底有身份、有涵养，晓得事情最好还是别弄僵了，不然会出问题，儿女情长的事情尤其要谨慎对待。他心里始终是很疼爱自己女儿的。励箴亲娘去世早，自己公事太忙，疏忽了对她的督导，奶奶又过于宠爱，惯得女儿太任性，想做什么就去做，全然不顾后果。

吴曾愈对济生说："叫你姐姐回来，咱们一起吃饭聊聊，爸爸只顾忙着公事，很久没和你们坐在一起说说话了。我先出去办点事，晚上六点准时回来，你让管家吩咐厨师做些你们喜欢吃的饭菜。"

吴曾愈训女

晚六点，全家人都到齐了，吴曾愈心里这份不愉快在脸上流露出来。吴励箴察觉到父亲今天有些异样，她心里开始嘀咕起来，有什么事呢？会不会……她不敢也不愿再多往下想，一阵脚步声、挪椅子声把吴励箴紧张慌乱的思绪牵了回来。

父亲和继母落座后，儿女们齐声向双亲问安："爸爸、妈妈晚上好！"在西式长餐桌两边，按姐弟妹长幼顺序坐下。

吴励箴九岁时生母病故，后吴曾愈续娶王碧玲，继母比吴励箴仅年长十二岁，别看她年轻，在吴家为人处事还颇为周到，照顾吴曾愈和一家大小的起居无微不至。吴曾愈对这位续弦的太太眷爱有加，她比吴先生小十多岁，给吴曾愈生下五个儿女。吴励箴、吴济生、吴励芳、吴励楠他们几个对这位姐姐似的继母也颇为尊重。

吴曾愈神色凝重地开言道："今天吃饭时间要快点，励箴、济生，你们两个餐后留下。"另对太太说："你有身孕，吃过饭就上楼吧，我和孩子有话说。"饭桌上的气氛一下子变得紧张起来。

平日全家人聚在一起吃饭，高高兴兴，互相说自己开心的事，时常笑得喷出饭来，招得爸爸敲盘子边儿警告："没规矩，记住，吃不言，睡不语！"然后自己也禁不住跟着笑起来，温馨和睦笼罩着餐厅。可眼前，似乎要发生意外，真有"山雨欲来风满楼"之势，大家从没见过父亲像今天这样，一直绷着脸。济生、励芳和励楠小心翼翼地吃着，还时不时不明所以地互相对个眼神儿。再看吴励箴，这位大小姐脸上红一阵白一阵，六神无主。大家很快吃完饭，妈妈上楼照看小弟弟小妹妹们，父亲往客厅去，励箴、济生起身随后，励箴边走边心里打鼓："爸爸究竟有什话要说？"

在客厅落座后，吴曾愈先发话了："都是成年人了，你们姐弟当中有人谈恋爱了吧？如实说吧，尤其是励箴，我很想知道，你是长女，大学毕业一年了，谈婚论嫁也该提上日程。不少媒人来提亲，我没看上的就推掉了，目前有二三家，门当户对可以选择，你们有什么看法可以谈谈。"

姜还是老的辣，吴曾愈先发制人，没挑明女儿和张君秋恋爱之事，免得将无说成有，大家不高兴。吴励箴心中早有主张，不能听爸爸无视自己意愿的安排，然而对于和张君秋的恋情又难于启齿，她低头不语，希望爸爸能察觉，女儿不愿意他干涉自己的终身大事。稍停片刻，吴曾愈又接着对励箴说："制药公司的老板钱先生是咱们银行的大客户，他的儿子比你长两岁，也是圣约翰大学的毕业生，现继承父业管理公司，后生可畏，前程远大。钱老板在银行年会上见过你，十分满意。你要相信爸爸的眼光，门当户对的婚姻才能得到幸福。你们怎么看？"闻听此言济生弟弟可高兴了，因那位学长是他的好朋友，所以抢过话来说："希望姐姐考虑爸爸这上好的安排。"言罢还鼓起掌说："两个妹妹也会替姐姐高兴的。"吴曾愈看到儿子站在自己这边，点了点头，露出点笑容。他觉得女儿涉世未深，婚姻的主动权必须掌握在自己的手里。

吴励箴满脸通红，低头不语，丝毫没有应允之意。吴曾愈看到这里，断定女儿和艺人张君秋的恋情已是无疑的了！整个客厅的空气凝固了，鸦雀无声。吴励箴不得不表态了，低声对父亲说："谢谢爸爸为我操心费力的安排，钱学长我认识，我入学不久，他就有事无事地想和我搭讪。我对学长完全没有好感，他一副纨绔子弟的样子，摆阔气，爱吹牛，身边有一大堆女孩子围着。我很不喜欢这样的人，早就拒绝过和他接触，他就是不死心，没想到他们还追到家里来了！爸爸，您别操劳我的婚事了。"吴父说：
"怎么可以呢！你们生母去世多年，全是你奶奶和我操心你们四
个孩子的事，现在陆续都该谈婚论嫁了。励箴，你是他们的大姐，
是榜样，对待婚姻大事千万要冷静、慎重，一步走错遗憾终身！
还有几家是爸爸比较满意的，你再挑选一下好不好？"励箴实在
憋不住，脱口而出："爸爸，我已经有心上人了。"一旁济生知道
吴励箴要说张君秋，忙向她摆手暗示，因为吴济生晓得爸爸是绝
对不会同意的，可吴励箴还是抢着说出："我中意的人是张君秋，
您就成全了吧！"

　　吴曾愈强压怒火："励箴，你知道你的决定有多可怕吗？张
君秋他有太太，有儿子，他那家境是什么样你一点也不了解，生
活会很艰辛的，你会应付不过来的。""爸爸你不要说了，我真的
爱他，他也爱我，我们只要拥有真爱就够了。""住口！你太天真了，
你以为拥有真爱就够了？生活是复杂的，你才念几年书，你人事
不懂，目光短浅，我怎么能忍心让你去受罪。到那时，你叫天不
应叫地不语，要后悔一辈子的！你必须听爸爸的安排。"停顿几秒
后说："要不，你马上订机票去美国或英国进修深造，住上一年，
尽快地忘掉张君秋，回来再议，你看这样好不好？"济生也觉得
爸爸安排得好，希望姐姐能接受："姐，听爸爸的安排，你去美
国吧，忘记那位你不该爱的人吧，他只会带给你痛苦，而且是无
限的，你怎么能爱上有妇之夫？你这样美丽，这样有才华，咱们
家的姑娘不应该进到这样可怕的家庭环境中去呀！姐姐，姐姐！"
济生说着，情绪也有些激动起来："请你听爸爸的良言相劝好不
好？我也想了很久，最终认为你的选择是错误的。"

　　吴励箴哭了，但是她毫不犹豫地说："这几年，断断续续地
接触张君秋，我崇拜他舞台上的艺术出类拔萃，舞台下为人温和、
谦虚、朴实。我钦佩他有志气，他没有背景，但是有凭自己奋斗
改天换地的魄力，才取得今天的成就。我表示过对他的爱，最初，

他反对，他说过和您说的一样的话，他有妻室儿子，交朋友可以，谈恋爱不可能。尽管社会上，他的朋友、师父辈人士中，有不少娶两房妻室的家庭，但是他不愿意让我在这样的环境中生活，怕耽误我的前程。这让我更加敬佩他，爱他！他是一个对家庭敢于担当的男人，是有爱心的男人。在我心中他是一个了不起的男子汉！我心意已定，就是要嫁给张君秋，今后有什么困苦我都能承受。我们朋友中，有几位太太的人家，不是都过得很好吗！"吴励箴鼓起勇气，铁了心，激动得满面通红。

天真单纯的吴励箴为爱失去了理智，她以为有爱、有张君秋的爱就足矣，什么都可以不要，什么问题都不在话下。这样的痴迷，如此死心塌地，着实把吴曾愈和济生吓坏了，怎么收场呀？我女儿真是鬼迷心窍了！吴曾愈苦口婆心对女儿说："我绝没有想到你会爱上张君秋，退一万步，那张君秋要是未婚，我吴家都能忍着，咬着牙接受。现如今这情况，决不能让你去，那是个火坑呀！"励箴拦住爸爸："爸爸，不要说啦！"吴曾愈厉声喝道："我最后再劝你一次，这是你的终身大事，不可以任性，开弓没有回头箭！如果你还执迷不悟，就意味着这个家没有你了！从你嫁给张君秋那天起，我吴曾愈就没有你这个女儿了！"

顷刻间父女决裂

吴励箴泪如雨下："爸爸，求您成全我和张君秋在一起吧，我不能没有他……"说着不觉哭出声来，像一个受了委屈的小女孩跟爸爸撒娇，想感动父亲。济生忙走上前说："姐姐千万不可以呀，不可以！再好好想想好吗？"济生转面对爸爸说："我姐姐太年轻，没有社会经验，是热血沸腾，冲昏了头脑。"他又忙对姐姐说："咱们读书虽然多，但是现实生活里的爱情没有书上写的那样甜蜜，那么完美。爸，姐，你们都先冷静冷静，消消气！"

吴济生见父亲和姐姐都说出如此绝情的话来，赶紧给两边劝说。吴曾愈直气得怒目圆睁，面色阴沉，事已至此，他无话可说，转身要走。济生紧紧拉住爸爸，可是他头也不回，甩手走开。难道真像戏文中，父女决裂就在顷刻之间了吗？

　　吴励箴向爸爸卧室方向深鞠一躬后，同弟弟回自己和奶奶住的那栋楼房，时间已是晚上十点多钟。仆人孙妈开门见二位神色异样，不像平常说说笑笑回来，有时还带些小点心给她吃，暗想，怕是发生了什么事情。姐弟无语各自回房，吴励箴含泪环顾这间住了十几年的闺房，占一面墙壁的书柜摆满了古今中外名著，另一面墙上挂着和奶奶、爸爸、妈妈、弟弟、妹妹在一起全家福的合影，还有心上人张君秋的很多便装、剧装照。这回真的要离家出走了，再也不能犹豫！她眼泪止不住哗哗地流。弟弟和妹妹都过来相劝："姐姐，再好好想想怎么样啊？"励箴说："谢谢你们对姐姐的关爱，我要嫁君秋的心意已定，决不动摇！今后你们要多多替我孝顺奶奶，照顾爸爸，我真的不能留在上海的家里了。过一会，我去看奶奶。"济生说："奶奶已经知道了，心里难过，不住地叹气，老人家最疼你了，怎么办哪？""你们放心，奶奶早就晓得我对张君秋的爱意，她虽然不赞成，但一直给我保密。奶奶怕我受罪，又怕爸爸着急，所以总是劝我要冷静、克制……"

　　想到就要离开疼爱自己的奶奶，吴励箴哽咽了，大家也低头不语，陷入沉思。忽然，敲门声打破了寂静，只见奶奶拿着一个软缎重工绣质地的包包交到孙女手中，她对励箴说道："这就当你的嫁妆吧，我知道你会走这一步的，谁也别想说服你。"老太太强忍泪水，叮嘱道："这里有金条十二根和一些盒装高档珠宝首饰，到时候交给你婆婆好了。你爸爸发现你和张君秋恋爱之事后，非常生气，他和我说过，希望你回心转意，门当户对是小事，关键是你嫁到那样的家中会很苦的，没有前途。大家没想到事情发展得这样快，当然是你母亲早年亡故，就没有了提醒你的人生道路走向和给你把关的人。嘻！说什么都晚了，自己选的路只能由你自己走，好自为之吧。"

吴励箴一直在哭泣中听奶奶说着，奶奶接着说："收着吧，你们姐弟几人都已经长大成人，到了谈婚论嫁的年纪，我和你爸爸给你们几个长大成人的孩子都准备了一份。你拿着吧！"励箴接过来，分量挺重。奶奶又说："这里还有你爸爸给你的存折子，你收好，这个不要交出去，留着自己用。这包包你到北平张家看情况好再拿出来好吗？这可是奶奶给你的嫁妆，我励箴小孙女谨慎些好。"吴励箴再也忍不住，"哇"的一声扑到奶奶怀里痛哭，奶奶也是老泪纵横，再三叮嘱："到北平看情况不好，就回来，好不好？"大家已是泪流满面。吴励箴抱着奶奶双肩，泣不成声。奶奶说道："可怜的孩子，你们几个姐弟的亲娘大病早逝，新来的母亲比你们大不了十几岁，又接连生了几个弟弟妹妹，现今她又身怀有孕，完全管教不了你们，你们就是无根的草。你们父亲公务繁忙，也顾不上你们。好在你姐弟几个都要强，已经长大成人。励箴你本应该找一个好人家嫁了，可如今走到这一步，是全家没有料到的，真是很悲哀。我们拦是拦不住你，但是我再说一遍：见事不妙，买一张机票就回来，这里永远是你的家！"励箴边哭边说："奶奶，您一定要多多保重！弟弟妹妹们要好好替我照料奶奶，多陪她出去玩。姐姐我拜托了！"大家见励箴是拉弓没有回头箭，也就不说什么了。弟弟妹妹搀着奶奶回房间，各自休息。吴励箴一夜未眠，直到破晓。

吴励箴毅然北上

收拾得差不多了，把图书留给弟弟、妹妹；不适合做媳妇穿的服装，留给比自己小四岁的励芳妹妹。吴励箴打开钱包，查看了一下，拿出私房储蓄的存折，放在紧靠内衣的兜内，把路上零

吴曾愈一家合影

用钱放在外衣兜里。然后带上一个小牛皮箱子，装进很少几件日常穿戴的衣物，最重要的是奶奶给的陪嫁。吃早点时，吴励箴对管家说："请给我订一张飞往北平的机票，再叫司机送我到机场。"管家也有一些耳闻，知道大小姐爱上了张君秋，可是绝想不到她一去就不再回来了。

吴曾愈好伤心啊，他后悔自己过于激动，不冷静，使得自己钟爱的大女儿不辞而别，不知何日才得相见。奶奶哭了几天，担心这孩子，此一去是福是祸难以预料。

济生让家里的司机把车开到门口，替姐姐把箱包装进车内。励箴在家门口默默站了两分钟，她泪如泉涌，抬头往楼上爸爸的房间紧盯着看，多么希望再看亲爱的爸爸一眼……最后一跺脚头也不回上了车，对司机说："去机场。"弟弟吴济生紧追着说："感觉不好就回来，就回来！我们等你回家。"司机开得很快，一路上很顺，直奔上海机场。励箴就这样出发到北京去了。从此吴家全家沉闷之极，再也听不到励箴那开心的银铃般的甜美笑声，看不见那青春美丽的身影。

添置兵马司后街房产

张君秋演戏近十年了，从搭班到挑班，不靠低声下气逢迎谁，不用卑躬屈膝买通谁，全凭过硬的本领、精湛的才艺，不辞劳苦，一步一步走向成功，声名大振，换来真金白银，取得了骄人的成绩。

1944年，张君秋一家搬进新添置的北平兵马司后街一座大宅子。此宅坐北朝南，长方形三套院，占地约一亩，纵深跨越几个胡同。大街门粉刷油饰一新，院内装修古朴典雅，一派欣欣向荣的景象。张君秋三个孩子，君杰两个，何顺信、张铁安也各生了一个，七个孩子全都是男孩儿，热闹非凡，喜气洋洋。张君秋唱戏挣钱，张秀琴主持家务过日子，王运家记账，铁安买菜做饭，保姆周妈照料孩子，其余杂事、家务事大家分担，一切都井井有条，高高兴兴。张秀琴买了一辆人工蹬踩的三轮洋车，雇用一位车夫老高，接送张君秋上剧场和自己出门。

至此，二十四岁的张君秋名下已先后拥有棉花上四条、兵马司后街两所房产，加上张秀琴于1931年购置的汾州营一处，总计四十二间半房，占地面积一千几百平米。这充分显示了青年艺员张君秋强大的经济实力，令人赞叹称羡。

吴励箴奔后街 张秀琴不容留

吴小姐登机前，在机场给张君秋家里发了个电报："君秋、君杰大哥你们好：今日下午六时许励箴到北平，请来机场接我，谢谢！"

张家宅门里，对吴家大小姐的突然到访热议起来。张君杰对妻子树龄讲："上海银行吴家的大女儿是大学生，紧追君秋老弟。那吴家我们去过几次，对咱们十分热情，对谦和社很支持，每场演出都定几排座儿，还赠送一堂剧装。君秋在上海，演出的入账都存到他们国华银行，吴先生是执行总行长、总稽核。他家可不一般，孩子都是大学生，家里那仆人也都统一穿着，吴老板精明能干，气派十足。"君杰话茬儿又转到吴励箴："看来吴家大小姐是爱上咱们君秋了，这几年只要去上海演出，吴小姐每场单独留座儿看君秋的戏，场场不落。这位小姐叫吴励箴，比君秋小，长得跟电影明星似的，漂亮又大方。"树龄忙道："可是君秋有太太，又有几个儿子了，这事可怎么好呀？君秋是什么态度？"张君杰接着说："是很难办，不过话又说回来了……"话音未落，张君秋急匆匆进到屋里，铁安紧随其后，哥仨聚在一起，看了吴小姐的电报，都不知所措了。还是铁安先开口："下午六点飞机就到了，是不是该去机场接一下？真没想到这姑娘自己一个人就飞来了。"

张君秋是喜又惊，喜的是马上就要见到心上人，惊的是来得如此突然，如何处理这件棘手的事情。三人忙到张秀琴屋里向娘禀报，张秀琴大惊："这姑娘自己来的吗？"君秋说："是，我和铁安这就去机场接吴小姐！"一溜烟似的转身就走了，张秀琴话还没出口呢！她只好自言自语："不能留下她！她家生活什么样水平，咱家装不下她，一定得送她回去，没有商量！"

阳春三月，南方已花红柳绿，北方正值春寒料峭，北平傍晚的天气要比上海冷。张君秋、铁安在机场等不多时，只见略显消瘦的吴励箴，依然一付学生模样，青春气十足，温文而雅，穿戴朴素，在陆续出海关的人中异常抢眼。张君秋忙迎上前去，铁安把皮箱接过来，嚯！箱子不大分量不小，沉甸甸的。此时，吴励箴、张君秋什么也听不见、看不见了！二人紧紧地抱在一起，张君秋说："不走了，好吗？"吴励箴激动万分："嗯、嗯嗯……"点着头像小孩见到久别的亲人一样，一个劲儿地抽泣。路过的人们看了都为之感动，这一对俊男美女着实令人称羡。安慰热乎了一会儿，张君秋轻轻地拉着吴励箴的手说："走，回家去吧。"其实，张君秋也盼着这一天，但是他从来没有勇气说出来，思想斗争很激烈，一是自己有妻室儿女，再有，吴励箴二十岁出头、大学毕业、前程远大，何况二人的家庭背景大不相同；然而他爱她，日思夜想，实在忘不了她。今天，她真的来了，怎么能让她走呢？

一路上张君秋含笑看着心上人，由南苑机场回到新装修好的兵马司后街六号院家中。张家毫无准备，除了老太太和张君秋心里明白，割舍这段情是难上难，可也没有想到吴小姐来得如此突然。

天色已晚，张君秋兴高采烈领着吴励箴，直接奔向母亲的房间，铁安紧跟。树龄嫂子和婆婆正说话呢，只见吴小姐进了屋便扑向前去，抱着老太太的双肩轻轻叫了声："娘。"张秀琴猛地一惊："你可别、别这么叫，还是跟在上海一样，叫'伯母'吧！"

秀琴心中早拿定主意，回头叫树龄说道："去，沏壶茶去。"这时，君杰也紧跟着进来了。秀琴接着对吴励箴说："你一个人来的？有弟弟妹妹陪着吗？"君秋接过话茬："励箴是一个人来的，我不让她走了。"张秀琴瞪了君秋一眼，急忙对吴姑娘说道："不行、不行，真的不行！你家里人同意你来北平吗？他们会担心的！"不等吴励箴回答，秀琴又紧接着说："明天就回上海去吧！你们家那么好，你的生活和这儿完全不一样，你年轻，漂亮又有学问，前途无量。咱们两家的家境差别忒大了！我们真不知道怎么样待你好。你一定要回去！你爸爸和你奶奶会急坏的。作为长辈，我也心疼你。可这个家不是你待的地方，君秋要是接受了你，就是让你来受罪，他不能那样做！"张秀琴说话不让盖口，是早想好了的，说的都是真心话。王运家、铁安不约而同进来，听到君秋娘说的话，都认为有道理。

张君秋紧紧拉着励箴的手，没想到母亲会这样安排。他从没有违背过母亲的意愿，这回娘要把心爱的人送走，他斗胆地吐露心声："娘，那可不行！叫她留下，别让她走。"母亲板着面孔严厉地说道："君秋，你必须听我的，照我说的做绝错不了！"又对王运家说："您明天一大早，送她回去。"君秋瞪圆了双眼，憋红了脸，敢怒不敢言，甩手、跺脚、摔门出去了。到后来，据张君秋自己说："这辈子，就这一次，对娘这么狠。"

吴励箴见张秀琴如此斩钉截铁，张君秋生气摔门出去了，自知此时多说也没用，红着脸低声回复道："好的、好的，我明天回去。"

张秀琴叫铁安赶紧准备晚饭，不一会儿君秋舅妈、保姆端来了简单的热饭菜。张秀琴关爱地说："饿坏了吧？就在我屋里吃吧。"张秀琴很紧张，心想，这姑娘怎么如此胆大，可怎么好呀！吴励箴好几天没有正经吃过一顿饭，饿劲儿上来了，吃得真香。张秀琴把君杰拉到外屋，果断地说："不能留她呀，今儿个让她跟我睡吧，明儿一早送她回上海。"

　　吴励箴就和秀琴娘在一个大床上睡下，她钻进冰凉的被窝，哪里睡得着啊。

　　第二天凌晨，张秀琴就起床，叫铁安到宣武门教堂附近的车行租一辆小汽车，送吴励箴直奔机场，赶早七点的航班。管家王先生陪着，送吴小姐回上海。吴励箴对王运家说："您不要送了，我自己能回去，没问题的。"王先生说："不，不，还是我送您吧，张家不放心吴小姐一个人走。"看王先生执意要送，吴励箴就买了两张机票，一同登上飞往上海的班机。

　　吴励箴一路无言，两眼一直望着窗外的蓝天白云，怅然若失，脑海中浮现出昨晚今晨在张家一幕一幕的景象……红色油漆大门，灰灰的四合院平房，没有什么花木装饰。的确不能与上海吴宅的花园洋楼相比。一大家十几口人，没见几个仆人侍候着。他们吃的饭食和自家的美味佳肴就更没办法比了。由于昨天到家很晚了，没看见君秋夫人和孩子们。"也不知道他是怎样对赵大姐说明此事的，没见夫人过来吵闹……"一夜没有合眼，三点多就起来，她怕吵醒老太太，轻轻地下了床。张秀琴自己住两间北房，里外屋，房内没有盥洗室，好在自己昨天晚上问清楚了洗漱和厕所在哪里。不晓得自己是不是第一个起来的，赶紧去了一趟厕所，那里面是蹲坑，没有马桶，没有洗漱间。见张秀琴房中木架上摆放有洗脸盆，吴励箴就拿着去院子里接水，没有热水，正不知道如何是好，君秋舅妈起来了。幸好厨房大炉灶旁的小缸里存有热水，舅妈用大铁勺舀了一脸盆热水给吴小姐。这厨房空间很小，靠墙有一个大炉灶，旁边的大水缸上面有水龙头，小孩子还真够不着。院子里的水龙头是浇花用的冷水。吴励箴洗过脸后又不知把水倒在哪里，当真与上海太不一样了。

　　回想这一切，吴励箴在思考该怎么办，如何处理。张家是那样的境况，吴励箴的奶奶也说过："到北平看情况不好，就马上回来，只当是去北平游玩一次，你的亲人等你回来。"这倒是个回头的机会，可是君秋，你怎么不坚决把我留下？在上海时，你不是说愿和我今生今世在一起吗？你，你，你，当你母亲拒绝接纳我，你怎么摔门就走了？是我错了吗？为什么？我不顾家庭的反对，我为你拒绝了多少男人的追求。为什么？你知道我对你的一片真情，吴励箴爱你到可以失去家人，可以放弃我在上海的所有，不顾一切到你家来，希望能成就我们永远在一起的愿望。想着想着，她禁不住埋怨起张君秋来，止不住流下了伤心的泪水。

上海到了，下飞机后，吴励箴无精打采地对王先生说："我自己能回家，不陪您了。"吴励箴拿出一些钱给王运家，说道："您在上海住两天，别急着回去，南京路有很多饭店、商场，您自己随意安排活动行程吧。"还没等王先生答话，吴励箴就拦了辆黄包车，让王管家上了车，用上海话跟车夫说，到南京路饭店，并预付了车钱，目送车子走远。

吴励箴在机场吃过午餐，喝了一杯咖啡，去往洗手间洗把脸，定定神，作出一个影响她一生命运的惊人决定：买机票，返回北平！吴大小姐被爱情魔力紧紧拿住，无法自控。"只要和张君秋在一起，什么苦我都能吃，什么罪也可以忍受！"想到此，吴励箴飞奔向机场售票处，踏上了她人生新的旅途。

吴励箴义无反顾 张君秋坚定不移

这一路之上人困马乏，等到出租车司机说："小姐，兵马司后街到了，是几号院呀？"吴励箴一下精神了："啊！往前一百米就是了。"下了车付钱给司机："不用找钱了。"吴励箴拎着小箱子长吸一口气，抬头看看张宅的门牌，自言自语地说："以后这里就是我的家，不走了。"敲门环，铁安开门一瞧："啊？吴小姐，请进！"心想，您可回来了，君秋闹一天啦！他二话没说，赶紧到院儿里叫君秋。

张君秋从娘屋里急忙跑出来，和吴励箴见面的一刹那，激动地喊道："你可回来了，可回来了！今儿个我一整天憋闷死了，我后悔把放你放走，想着去上海把你接回来。"张君秋拉着吴励箴的手直奔母亲房间。张秀琴刚吃过晚饭，听院子里有动静，赶紧过来看，一开门把老太太吓了一跳，见门外站的不是别人，而是早晨刚刚送走的吴大小姐吴励箴！"啊！这姑娘，你怎么回来了，王先生呢？""娘，王先生不知道我回来了，他还在上海呐。"吴励箴像调皮的孩子似的，说着就给老太太深深地鞠了一个大躬。张君秋拉着吴励箴的手对娘急切地大声说："娘，我不会让她走啦！我要她留下，我要和她在一起！您不能拆散我们！"张秀琴看着眼前的君秋，红着脸，瞪着眼，是真的急了！从小长到二十几岁，从没见过儿子以这样的态度对自己讲话。秀琴说："看来，你们这对鸳鸯是拆不散了。我这关能过，可你孩子他妈那关过得去吗？"君秋斩钉截铁地说："我的决心已定，谁也管不了！我跟孩子娘经常提起上海银行家的吴小姐，她心里有数儿，知道我喜欢励箴。以前考虑家庭状况，觉得没有可能完成我的心愿。今天吴小姐来了，那就没什么可顾虑的了。"不等母亲开口，张君秋紧着说："我如今有权选择自己心爱的人，谁也不能干涉！"在座的亲人见君秋决心已定，就不好再劝说下去了。大家也知道，当时的社会一夫多妻是被允许的。秀琴让铁安做了点儿夜宵给张君秋和吴励箴送过来，紧张一天，吴励箴是真饿了，见着吃的一口气吞下去，也不知吃的是什么，喝的是什么，反正是北方味道的饭菜，不住地说大表哥做得真好吃。

张秀琴说："别这么急，都好好想想，怎么处理好这件事。"众人担心，怕如果处理不好两位夫人的关系，还会影响到张君秋岳父赵砚奎管理的谦和社。

众人在窗外，只听张君秋高声说道："我只要励箴留下，其他都可以不要！"又说："解散谦和社？没用！戏是我唱，投资的是我，离了谁都成！""我的事我自己做主，谁说什么也没用！"从未见张君秋发过这么大的火儿，没听过他如此愤怒地高声讲话，看来是真急了。

前两年谦和社赴上海演出，赵岳父作为执行社长，因为业务的关系，见过吴家父女，并且知道女儿和君秋大婚时，吴曾愈还送了一个很大份额的礼金。所以赵岳父知道吴家的这位大学生小姐的身世，也察觉到吴励箴爱上了自己的女婿张君秋。

如今，她竟然追到北平家里来了，这还了得！张君秋岳父心想："张君秋这位角儿，成为我的女婿不易。女儿已经给他生了三个大儿子，看你们谁还能进得了张宅？这吴大小姐真吃了豹子胆，敢只身进京，了得！"戏曲界内外都知道赵家在梨园行内很厉害，怎么能容忍女婿再娶！按说，赵岳父的威严霸气应该对吴励箴产生震慑，赵先生会大显威风，责骂一通，将只身进京的大学生吴小姐驱逐出张家宅门去才是。

然而，出乎意料，气急败坏的岳父父女见到面善貌美、从容镇定的吴小姐，和英姿勃发、无所畏惧的张君秋并排站在一起，真是天生一对，地造一双，当时就没脾气了。想骂，张不开口；想打，伸不出手。这架没法打了！岳父看到这场面，认定是"拆也拆不散啦"，吵闹也无济于事。他强压满腔怒火，狠狠地撂下一句："谦和社的事儿我不干啦，不干啦！"转身走出了张宅大门，赵家大女儿君秋夫人也愤愤离去，紧追爹爹回赵家。

上世纪40年代前，据说在梨园行中，包办婚姻占绝大多数。包办婚姻是对双方不负责任的婚姻制度，当然也有可能先结婚后恋爱，但更多的是不愉快的结果，发生婚变不足为奇。这是时代的悲剧。

吴大小姐虽是个大学生，却也没有要求张君秋把前段婚姻处理解决利索再大婚，没有短痛，实际结果可想而知了。

张君秋对娘、君杰说，决定解散谦和社："原因是我张君秋不要任何压制的感觉，我离了谁都行，励箴必须留下！我们情投意合，真心相爱，张君秋我担待一切后果！我会把后面的事情处理妥当。"他轻轻地对吴励箴说："今天该面对的已经发生，你要相信我，不用怕，我会保护你，把一切安排得好好的。现在，你就是张家人了！"吴励箴被君秋一席深情的话语感动，她有文化、有教养，能自立、能忍让，有信心克服一切来自各方的困难。在物质上，吴励箴无所求，只要张君秋把爱给她，就心满意足了。所以吴励箴面对赵家父女很坦然，毫不惊慌，一句话不说，使得矛盾没有激化，没有产生打闹的机会。

张宅内气氛缓和了下来。张秀琴经历过死去活来的爱，受不住这对恋人的表白，她用非常肯定的语气说："那就别走了，留下吧！"张君秋和吴励箴惊喜之极，吴大学生不冷静了，激动得热泪盈眶，抱住君秋娘。

吴励箴深深吸口气，慢慢说道："你们说的很多问题我也想到过，虽然张、吴两家的差距大，但这不是阻碍，算不上什么苦。我嫁张家来，我会和大家相处好。我认为只要我和君秋哥两人真诚相爱，我们没有高低贫富之分。君秋哥和我加上大家的努力，会把张家面貌改变的。我也会慢慢适应这里的一切，请你们在各方面帮助我才好！"

张君杰风趣地说："看来吴小姐为了爱情，要赴汤蹈火喽！"树龄大嫂说："励箴说话有条理，让人这么受听，怪不得君秋爱得不舍得撒手呢。"大家的愁容变为笑脸。张秀琴和君秋、君杰哥俩商量后说："君秋、励箴，目前，咱这后街房间还没有收拾好，你们要用的家具也没有，需要请工人来装修一下。你们俩先住棉花四条，里院大北房空着，现成的家具什么都有。"又嘱咐铁安带人去打扫，让君杰，树龄买一些新的被褥、床单、枕头、拖鞋、脸盆、毛巾等日常生活必须用品。她又说："你铁安大哥一家四

口人住在外院东屋，那儿很安全。先安顿下来，等后街这边房子装修好了，配备一些新家具，你们俩再过来住。"大伙儿都说："好、好、好。"励箴也同意这样安排，心中一块石头落了地。

张秀琴说："励箴，今儿个晚上你……"树龄没等老太太说完就机灵地接茬说："她就和我一起睡吧，君杰这几天在小学校值夜班，挣点儿零花钱。"大家听罢都笑了。君秋说："好吧，就这么安排吧！"

吴励箴的嫁妆

吴励箴从外氅衣服兜里拿出钥匙，打开她非常精致的牛皮小手提箱，取出一个制作考究、上面有精美的手工绣龙凤团花的软缎首饰包，对张秀琴说道："娘，我从上海临出门时，我奶奶给了我这个小包，装的是一些首饰和十几根金条，让我交给君秋，交给娘，说这是必须的，是我的嫁妆。"张君秋对吴励箴说："咱娘积攒了很多，这些宝贝你留着自己用吧。"吴励箴说："我不用，这是嫁妆，我的嫁妆！奶奶这说，我们姐弟几个都各有一份。娘，您就收下吧！我知道，君秋哥和娘不会苦了我的。"吴励箴打开系着带子的包包，双手恭恭敬敬地交到了老太太手上，张秀琴接过来后，用手一掂："还挺沉的。"把袋子放在八仙桌上，手伸进宝囊，一样一样拿出来仔细观看。君杰走近前数了一下，有十几根金条，每条上面刻有50克！君杰说道："两三斤重，她还真拿得动！"大家都笑了。

老太太接着从包里一件件拿出十几个首饰盒、细小的软包装袋，打开看，里面有绿莹莹的翡翠项链、翡翠佛坠、翡翠镯子、翡翠小摆件，十几枚金镶钻石和红宝石戒指，还有几条金项链、长命百岁金锁。秀琴娘着实一愣："哎哟，这简直就是'锁麟囊'呀！你奶奶太疼爱你了，真怕你来北平受罪。一个女孩子，路上拿着这么多宝贝，北平、上海的来回跑。我的天呐，你胆儿也忒大了吧！"

张秀琴把宝物装回，说："这么办，君秋挣的够你们花的，这些，我先给你们存着吧。"说着就把这"嫁妆"放到里间屋子去了。

铁安对君杰、树龄低声说："吴小姐真是铁了心了，不留后路呀，要我怎么也得留两根金条，万一要熬不过去，可得有买路钱回上海呀！真是念书念的，让爱冲昏头脑，把'锁麟囊'都上交了。"君杰、树龄等人都被他逗乐了。吴励箴怎么这么执着！

张秀琴看君秋和励箴一对儿这么真诚相爱，没商量，就和君秋、君杰、树龄等人说："励箴进得张家来，不能委屈你，得选个良辰吉日，去登记，有个仪式向世间、向亲朋好友宣布，张君秋、吴励箴喜结良缘！"大家连连点头。

张秀琴和君秋、君杰等人商量，定于三日后在惠丰堂饭店举办婚宴，励箴接过话来说道："一周后吧，我这风尘仆仆的样子不好看，得收拾收拾，理发、置办婚礼服饰和日常穿的衣物。"秀琴娘说："也是，应该好好捯饬捯饬，我这儿有现钱。"励箴说：

"不用，不用！我有，够用的。"大伙儿觉得励箴说的极是，就把婚庆典礼安排在一周后。

张君秋与吴励箴终成眷属

婚宴定在北平惠丰堂饭庄举办。清末民初，惠丰堂是北平著名的"八大堂"（饭馆）之一，主营鲁菜，位于大栅栏附近。京剧界名角杨小楼、梅兰芳、尚小云、程砚秋、荀慧生等常于此聚会。老板是个大戏迷，交识很多戏剧、戏曲班社的名人。看过张君秋十五岁初次登台和萧长华老先生唱的《女起解》，老板就着了迷，张君秋的戏几乎场场到。这次到他的饭店办喜宴，他高兴得不得了，把宴会厅布置得非常典雅，墙壁上挂有两幅红底金字对联，上写："百年恩爱双心结，千里姻缘一线牵"，"花灿银灯鸾对舞，春归画栋燕双栖"。

张君秋和吴励箴在婚庆的前一天到饭庄见了老板，一起看了厅堂的布置，并安排嘉宾、亲友们的座次，商定菜单。最后，吴励箴说："请您在宴会厅摆放几对红玫瑰大花篮好吗？桌花也要红玫瑰。迎面紫红色丝绒幕布上贴一个金色的大双喜字，龙凤剪纸作衬底。桌围椅套菊黄色，暖色最好。"又说道："不要老样式的婚礼店堂布置，西式的也不用，比平日添加一些喜气就可以啦。"老板非常明白大学生新娘的要求："好的，一定包您满意！"

张君秋和吴励箴的婚礼，没有八抬大轿招摇过市，简单而隆重，不事张扬。他们摆了几桌喜宴，邀请亲朋好友前来相聚同庆。嘉宾有老前辈萧长华和李多奎、尚小云干爹干娘，叶盛兰、裘盛戎、陈少霖和乐队的哥们儿到场，加上张家亲戚，大人、小孩儿，也就六桌酒席。证婚人是张君秋的报纸撰稿人学者朱孟武先生，他懂得戏文戏理，狂热追捧张君秋。证婚人致辞后，张君秋、吴励箴拜过天地、娘亲，向宾客一一敬酒。席间，张

1944 年春，吴励箴不顾父亲反对，只身从上海飞到北京，与张君秋结合。

君秋向在座亲朋好友道："今后，对吴励篪就称呼张太太，孩子们就叫她励篪娘。"大家一致赞赏君秋对待两房的平等称呼，纷纷鼓掌，连声说好。

裘盛戎举杯祝酒道："君秋弟，恭喜，恭喜，恭喜你！尽管是迟来的爱，我仍然为你高兴，这才是，有情人终成眷属！祝你们夫妇偕老百年！"这贺词带来欢乐气氛，大家频频举杯向新人道喜。轮到君杰、树龄兄嫂给弟弟、弟妹祝酒，君杰口中念念有词："前生注定，姻缘成就；新婚大喜，百年好合。干杯！"君秋举起酒杯说："请哥哥、嫂子原谅，我们俩不会喝酒，盛情难却，我代表励篪就喝一小口，表示谢意。"众人理解，君秋向来滴酒不沾。谢过大哥大嫂，君秋对来宾说："请大家喝个痛快！"宴会总调度张铁安抢话说："酒水管够！"大家沉浸于欢笑中。

这个婚宴规模虽小，菜肴丰富、酒水精良。多年与叶盛兰唱对儿戏，张君秋特别崇敬叶大哥的表演才能，叶盛兰对君秋的唱功更加佩服，二人惺惺相惜，一起演戏十分顺心。叶盛兰用京剧韵白语调说道："真个是情投意合，如鼓琴瑟。花好月圆，一对福禄鸳鸯。"大家听后热烈鼓掌。行里的哥们儿大声说道："干杯，叶大哥能喝！"叶用台上表演的方式，双手捧起酒杯，高声道"干！"连饮三大杯，气氛更加活跃起来。证婚人点名让何顺信说两句，何先生他内向，从来不爱说话，推脱道："我真不会讲什么，就祝愿我君秋二哥、励篪嫂子……"憋了半天脸都红了，大家鼓掌催促，"我说两句贺词吧，两地相思，南北良缘；佳偶天成，称心如愿。"厅内发出叫好之声，大家说，何先生是深藏不露，一鸣惊人呀！祝酒不断，笑声连连，这小婚宴真的好温馨。

二十岁出头、瘦瘦小小的吴励篪，略施脂粉，高鼻梁，小嘴，大眼睛，浓浓的头发黑又亮。为了大喜之日更显精神，一周来，张君秋请树龄嫂子陪励篪去王府井，请上海名师烫发、盘头；在瑞蚨祥选了几块上好的料子，请上海师傅量体裁衣，共三件旗袍，一件真丝软缎婚宴礼服，两身毛料的长袍是日常穿着。吴励箴身材苗条，在北方确实不容易买到现成的衣服。婚礼日期临近，所以她用上海话请师傅两三天内把礼服完工，可以付加急费。一听讲上海话，师傅觉得特别亲切，满面带笑道："小姐从上海来？没问题，后天来取，好不好？"没料到会这么快，吴励箴兴奋地说："好，好，谢谢侬！"第三天，吴励箴在店中对镜试穿，非常考究合体！她一再道谢，将婚礼旗袍取走。

婚宴上，吴励箴满心欢喜，略施脂粉的脸上洋溢着幸福的光彩。紫红色软缎旗袍美而不艳，象牙白色衬裙镶着的蕾丝花边，走动时在低开衩侧摆和底摆处微微显现，甚是好看。没戴更多的首饰，珠光宝气、描眉画眼不是她的风格，仅立领下一枚翡翠蝴蝶别针随光线变化，时而耀眼，时而深沉。秀发上插一朵小红绒花，喜气洋洋，朴实大方。吴励箴文静沉稳，说起话来轻启朱唇，慢条斯理儿。到场亲友被这美丽的姑娘震惊了。张君秋身着银灰色毛料西装，洁白的衬衫配一条紫红丝质领带，与吴励箴旗袍的颜色极为协调。婚宴自始至终，他们满面春风，对长辈毕恭毕敬，与同辈相处亲切谦逊。新郎风流儒雅，新娘丽质天生，实乃天造一对、地配一双，令人称羡不已。

婚宴在欢声笑语，喜气盈盈中结束。新婚夫妇将亲朋好友送走，方觉有些劳累，但姻缘成就的喜悦充满胸怀。虽然婚礼办得比较简单，张君秋、吴励箴觉得快乐、满意最重要。

舆论关注

对张君秋这段婚姻，人们议论纷纷。有的说："张、吴二人不冷静，张君秋有一段婚姻，又恋上大学生。虽然是自由恋爱，也应该把前面一段结束，再谈后一段。张君秋没有处理好两段婚姻，结果几方都不好过！"

社会上反应强烈，大报小报关注："张君秋再娶美丽娇妻，上海圣约翰大学毕业生。""上海金融家大小姐吴励箴下嫁已婚的张君秋。""赵夫人一气回娘家，不知后事如何处理。"

很多人不看好，恐怕出身豪门的吴小姐吃不了张家的苦，他们知道张秀琴过日子特别节省，钱把持得很紧，恨不得"一分钱掰成两半儿花"。然而，吴励箴并不在意，树龄大嫂曾说过："君秋一个人唱戏养一大家子人，还有一个班社！婆婆这样管理大家应该理解。励箴妹一定要有思想准备。"励箴回复嫂子："我在上海断断续续接触张家几年的时间，了解他们母子简朴的生活方式。君秋挣钱养家不容易，婆婆过日子节约理所应当。吴家富裕，生活水准虽高，也绝不浪费。我年轻，很快会适应的。"

戏曲界内也众说纷纭。有人说："谦和社是君秋岳父管理，君秋又娶一位夫人，岳父撂挑子了，班子恐怕要散了。""张君秋娶了上海银行家吴老板的大小姐，谦和社必定关了！这真是为爱美人，江山都不要啦！"有一位说得更细："那位姑娘，不顾金融家老父亲的反对，只身一人从上海飞来！张老太太都让家人把她送回上海，她自己又飞回北平来了，真是死心塌地。"

知道张君秋实力的说："谦和社解散与否不是问题，张君秋有能力再组班儿。""张君秋十来年始终在拼命唱戏，靠自己努力出了名儿，添置了戏箱和房产。有什么能把他难倒？谦和社散了，再成立个新班儿，不就结了！"

有支持者，也有拭目以待者：这回张家可有热闹瞧了。

张家人上上下下都知道吴励箴的身世，担心她会不会使小脾气，能不能和赵夫人处好？

不久赵玉蓉夫人回来了，也没吵闹。两位夫人似乎都很快适应了这种局面。以后二十几年，两位没有过吵架拌嘴。但痛苦和难过肯定是有的，因为爱情是自私的，是排他的。

婚后，吴励箴伴随张君秋左右，夫君走南闯北演出，吴励箴也随行。她受过高等教育，有涵养，心地善良，不争名夺利，与剧社人员、张家人一律和睦相处。她尽力做好自己分内之事，当家过日子的事，则听从婆母和丈夫安排决定。

张君秋、吴励箴一同带着礼金去拜见干爹尚小云。进了尚家宅门，新婚夫妇给干爹、干娘深鞠三大恭，奉上重金红包。二老亲热地招呼他俩坐下。看到张君秋、吴励箴很般配，尚小云说道："我和你师娘都听说了，相信君秋一定能把家事处理好，俗话说，家和万事兴呀。"君秋忙道："是，是！请您放心。"尚接着说："至于谦和社的事，也要妥善安排，不能因为家事，搞得追随你合作的人员受损失。君秋啊，我是瞧着你成长起来的，有出息，好，好！"又看着吴励箴说："怎么样，能适应吗？我早就听说了你的情况，都说你出身豪门，大学生有文化，长得漂亮，见过世面。今天一见，果然不一般。你要帮君秋把家治理好，协助他事业有更大发展。和玉蓉好好相处，别让君秋为难。当然，这也很不容易呀！"励箴频频点头说："是、是！我会尽全力做好的。"

尚小云又一再嘱咐君秋："孩子啊，抓紧时间，尽快恢复演出。这是头等大事，你要知道现在挣点儿钱有多难！"君秋微微一笑，胸有成竹，说道："请二老放心，我会把家里和班社的事处理好。倒是干爹干娘要多多保重，我瞧干爹有点儿疲劳，是不是太累了？"干娘说："嘻！净操心荣春社了，没个歇！"尚干爹说："刚才听你这么讲，我心就踏实了。近来，我很少演戏，一直盯着科班儿的教戏、演出，还得筹划资金，忙得团团转。"君秋说："那您也得注意身体，抽空儿休息。我已经安排演出日程了，早晨起来跑圆场、背戏，请顺信表弟来家吊嗓子。"尚干爹听了君秋的计划，对这个晚辈非常满意，点头称道："君秋长成大男人了，真让人高兴，我没看错你！"

解散谦和社 成立秋社

张君秋解散了谦和社，扫尾工作处理得非常顺畅。财务监理张君杰向演职人员发通知说明：谦和社解散给剧场造成的损失，张君秋老板会用加演场次的方式解决；请谦和社的演职人员前来兵马司张宅领取一个月的包银，年龄大的由张君杰送到家里去，算是对大家小小的补偿。这段时间，各位可自行去搭班演出。张君秋老板何时成立新的剧社请看报纸，等候通知。

人们陆续来到后街张君杰处领包银，张君秋站立一旁点头赔不是，说："给您添麻烦了！"大家也不多说，均做出理解张老板的样子，有的还挑大拇指："够意思，有男人样儿！"

随着时间的流逝，张、吴婚姻引起的风波平息下来。张宅一片人丁兴旺景象。吴励箴婚后第二年8月，头胎小胖丫头学玲出生，大排行老五。年轻的张君秋已经是三男、二女之父。一天，收音机广播传出日本宣布投降的消息，全家欢呼：抗战胜利，日本被打败啦！真是喜上加喜。

经过细心筹划，张君秋于1945年9月成立"秋社"。同行听说谦和社解散的善后工作做得漂亮，老板信用好，纷纷前来签约。张君秋领衔主演，任社长。陈少霖是主演兼张君秋的业务助理。秋社邀请到萧长华、叶盛兰、李多奎和李金鸿、杨盛春等名角加盟，人才济济，戏码丰富。秋社的演出备受追捧，比谦和社时的收入翻番，每场净挣一千多块钱。演出热火朝天，舆论也不吝赞美。

张君秋的演唱讲究音韵，注重四声，并根据自己独有的嗓音特点，形成一种华丽婉转、抒情醉人的风格。他创作的角色典雅娴静，恰如霜天白菊，有一种清峻之美。他的"唱"是"四小名旦"中最突出的一位。张君秋还注重借鉴其他剧种、曲艺乃至歌剧、民歌艺术，融合于声腔创作之中。张君秋在舞台上充分发挥自己的特长，无论是歌唱还是眼神、身段等方面都受

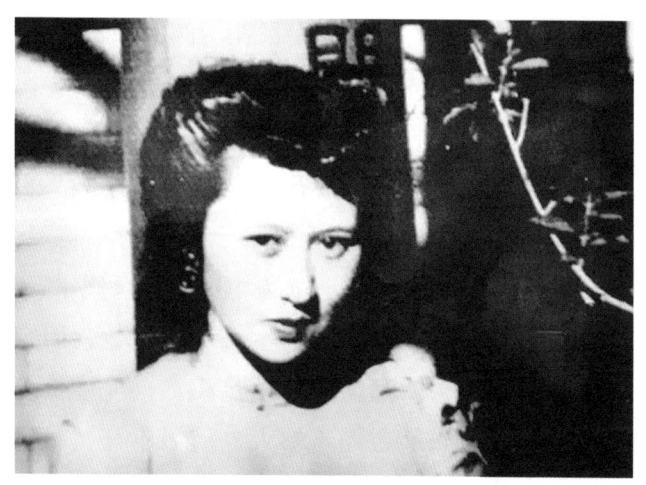

婚后一年的吴励箴（1945）

到王瑶卿、尚小云、梅兰芳、程砚秋诸位大师和广大观众的认可。他师承名家，却不单纯模仿，既传统又清新，独树一帜，成为20世纪中国艺坛上一颗耀眼的新星。

张君秋在吴励箴的安排下，开始改变穿着，不单是长袍大褂，而添加西装短打装束，以全新的形象示人，更显英俊潇洒。吴励箴见张家缺少书籍、报刊、杂志等精神食粮，急需置办，便由树龄嫂子陪着去书市，购买图书、画册和各种碑帖，让君秋阅读书刊、习字画画。她要为张家注入新的活力。

张君秋的业余爱好是书画，画家齐白石、李苦禅、娄师白、许麟庐、孙菊生等都是张君秋的戏迷。张君秋自上海师从时慧宝学习了水墨花鸟画以后，在北平，只要没有演出就被吴励箴拽着去琉璃厂看字画、买书籍去，结交了很多画家作为良师益友。他不时还请娄师白、孙菊生两位到家来作画，吃便饭、聊大天，这是张君秋生活的新天地。

孙菊生先生是化学硕士，比君秋大八九岁，是个大戏迷，张君秋的粉丝。他擅长画猫，有"画猫大王"之誉。他跟张家、叶盛兰家过从甚密，聊起天来山南海北、天文地理、前朝历史，今日新闻，滔滔不绝。吴励箴请孙先生来给孩子上花鸟绘画课，增加艺术修养。张君秋请孙大哥在《四郎探母》戏中铁镜公主的旗袍上作画，画的是大写意牡丹花，穿在身上与一般的刺绣比，别具一格，十分惊艳。

孙菊生先生高兴为张君秋作画，特别是精心绘制了在舞台使用的"台帘大帐"。孙先生请舞台队师傅拿着尺子，仔细丈量天幕大帐，给出一个大、小剧场均可用的尺码；又看灯光布局、看演员舞台站位等细节。孙菊生心中有了数，回家画了多幅草图，经张君秋和舞台队师傅确认后定稿。孙先生计算尺寸后说："咱家这院子画大帐地方还不够大，施展不开。"张君秋叫君杰来想办法，张君杰就去找离家最近的学校，借用操场，他带着几个舞台队的人员铺上席子，再把几匹青绿色软缎缝制成的大帐平铺在大席上。孙先生接连画了几个下午，又挑灯画了几夜晚才告完成。他画的是大富贵"盛春图"，上面有迎春花、玉兰花、牡丹花、寿带鸟，大柳树下的荷花、鸳鸯鸟栩栩如生。

孙菊生请大家审看，有人说："颜色是不是用过了？太深了。"孙先生信心十足说道："错不了，台上见！"说罢请工作人员叠好后装箱，送到吉祥戏院装台，灯光打在画面上，色彩斑斓而不艳，色调柔和不刺眼，恰如其分，场面壮观十分气派，博得众人赞赏。演出时，大幕一拉开，观众看到这画作，哇！顿时掌声四起。舞台队都服了。这大帐称得上是孙先生的一幅精品画作。事后，张君秋付给孙菊生一笔酬劳，孙再三推辞，拗不过才道谢收下。

舞台装置面目一新，当是张君秋把马连良对舞台风貌的讲究带到秋社的一举。

1947年，张君秋率秋社赴上海演出。这时的他比当年更加成熟，声望大增。从欢迎宴会上的一张照片可看出，张君秋的地位也大大提高，出席者全系名流，正中坐的却是二十七岁的张君秋，身旁是师父梅兰芳，杜月笙只坐在边上。

吴励箴离家三年后，第一次回上海。她已从一个上海大小姐变成张君秋的夫人，孝敬婆母，与家人和睦相处，完全适应了北二十六岁的张君秋（前排左四）组建秋社。

方的生活习惯。她不仅学会照料先生的起居，还帮助他提高文化修养。

在王宅回忆上海打擂台

张君秋携夫人吴励箴最常去的就是王瑶卿府上。一天，二人又去问安。进了客厅，只见高朋满座，聊得正欢，连说带比划的好不热闹。彼此寒暄问好后，王瑶卿让君秋、励箴紧挨着自己坐下。大家向这对新婚夫妇道喜祝贺后，接着聊，最热闹的就是，张君秋在上海演尚派名剧《汉明妃》大获成功的前前后后。

提起此事，张君秋也兴奋极了，就是自己不会描述，说不出精彩环节，这是君秋的弱点。陈少霖（京剧泰斗陈德霖之子）接过来："还是我说吧。那回，我们在上海，和本地红得不得了的周信芳先生演出撞到一块儿了！上海那是周老师的大本营，他是老戏骨，有强大的号召力，而我们全是新人，忒嫩。上海戏迷都为我们捏把汗，剧院老板也有点儿担心，这一仗可不好打！金老

1947年，张君秋率秋社赴上海演出，出席盛大宴会，梅兰芳及杜月笙等社会名流在座。

板提醒君秋说：'你们和周信芳老板唱对台戏，要多加小心！'周先生唱《四进士》，那剧场的火爆场面是北方没见过的，他表演非常夸张、煽情！咱们北方剧社也演这出戏，可到上海唱，那剧场里就冷清多了，人家听着、看着不过瘾。"

陈少霖喝了口茶继续讲："君秋和我商量，这戏该怎么唱？绝不能打败仗回北平啊！不是想要火爆吗？君秋决定，先把唱功戏放一放，贴一出让观众兴奋起来的《汉明妃》，连唱带舞，满台动起来，剧场效果会非比寻常。赶紧召集全体演职员开会，宣布上新戏，适应上海观众的需求。黄金大戏院老板金廷荪先生听说我们要上《汉明妃》，表示赞同：'好，太好了！君秋脑子灵活，戏路宽，知道观众的要求。我们马上贴新戏码海报。'君秋说：'咱们班子里缺十几对儿年轻演员跑竹马，没有这阵容可休想好看起来。'他灵机一动，决定去拜访上海戏剧学校教务主任关鸿宾'借兵'，请上海戏曲学校派三十二名学员加入'跑竹马'。关先生爽快答应下来，安排三十二名同学参加排练。那几天上午没有演出，全体到剧场走台、响排。这些孩子们个头齐，穿起了竹编马形道具，在台上跑圆场，君秋在当中连唱带舞，真的很热闹、精彩！"

说到这儿他非常兴奋，君秋接着说："中间还有段插曲，戏校提出一个条件：'用上海戏校的人马，您得把这出戏留给我们学生顾正秋。'我答应了，就收顾正秋为弟子，在上海举行了拜师仪式，"君秋对王瑶卿师爷说："《汉明妃》这出戏我不常演，但学得磁实，心里不怵。再加上戏曲学校三十二位十六七岁的学生有功夫，有朝气，排练极认真。所以，我非常有信心。"陈少霖说："他们帮了咱，君秋老板也给艺校增加收入，又有演出实践，两全其美！如期上演啦，爆满！上海观众喜欢噱头，看到十六对竹马上场，生龙活虎，君秋和他们一起穿插边唱边舞，台上场面火爆，台下疯狂喝彩……《汉明妃》贴出一个礼拜，又一个礼拜，连演二十场，全满！"

王瑶卿和在座的同行们聚精会神地听着，师爷赞赏道："君秋明白观众需要新戏，他不固步自封，调整得及时。重要的是，他会的多，不然，你想变戏码儿都没的换！君秋是好角儿，是老板的料。"

众人听得津津有味，吴励箴更是满脸兴奋地回味着，张君秋二十场精彩的《汉明妃》演出她就在现场。这次上海打擂台演出圆满成功，秋社、艺校双方获益，皆大欢喜。

陈少霖挑起大拇指对王大爷说："这擂台打得太漂亮了！君秋干咱这行十年啦，当年，在您的指导下，加盟的都是大班社，合作的是名角儿，他们主意多，有见识，会变通，君秋都学到了，如今自己挑班儿也能灵活运用，难不住。这一切科班儿可给不了你！"

戏剧界"地震"

富连成、荣春社倒闭！

一天，秋社演出前排戏，陈少霖拿来大小报纸杂志说："可不得了啦，出大事儿了，大家快看！"在场人看到富连成倒闭的消息大吃一惊，犹如京剧界发生了"大地震"。报纸写道："富连成社已到了山穷水尽的地步。师资所剩无几，演出也无法安排，终于无计可施，富连成科班不得不解体！日本宣布无条件投降后，百姓们的日子没有好过，缓不过气来。艺人是社会的底层，景况就更不妙。学生们有的转入其他科班，有的则改行了。"

张君秋心情非常沉重："富连成是创始人叶家几代人的心血呀！为了维持富连成的开销，耗尽全部家产。他们是京剧传承发展的大功臣，他们作出了无私的奉献，后世永远不会忘记他们给中国戏曲界、京剧界作出的贡献！"

这天排戏、演出，大家全打不起精神来。

这一段时间，各界相关人士在聊天中，富连成倒闭是最大话题，社会反映是当局没能力，政府眼睁睁看着富连成破产，无法拯救挽回。

没过多少日子，另一篇文章报道："荣春社艰苦经营，终因国民政府腐败，粮食价格'三级跳'，物价飞涨，难以维持，仅小米面，尚小云就投进了两个亿。在如此艰难的情况下，尚小云仍然咬定牙关表示，不到万不得已的时候，绝不把自己这个数年心血创办的班社轻易放弃，绝不让孩子们流离失所。"

报纸上说："尚小云把自己芳信斋中所藏名人书画全部空运上海，借座宁波同乡会五楼客厅举行展览，标价出售吴道子、苏东坡、董其昌、唐伯虎、祝枝山、郑板桥、史可法、郑孝胥、曾国藩、翁同龢、李鸿章、任伯年、西太后、八大山人等七十多位名家的作品，还狠心卖掉了自己的房产。"

1945 年后已不再演戏、一心扑在荣春社的尚小云，又重登舞台，与老搭档筱翠花合演《姑嫂英雄》。他无限感慨地说："那还不是为了生活！不然的话，五十的人了，'四大名旦'已然成了'四大老旦'了，谁愿意在台上装着玩儿！"尚小云为荣春社，可算是豁出了身家性命。这种为培养京剧人才不惜一切的精神，感人至深，值得在京剧史上大书一笔。

张君秋看到报纸，深感吃惊和惋惜，他一直关注着风雨飘摇中的富连成、荣春社，盼着有救，没有料到最终还是倒闭了！张秀琴听到这消息说道："真听不下去！几十年的基业呀，说倒就倒！培养几百个学员，出了那么多名角儿呀！"

张君杰愤愤地说："把那些毕业的角儿组织起来，义务戏演半年，我不信活不成！"还有人说："几百个学员出钱，多少不计，共同对付。""培养这么多角儿，都出点儿力，不信富连成活不了！"说的容易，其实很难。出科的角儿挣钱养家不易，你让他义务唱半年？科班的学生大都是穷苦人家出身，但凡有钱，父母也不忍心让孩子进科班去受罪。

人们说："富连成老板叶家两代人、荣春社尚老板是真正的戏曲教育家，为京剧后继有人拼了血命了。如今走到这一步，真让人不能接受呀！"大多数人的说法："富连成没有不断进钱的财源，倒闭是料定的结果。""无水之源怎么活？无米之炊的日子怎么过？""唱戏要不卖座儿，那就瞎了！吃的就是这碗饭呐。叶家有多少钱也填不满富连成这口井啊！""每天百十来口人要吃、要喝，多不好吃的饭一顿不吃也不行！""那校舍的维修打理，水、电、冬天的煤炭；置办戏箱，练功用具的更新；文武场乐器、丝弦、松香，哪一样不需要钱？""现在世道这么乱，股东们朝不保夕，自顾不暇，纷纷撤资，那富连成能不倒吗？！这真是屋漏偏遭连阴雨，大风雪上又加霜。"

张君秋摇着头，深深吸口气说道："我曾经和盛兰大哥商量过，一起做点力所能及的事。他说：'叶家祖上把富连成摊子铺得忒大了，凭咱个人的力量不可能让富连成起死回生。我们想过，要是政府拨一大笔钱，梨园公会同时出手，那样兴许还行。可是你看这政府，打内战；瞧这梨园公会，尚会长自家荣春社都活不下去了，哪儿还顾得上富连成！'"

吴励箴首秀英语解围

张家读书之人不多。君秋的干爹朱孟武原来是文职人员，退休后为张君秋给报社写文章，吴励箴请他带些报纸、书刊、杂志来，张君秋在家略有一些时间，她就讲报纸杂志上的新闻给君秋听，张家的生活内容又充实许多。张君秋频繁接单演出，一年当中，跑外省市倒有八个来月，吴励箴一直随同。

王树龄是女子中学初中毕业生，在张宅大院内算是有文化的人了。吴励箴多亏有这个大嫂帮她、带她、教她，逐渐适应了张家门的生活习惯。

张君秋事业上气势更加兴旺，收入连年翻番，在那兵荒马乱的年代实为少见。但唱戏也是提心吊胆，时常遭到坏人捣乱。秋社加上张家人口众多，要吃饭要生活，演出绝不能停，多害怕也得唱，没商量！

应天津中国大戏院孟老板之约，秋社赴津演出，受观众欢迎，一个月演出的票基本全部售出。只要单贴《女起解·玉堂春》《祭塔》，就够一卖；《四郎探母》《大·探·二》《红鬃烈马》等对儿戏、群戏，那就更是无敌手了。

张秀琴、吴励箴、王树龄随张君秋来到天津。一天，婆媳三人轻松悠闲地聊着，走在英租界大街上，突然发生意外。只见一对老人领着六七岁模样的小孙孙，小宝贝淘气，不愿意让老人拉着走，使劲挣脱跑掉，爷爷、奶奶拉不住也追不上。那孩子捡起路边的石子扔着玩，一不小心"砰！哐啷啷！"石子打在人家的窗上，玻璃碎了一地。马上过来两个外国人，他们用英语大声说了些什么，孩子吓哭了，那两位老人不知所措，急忙走向前搂住小孙儿。张秀琴、王树龄看了也有点儿慌，全听不懂那俩人说的是什么，不知道会怎样处理这件事。

这时，吴励箴镇定自若地走过去，用英语跟对方解释："我见到这小孩子淘气，不经意把石子扔到窗上，玻璃碎了，没有伤着人吧？"其中一个人回身去看了看说："没大问题。"吴励箴连用英语说："万幸，万幸！没伤着人就好，吓你们一跳，也吓坏孩子了。"转面对孩子说："别怕！别淘气啦，打破玻璃会伤人的。"又对那外国人说："非常对不起，我代表他们表示道歉。"外国保安员听到吴励箴用地道的英语礼貌地道歉后，也变客气了。他们还轻轻拍拍孩子的头说："不要淘气啦，不可以这样玩耍，打破人头会很危险的！"吴励箴翻译给孩子和大人听，又用英语说："小孩子淘气贪玩，不小心打到玻璃窗上，万幸没伤人。对不起，真对不起！"这件事方才平息下来。回到饭店，王树龄跟张君秋、张君杰说了此事，君秋听后说："你们看，有学问多好呀，大学生就是不一样！"张君秋苦于幼年失学，深感遗憾，特别羡慕和敬佩有文化之人。

张秀琴勤俭持家，全家人配合，没有哪一位特意花钱开小灶。吴励箴也入乡随俗，王树龄看见她脚上的鞋子很旧了："弟妹，咱买双新鞋去。"励箴说："这是家里穿的，凑合再穿些日子吧。"全家人大笑说："真行！哈哈哈，是张家媳妇！"

秋社 1945—1948

1945 年到 1948 年春，国民党挑起内战。在兵荒马乱的社会环境中，戏不好唱了。张君秋小心翼翼，兢兢业业地安排演出，宗旨是平安第一。

秋社在张君秋率领下，转战大江南北。夫人吴励箴精神很紧张，万一出点事就不得了。首先，夫君要承担整个班社人员的生命、财产安全。其次，演出一定要保证有较好的收入。吴励箴对君秋说："选择远离战乱、相对安全的城市方能两全。"幸而所到之处，戏迷得知张君秋率秋社来演出，异常兴奋，奔走相告，上座率还是非常的好。这是张君秋挑班能活得下去的根本。

当然，也有班社人员的家属担惊害怕，劝阻亲人，能不到外地演出就不去。张君秋一切听从演职人员自愿，绝不勉强，所以这几年一直没有发生不愉快之事。从谦和社到秋社一直跟随张君秋的中坚力量，从辈分讲，李多奎、姜妙香、叶盛兰算长一辈；陈少霖、钮荣亮、朱金琴、耿世华等，大不了几岁，也小不了多少，算是同龄人。大家团结一心，非常有战斗力。张君秋二十五六岁，精力充沛，意气风发。吴励箴辅佐夫君走南闯北，担负起文书与外联等工作，使君秋可以专心演出和创作。

秋社成立后，业务非常稳定。张君秋改革创新，进一步拓展戏路，他意识到，不能死守着前辈传授的剧目，创编属于自己的新戏的愿望愈加强烈。在师爷王瑶卿的支持与督导下，他接连推出《凤双栖》《奇烈记》《怜香伴》《银屏公主》等新戏与观众见面，效果颇佳。

家中，两位夫人相继为张家添人进口，学玲、学浩、学治这几个孩子先后出生了。张君杰和王树龄也生下学源、学清两个大儿子。张秀琴乐得合不拢嘴，她已经有八个孙儿、两个孙女了。

战乱中，秋社和张家依然保持旺盛，不得不说是奇迹。

上海演出的意外收获

1947 年春到 1948 年，张君秋几次赴上海大码头。

金廷荪老板接秋社和张君秋到上海演出。张秀琴收到定金后，张君秋和陈少霖便开始制订计划。1937 年至 1948 年，张君秋从十七岁到二十八，十多个年头了，上海已成为他演艺生活最稳固的阵地，几乎每年必到。黄金大戏院则把张君秋视为票房的保证，这里有喜爱张君秋艺术的广大戏迷观众。每到上海演出，张君秋都有回到第二故乡的感觉，亲切得很。

上海大企业家、金融家、媒体联合举办盛大宴会，欢迎张君

婚后的张君秋与吴励箴

秋组班秋社后的沪上之行。饭店大堂、宴会厅内张灯结彩。主办方特邀周信芳、马连良、俞振飞、李多奎等诸多名家莅临，秋社的主要演员和著名琴师何顺信等乐队演奏人员出席。厅内欢声笑语，店外车水马龙，热火朝天。闻讯赶来的戏迷手捧鲜花，在饭店外迎候着。当春风得意的张君秋和光彩照人的太太吴励箴现身时，众人的目光聚焦于这一对青春靓丽的佳偶，爆发一片掌声和欢呼。

在这盛大宴会上，也发生了一件波澜不惊的事。张君秋、吴励箴二人在和来宾们亲切握手问候时，只见主桌上坐着吴曾愈，他满面红光，头发梳理得很规整，戴一副金丝框眼镜，显得非常精神。吴曾愈心情很矛盾，想见又怕见女儿、女婿，是经金廷荪一再邀请和劝解，才来出席的。金老板也提前通告了张君秋夫妇，宴会邀请了吴曾愈先生，他答应赴宴，只是还有些气未消。金老板特高兴，用上海话讲："无大问题。"

吴励箴又惊又喜，急忙拉着君秋的手，小声说道："我爸爸在那里，咱们过去吧！"话音未落，只见吴曾愈像是看见了张君秋、吴励箴，立刻扭脸转身，和周信芳聊了起来。张君秋、吴励箴明白，爸爸还没有完全消气，但他来了就好！

吴励箴依然高兴，心想慢慢来。夫妻二人就不便过去打招呼了，只远远地向吴曾愈鞠了一躬，大家心照不宣。当初吴励箴大小姐私奔下嫁京剧名流张君秋，上海各大报纸轰炸式报道；这次张君秋携夫人吴大小姐吴励箴到上海，依然是报道重点。上海各界看到这对夫妻境况羡煞人也，就不说什么了。

吴励箴看到爸爸能出席这个欢迎宴会，心中闪过些许复合的期望，爸爸爱女儿，也爱张君秋，他就是不原谅自己的宝贝女儿下嫁有妇之夫。吴曾愈其实一直关注着女儿在张家是否受虐，实在不成，就要派人去北平把女儿接回上海。吴老板真有脾气，他没有这样做的原因是，吴励箴始终和吴济生弟弟有信件来往，讲自己在张家和君秋生活很和美，一年到头自己陪着夫君走南闯北去演出，自己也有些文案工作能搭把手，这些吴济生全转给吴曾愈爸爸看……这就难怪了。

不一会儿，吴励箴的几个弟弟、妹妹跑到姐姐姐夫面前，亲切拥抱打招呼，互相倾诉别后思念之情。吴曾愈都看在眼里，心头一颤，好在张君秋发展得比自己料到的好多了，侧面也晓得君秋对女儿励箴非常好，看得出女儿很健康，他也就放心了。

隆重的欢迎晚宴体现出张君秋在上海滩的巨大成功和影响。当年十七岁的张君秋是跟随马连良初到上海走红，今天是以自己班社老板的身份来沪演出。十年工夫，张君秋不仅在艺术上取得巨大进步，经济实力也相当雄厚，十年前的小新星发展成今天的巨星，骄人的成绩令人刮目相看。会后大家拍摄了很多大合影照。

梨园巨星张君秋的大名也传到了香港地区，香港流传着对内地京剧大青衣演员张君秋的赞美：个头、扮相没得挑剔，唱功表演一流，嗓音甜美，声腔婉转动人，令观众痴迷倾倒。金如鑫、钱江、李和声等香港知名的戏迷，纷纷赶到上海来看张君秋的戏，追随者甚多。其中，大企业家金如鑫与吴曾愈家是世交，只要得到张君秋到上海来的消息，他们就组团过来。香港演艺公司经理

儿子孝顺，媳妇贤惠，子孙满堂，张秀琴心满意足。

派人多次到大陆探星，深感张君秋的不凡，多次下书邀请张君秋赴香港演出，只因张君秋档期早已排满，未能成行。

上海演出季最后几日，香港胜利电影企业公司发文，邀请张君秋赴港拍几部戏曲电影。牵线人是张君秋的铁杆粉丝金廷荪先生，这位大老板认为张君秋趁着这个年轻、嗓音好听、声腔技法娴熟，扮相、身材最好的年龄段，必须留下声音影像。当下内地时局动荡，演出越发艰难，几乎全国各省市的班社、各个剧种的舞台艺术都停止演出，主要是戏院内常常出现混乱打斗搅乱现象，使得大戏无法唱下去。张君秋的秋社也决定歇业一段时间。张君秋、吴励箴夫妇觉得去香港拍电影倒是个不容错过的机会，决意前往。

香港影业公司邀请马连良、俞振飞、张君秋等到香港拍摄的戏曲影片是：马、张的《渔夫恨》（《打渔杀家》）、《梅龙镇》（《游

夫唱妇随

龙戏凤》），张、俞的《女起解》《玉堂春》，马的《借东风》。三人决定签下这个合同。后期，双方谈判及文字解释、往来沟通，全靠吴励箴代笔、解读和翻译。吴励箴出面参与，一来是消除上海话、广东话的语言障碍，二来是有文化底蕴，能明了合同条款，使得这份合同得以顺利签订。电影公司签约的搭档是马连良先生、俞振飞先生，这实在太理想了！

经过几个回合洽谈，港方交付定金后，张君秋等定于11月底赴港。这也是因吴励箴10月产女学采，在坐月子后才可以启程。另外，秋社停业的各种手续也要处理妥当。因赴香港拍电影签约两年时间，只有少部分人一同前往。这段时间他们多次开会处理解决这繁杂的工作，总算是皆大欢喜。

兵马司后街张家大宅门也要作周密安排。一天，张秀琴把君杰和王运家叫到南屋客厅来，对二人说："香港签约君秋去演出、拍电影时间比较长，两年，这是在上海演出的时候商谈的。如今合同签订，定金已收，过两个星期就出发。我和励箴跟着去香港，听说拍电影挺慢的，不过大家放心，咱们会时常写信联系。"家人们听了很高兴，连说："好，好的。"张秀琴把家务事的安排说给大伙儿："大喜妈带着学敏、学治俩，王运家带老大老二学津、学海，我嫂子带学济、学玲，留守看家，君杰、树龄和铁安帮着管理。"又说道："我、励箴带一岁多的小七儿学浩，周妈抱着刚满月的小丫头学采，我们跟君秋一块儿走。励箴能说上海话、广东话，懂英文，去香港少不了她。"大家说是这样。

张秀琴接着往下说："家里用的钱都交给君杰管，叔爹记账，单独给大喜妈一份零花钱使用。有急事儿拍电报过来。君杰和叔爹你们就多费心啦！"大家回话说："老太太您考虑得周到，大家都没有意见。"

王树龄私下对君杰说："大喜妈从生了学治后，就一个人整天闷在屋里，她也不出来聊聊天儿，说说话。这回励箴跟着去香港，既能照顾好君秋，又能包揽对外联络，除了她谁也不灵。"君杰很是赞同："没错儿，君秋现在是名家了，对外的社交活动多，绝离不开励箴。"

赴港前，秋社停业和张宅安顿的工作处理得十分妥当。张君秋满怀希望，即将开启一段新的里程。

赴香港拍电影

1948 年 11 月底，张秀琴、张君秋和刚坐完月子的吴励箴夫人，带着学浩、学采，从北平飞赴上海，再转机到香港。

马连良、俞振飞、张君秋到香港演出、拍电影，震动了香港文化艺术界、企业界。张君秋对外联络工作、出席宴会必须有吴励箴在场，一来是张君秋不善言辞和交际，二来是言语不通。

原来在上海，是上海话不通；这回来到香港，还加上了广东话和"英格利士"，全都不通！张君秋等一行人就像聋哑人一样，颇为不便。吴励箴却有了用武之地，过海关时她帮大家看证件、翻译讲解注意事项，最后，大家顺利通过。在香港期间，张君秋对外联络演出公司、电影公司的工作，也非吴励箴莫属。

港人看电影是第一大娱乐享受，舞台艺术通常看的是广东粤剧，马师曾、红线女等名角儿广受欢迎。梅兰芳、马连良、杨宝森、俞振飞这些京剧大名角在香港也有很大的影响。张君秋是初次来港，拍电影之前十五天，安排演出九场戏。演出公司在香港大报小报做足了宣传。观众抱着一看究竟的心态前往剧场，结果被北方来的巨星深深吸引，特别是青春靓丽、歌声甜美的张君秋，不知令几多人倾倒。演出圆满结束后，张君秋和马连良便投入到电影的拍摄中。

拍摄工程很大，胜利公司投资百万港元，选用了最好的柯达彩色胶片，特请欧阳予倩为艺术顾问，白沉导演，丁聪为美工。张君秋共参与拍摄四部彩色戏曲舞台艺术片。

拍摄完影片《渔夫恨》，马、张、俞休息期间，在戏院连续演出了几个晚上。剧目有《女起解》《玉堂春》《梅龙镇》《打渔杀家》《辕门射戟》《白门楼》《三娘教子》。剧场内气氛热烈，喝彩不断，台上台下心情异常兴奋。三位老板其实没得休闲。马连良素与影星舒适交好，舒应邀携严峻、韩飞、洪波等影人，与马连良、张君秋同台演出《法门寺》，传为美谈。

张君秋一家五口加上周妈六人赴港，不能住大饭店，因为拍电影工作漫长，要住上一段时间。张秀琴说："挣的钱就全得交饭店了，这可不成！"

赴港之前，吴曾愈家好友、香港青年企业家金如鑫先生得知张君秋一家几口人来港演出、拍电影，他以极大的热情致信吴励箴和张君秋表示："到了香港，你们就住在我家里吧，我腾出一

1950 年赴香港拍电影期间，张君秋与杨宝森、王泉奎演出《二进宫》。

层楼来，你们看好不好？"金先生是大戏迷，不仅爱听京戏，还喜欢唱，他们在香港的上海帮设有京剧票房。此番张君秋、马连良、俞振飞赴港，就忙坏了这上海帮朋友们。吴励篪和君秋商量好，就先答应了。到香港安顿后，他们便住在金如鑫的公寓中。

金先生家宅在香港半山上，房子宽敞明亮，很是舒适。对张君秋一家，他照顾得无微不至。金如鑫与张君秋同岁，他们的莫逆之交一直延续到上个世纪 90 年代，直至二人先后故去。

在港期间，张君秋京剧艺术的演出惊动香港各界，他也结识了众多各界人士。电影明星夏梦，画家张大千，广东粤剧界名流

（左起）俞振飞、马连良、张君秋在香港合作。

马师曾、红线女，企业家金如鑫、张宇文、李和声、钱江等，都是张君秋的铁杆戏迷。上海同乡会的票房备有文武场乐队，这同乡会的会址成为马连良、张君秋排戏、吊嗓子的工作室，李慕良、何顺信操京胡。张大千先生在戏院看过张君秋的演出，便着了迷，票房每次活动必到场。大概是绘画艺术和表演艺术相通的缘故，两人过从甚密。张君秋自从在上海学习了大写意花鸟画后，演出空暇开始临《三希堂》等字帖、画谱，用来修身养性。张君秋也成为张大千先生家中的上宾，张大千不仅亲自指导撇兰草、画竹叶，还在君秋画作上批改，有时候还合作几幅小画。张大千观看《霸王别姬》后，用中国画白描手法创作一幅张君秋扮演虞姬的半身画像，栩栩如生，表达对君秋的赞美倾慕之心意。

在香港举办的艺术家和戏迷联合赈灾、济贫义演中，人们没想到张君秋反串饰演大武生黄天霸。张君秋时年二十九岁，剧中人穿白大氅，打衣打裤，头戴硬罗帽，腰勒大带，好靓，好帅！这扮相比他演大青衣更觉迷人，俊美中带着英豪气概。企业家和观众纷纷慷慨解囊，还出现观众往舞台上扔金首饰、扔钱币的场面。

香港赈灾济贫协会盛宴答谢马连良 俞振飞、张君秋义演捐款之举。企业家和一些当红的电影演员出席，星光熠熠。张大千亲自将一幅张君秋饰虞姬的半身戏装水墨画像（三尺乘一尺五）装裱后，在宴会上庄重地送给张君秋。全体起立鼓掌，张君秋兴奋地拉着励篯一起上前，双手取过画来，给大师深施一礼表达谢意，吴励篯讲广东话替夫君答谢。张大千紧紧地握住张君秋的手，这是他们二人友谊的见证。

张君秋十分珍爱这幅画，回北京后，把它挂在客厅里最醒目的位置。

吴励篯解开税务误会

马连良、张君秋将演出收入全部捐出赈灾，大小报纸高度赞扬，宣传报道，没想到却惊动了英属财税部门。按规则是先交税或扣税后，余款才可捐献，吴励篯是金融家庭出身，在君秋参加义演之前，就谈妥了捐款、交税的程序。

听到门铃声"叮咚"响，保姆开门，见两位职员模样的外国人站在门口，操着英语问："谁是张君秋？"张秀琴、张君秋出来观看，瞧洋人表情严肃，听不懂说什么。吴励篯急忙向前，用英语答道："您好，请进！这位是我先生张君秋。你们找他有何贵干？"二人得知这位男士就是张君秋，当即就要带他走："请跟我们走一趟。"吴励篯问："发生什么事了？为什么要带走他，到哪里去呀？"那二人听到这位女士会讲英语，拿出香港财税局的传令说："是关于税收问题，请这位先生随我们到税务局走一趟。"吴励篯听明白了，说道："好的，我们会配合你们工作的，请稍等片刻。"言罢，转身回到房间取出已完税的证明文件、票据，交给来者。他们翻了翻，看了看，说道："还是请随我们到税务局去核实一下更好。"吴励箴对张秀琴说："娘，放心，咱们是先扣过税才捐的款，合乎法规。我和君秋去一趟吧，这样更安心。"娘儿俩听吴励箴跟英国人对话，越说越和气，也就不紧张了。

夫妻二人来到英属财税局，工作人员拿出张君秋的财务档案和吴励箴带来的票据证件，经双方核对、交流后，确认张君秋往来账目清晰合法，顺利通过。税务员说："对不起！这是例行抽查，您的账目很清楚，没问题。请回吧！"当大家知道张君秋是位艺术家，他们停下手里的活儿，目不转睛地看这一对超凡脱俗的俊男靓女，发出惊叹。办事员对张君秋和吴励箴挑大拇指赞扬："好，很好！"还与吴励箴聊了几句，亲自送他们夫妇出了税务局。

二人牵着手，轻轻松松溜达几步，方打的士回家。张秀琴见这么快回来，一颗悬着的心也就放了下来。君秋对娘说："刚进税务局大门时，那些工作人员一本正经绷着脸，好像我们逃税犯了法似的。幸亏励箴会说英文，咱们票证齐全，跟他们核对后一点儿问题都没有，消除了误会。再瞧，那些办公洋人的脸也不绷着了。"娘听过后，发出赞许的笑声。

公演、电影拍摄照常进行着。

吴氏父女重逢

1949 年盛夏，吴励箴的父亲吴曾愈一家人自上海到香港短暂逗留，准备三个月后手续办理齐全，移居美国。吴先生将在美国金融界新任一职。

吴励箴的妹妹吴励楠、弟弟吴济生从《大公报》《明报》文艺新闻版中看到马连良、俞振飞、张君秋在香港演出、拍电影的报道，其中有金如鑫、钱江、李和声、夏梦、马师曾、红线女、马连良夫妇、俞振飞先生、张君秋携夫人吴励箴参加宴会的大幅照片。"啊，姐姐、姐夫来香港了！"弟弟妹妹高兴无比。恰好金如鑫给吴励楠打电话说："你姐姐一家就住在我的公寓中，你等一下，我请她听你电话。励箴小妹！快来，跟你励楠妹妹讲话！"吴励箴又惊又喜，跑来接过听筒，泪水一下蒙住双眼："励楠！快告诉我，你在哪里？想死我了！爸爸和家里人都好吗？"听姐姐声音有些哽咽，励楠讲上海话说道："姐，咱全家人都在香港，都很好。我好想见你，约个地方吧。""金公馆旁的咖啡店里见，好吗？""好的！一小时后，咖啡店见。"

　　自上海一别，又有一年未见啦，姐妹二人相互拥抱许久。励楠告诉姐姐："爸爸在香港办理事务，再过几周全家人就要移居到美国去，那边有间大的金融上市公司委任爸爸做部门财长。他辞去上海银行总裁一职，把一栋楼卖了四亿六千三百万，两亿元投资国华银行。把在山东的厂矿和公司股份都留给济生哥哥管理。济生哥哥不愿意追随父亲走金融这条路，他应聘在西安交通大学外语系教英文、俄文，顺带管理爸爸的矿业公司。咱爸爸疼儿子，给他一大笔钱，济生两周后就回国内。"励箴感慨道："家里发生了这么大变化，真是世事难料！"

　　励楠又问："姐姐，你生活有困难吗？"吴励箴说："我和君秋结婚五年了，生活习惯都很适应了，没有什么困难。我们已经有了三个孩子，这次来香港带了你的小外甥和外甥女，大的四岁了，留在北平家里。姐姐我当年思想太单纯，特别任性。从上海只身飞到北京时，看到了张家的生活环境和咱们家太不一样了！本可以听奶奶的话回上海，但是我认定，和君秋在一起才是我最大的幸福，其他一切都不重要。其实，适应不同的生活方式哪有那么容易呐！吃了多少苦头，自己心中有数。"吴励箴停顿了一下说："君秋对我很好，他的事业兴旺发达，有很多地方可以用上我的语言、文化来辅佐他工作，挺有意思，我觉得我的选择是对的。妹妹你别笑话我，我带他去逛书市，买了很多古今中外名著。他爱听我给他念书、读报。"

一番话令妹妹很受感动："难为姐姐了！"励箴难过地说："我很想念爸爸，常常哭醒呢。知道爸爸心疼我，爱我，怕我受罪……"励楠说："你走后咱爸爸好伤心，很长一段时间，家里气氛低沉得很呢。昨天，我告诉爸爸你们来香港演出的消息，爸爸表面上平静，其实他内心斗争很激烈。济生哥哥极力劝爸爸见你一面，他没回应。姐姐你记得吧？去年春天，在上海欢迎姐夫的宴会，爸爸被邀请出席，他先是说：'不去！'看来想念女儿的骨肉亲情占上风，还是去了。他回到家里还说：'我看见你励箴大姐和女婿了！大家心照不宣，很高兴，但没说话。'我知道爸爸是很想见这一面的。"吴励箴听后眼圈红了。

励楠把姐姐搂在怀中："时间真快呀，转眼一年了，咱们又在香港见面。我会和济生哥哥一起做爸爸工作，要你们见面，这机会决不能再错过。全家去美国定居，还不知道哪年才能回来呢！"励箴连连点头："这次一定要见的！"

励楠关切地问："姐姐、姐夫这次来港住的时间长吗？在报纸上看到姐夫要拍多部戏曲电影。爸爸也知道你们住在金家。"励箴说："这次你姐夫他们拍四部电影，差不多要两三年时间。"

励楠说："我还没跟你说呢，我也结婚了，先生是飞行员，抗日英雄！我俩马上要移居台湾，其他弟弟妹妹就要随咱爸爸和小娘迁往美国了。"励楠又说："今天见姐姐风采不减当年，更漂亮了，看来君秋哥是真的爱你。姐，你带上两个孩子去看爹爹，他老人家会好高兴的！"励箴说："要去也是我一个人去。我儿子学浩两岁，很淘气，到处乱跑，我怕管不住他；女儿阿采一岁，太小，要抱着出来不方便。就我一个人吧。还得要等君秋不拍片子时间，因为我还担负着双方的语言沟通翻译工作。"励楠说："好的，我等消息。"一时间两姊妹真可谓是百感交集，有说不完的话。

吴曾愈看过香港报纸的连篇报道，得知女婿事业发展势头很旺，女儿一切安好，心也软了，派励楠和济生去金宅接励箴和女婿。吴曾愈在家中坐立不安，恨不得马上见到日思夜想的女儿，待听到急促的脚步声临近时，竟一下瘫坐在沙发上。吴励箴见状，操着上海话喊着："爹爹！"跑过去跪倒在地，扑在父亲怀里，泣不成声。吴曾愈也已老泪纵横："都怪爸爸，不顾你的感受，坚持门当户对，逼你出走。可你怎么忍心丢下奶奶、爸爸，丢下这个家！我说的是气话，你就当真了，一去几年，连个电话，连封信都没有……"吴励箴拦住父亲："爸爸，是我不好，只顾追求自己的幸福，让奶奶和爸爸伤心。现在，我有了儿女，才理解到父母的疼爱。您是我的好爸爸！"

往日怨气霎时化解，一旁的励楠、济生也激动得热泪沾襟。济生说："爸爸、大姐，不要过于激动，把心情平静下来，聊聊天。"励箴道："君秋最近拍片子常常加夜班，有时到两三点，白天还要排戏，马上要演出。香港同人大多都是生面孔，拍戏过程就有点难度。我们临出门之前君秋接到电话，对方说：'大家都到了，就等您对唱腔了。'所以君秋匆忙到同乡会拍戏去了。他叫我向您问好，祝您健康长寿，问弟弟妹妹们好！他得空就来看您。"

吴曾愈连连点头说："好，好，忙就好，现在大萧条，一切都不正常，你们还能忙到这地步，难得。"拉起女儿接着说道："看来，你在张家生活得不错，精神状态很好，我心里就踏实了。不久，咱们全家就要移居美国，你留在国内一切都靠你自己了，要小心谨慎，动脑子，别冲动。过两周你济生弟弟硕士学位读完了他留国内，到西安交通大学任教，你们姐弟俩要常联系。""您放心走吧，我们会照顾好自己，倒是你们，在异国他乡要多多保重！"

父女俩又谈了别后几年来发生的大事，说到奶奶去世，吴励箴又不禁落泪。吴励箴怕父亲过于伤感，说道："爸爸要多想些高兴的事情。过两天，我和君秋带孩子们一起来看您。"吴曾愈说："你们要忙就不要惦记我，工作要紧。"

吴励箴看时间不短了，说道："我得走了，两个孩子太小，

张君秋在香港所拍电影《渔夫恨》截图

怕醒了找我。爸爸一定要把身体健康放在第一位，女儿也祝您新的工作顺利！"吴曾愈见女儿要走，十分难舍："不留下吃饭吗？你手头还宽裕吗？"说着叫济生去里面房间，拿出一个给励箴准备好的存折，吴曾愈看了后，认定签章齐全，又让济生核对一遍无误。吴曾愈接过存折给女儿励箴："你拿着吧！那年，你走的太匆忙，没来得及给你。后来我听你奶奶说，她把自己的私房钱和存折给了你以后，心里还好过一点。"

吴励箴对爸爸说："我把奶奶给的那份作为嫁妆交给我婆婆，那折子的钱我留着自己用。"吴曾愈说："时局乱，拿着吧，有备无患，希望你急着用的时候再动。你千万记住，如果很艰难，你就搬出去，或者去美国，要有主见。"看来吴曾愈是一百个不放心。励箴说："爸爸您疼爱我的心，女儿完全知情。请您放心，我婆婆和君秋全家人对我都很好，我离不开他们，他们也离不开我。"

这些年，吴曾愈也一直暗暗地关注着女儿和张君秋的情况，见女儿一点后悔的意思都没有，便对励箴说："好，你们两人好比什么都重要！"吴励箴说："这存折您不用给我，我有钱花。"吴曾愈还是劝说："这是你应得的一份儿。你姐弟每人都有。收了吧，收了吧！"济生抢上前去，把折子装进姐姐的小手袋里。继母生的小弟弟、十五六岁的吴定一，特别喜欢这位美丽善良的励箴姐姐，又使劲把折子往包里塞了塞："大姐，收好！"吴曾愈想了想又说："我认为这也是你的一个机会，你才二十几，愿意跟我们一起……"励箴给爸爸深鞠一躬说道："谢谢爸爸！我就不跟您走了。望爸爸多多保重，你们到美国后，给我写信。您尽管放心，我一切都很好。"励箴把北平的地址写给了爸爸和妹妹，希望时常通信。励箴看看手表，已近午间十二点："那，我就回去了。"励箴含泪与父亲和弟弟妹妹相拥告别。这次见父亲怕是最后一面，亲情实在难以割舍。

吴励箴上了车，济生开车送她，定一弟弟追着开动的车挥手告别："姐姐，只要我们在香港，你有空就过来！"吴励箴一直回首望着远去的亲人，心里默默祈祷着，祝愿爹娘健康长寿，弟弟妹妹们前程远大。不料，这竟真的是和爸爸相见的最后一面！

马连良、张君秋的《游龙戏凤》影片杀青，接下来《女起解》《玉堂春》开拍。张君秋、俞振飞的《玉堂春》拍摄过程顺利，二人精湛演技，旗鼓相当，配合默契，堪称珠联璧合。张君秋想起十年前在师爷王瑶卿家初识俞前辈的情景。当时俞振飞与程砚秋先生搭班，有人打算从中说合，希望让俞、张二位共同挑班儿，张秀琴没同意，君秋也认为自己尚未出科，没有资格

1950 年张君秋在香港所拍电影《玉堂春》截图

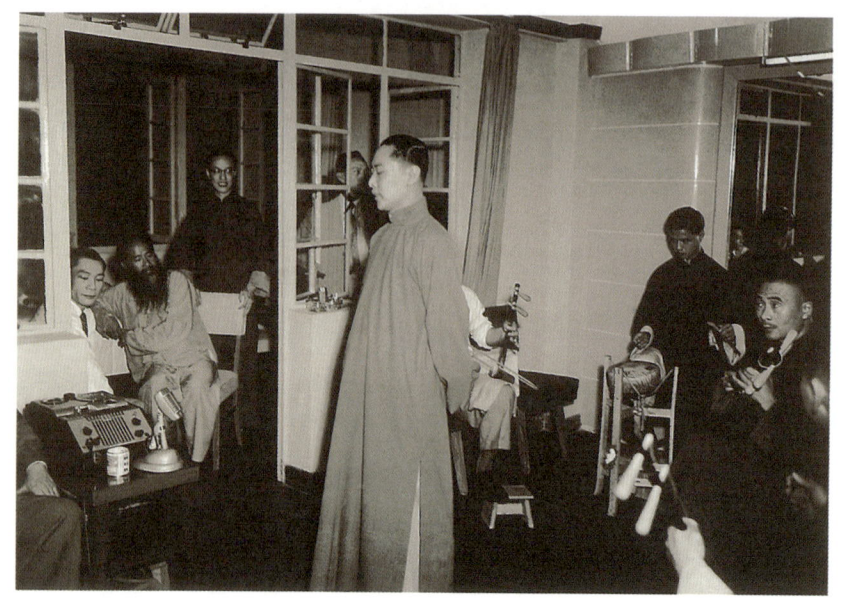

与实力挑班。十年后的今天，张君秋成熟了，不仅组织了自己的班社，还能同俞先生这样棒的前辈合作拍电影，感慨万分。

吴励箴在拍摄现场协助张君秋与导演、剧组相关人员语言交流，工作并不轻松，但是电影团队和丈夫的沟通却省去了许多麻烦，张君秋得以将全部精力投入到在香港的演出、拍电影及社交活动中去。

下山定居

张君秋一家住在位居半山的金宅，虽然受到主人无微不至的关照，但也有不便之处。张秀琴出入行动困难，学浩这孩子又老想去外面玩，吴励箴到山下商店买些日用品和食物，总要乘坐金先生的车子，也感觉老麻烦人家，不好意思，于是动了心思，不如在山下繁华地区买房。吴励箴每天看报纸上的房屋买卖广告，房价不便宜。她想，不买大房子，三间睡房、两间客厅、两个卫生间的单元就可以，用不了多少钱。

到山下住对老老小小会方便很多，于是吴励箴和婆母商量："咱们买房搬家吧。"秀琴娘惊愕："这儿住得好好的，干嘛要搬哪？"她急忙说："咱们还没有挣到在香港买房子的钱呐！"吴励箴说："君秋在香港的活动基本都在山下繁华地区，金家公寓在半山上，大家出入都不方便。虽然金如鑫大哥提供了很好的吃住条件，那咱们常年借住麻烦人家也不合适。倒不如在山下买一套三居室一层的单元楼房住进去好，心里也踏实。"婆婆问："那得要多少钱呐？"励箴接着说："不用发愁钱，上个月去见我爸爸，临别时给了我一个折子，我说不要，因为咱们生活挺好。他说，我们姐弟妹九个，人人都有份，于是我就收下了。看来派上了用场，我都算好啦，咱们可以在山下买一个约 380 平米大小的公寓，有三间卧室、两个客厅、两个卫生间和厨房，家具、设备一应俱全，可以拎包入住的房子，好不好？"

大学生儿媳说的有理，张秀琴也开心，原因是她和孩子在山上闷坏了。没等她回答，励箴接着说："我觉得这样太理想了，

张君秋（前排左三）在香港，时年三十一岁。

戏曲电影《梅龙镇》截图

咱们接待同行朋友，来家谈工作、对戏、吊嗓子也方便。"母子俩都赞成："就这么办吧。"

吴励箴便和金如鑫商量买房之事。金如鑫觉得吴励箴说的有道理，尤其是吊嗓子、排戏，那些人上山太不方便。于是他帮忙找房、买房，最后选中了尖沙咀漆咸道一座公寓，有三室、两厅、两洗漱间带厨房的一个单元。房内装修很好，家电设备齐全。原主人移居美国，金如鑫受委托帮忙出售。

吴励箴年轻有见识，也有主意，整个过程两个星期办妥当。张君秋拍电影、演出，忙得不可开交，虽然听到过夫人励箴两周前说什么买房、下山去住的事，也没当回事。他不管钱，不理财，但是搬家的事情实现了，真的大吃一惊。他问励箴夫人和秀琴娘："说搬就搬，怎么回事呀？"励箴和秀琴娘一起说，这搬到山下去大家方便。

吴励箴付款办手续后，金如鑫派几个人前去打扫收拾。很快，张君秋一家人下山入住。这里交通便利，家里又请一位烧饭、打扫卫生的帮工，四十来岁的冯阿姨，她多年前从南方来香港做佣人，会说些北京话，是金如鑫介绍的。

张秀琴多年劳累，留下咳嗽的痼疾，金如鑫又介绍中医常来家里诊脉、开药方。张秀琴挺高兴，在香港的生活就算安定下来了。

欢庆新中国诞生

从北平到香港，出来一年，国内发生了翻天覆地的变化。张君秋关心国内局势，吴励箴天天给她读报，从中了解到，共产党领导的仁义之师节节获胜，国民党溃不成军。与在港的爱国人士交往中，他们知道共产党是为穷苦人打天下的。

1949 年 10 月 1 日，中华人民共和国成立了！吴励箴兴奋地把收音机里粤语播出的消息翻译给家人听："毛泽东在北京宣告，中央政府、中华人民共和国成立了！"张君秋兴奋地说："内战结束，咱们该回去了！"吴励箴叫冯阿姨到街上买来报纸，把新中国成立的详情念给君秋和婆母听，张秀琴也激动地说："可该回家了！"那是她和君秋历尽艰辛得到的家呀！

民主人士蔡廷锴先生设宴，邀请马连良、张君秋等演艺界名流和爱国人士出席，共同举杯庆贺新中国的诞生。张君秋说："北平是我们的家，我的事业、家人、亲友都在北平，香港毕竟是粤剧的天下。这儿的电影拍完后，我必须马上回去！"

张君秋和母亲、励箴三人聊天说道："娘，这回在香港拍电影，导演、工作人员大多数是广东人、上海人，全说地方话，有时他们还讲几句英语。特别是导演的要求，比方说，拍两个人的戏，我和对方讲话，给我特写的时候，导演说，不是冲人，而是面着对镜头。我一句也听不懂！幸亏励箴完全明白，给我翻译过来，没有翻译过来就没辙了。她坐月子的时候不在场，拍摄工作不能停下来，只好花钱，现请人帮忙翻译。"张秀琴说："所以，来香港必须带着励箴，没她，寸步难行！"这是真的。京剧行话很多，导演、摄像常常不懂，什么"四击头亮相、扫头、导板头……"，吴励箴连这些术语都用广东话解释，"真是老费劲了"，张君秋着实赞扬，十分高兴娶了一位美丽、有学问、贤惠的好太太。

1950 年 9 月，吴励箴在香港英国妇产院产下一女，张家大宅门内大排行老九，取名张学华。吴励箴身边一下子就是三个孩子了，她有些吃不消啦！从医院回到自己的新宅，由周妈侍候着月子，两位佣人洗衣、做饭、打扫卫生，带学浩、学采，照料张君秋和张秀琴生活，还算有条有理。

马连良、俞振飞、张君秋合作的戏曲电影拍摄全部完成，已经是 1951 年秋天。全家松了一口气，香港讲广东话，京剧受众面小，剧场也小，君秋再红，也比不了在大上海、天津、北平，他日夜盼着回北平的事。

由夏梦介绍，张君秋请了一位在港的杭州人金世禾先生，协助励箴夫人做一些文秘工作。一天，金世禾带来许多报纸，大家了解到大陆发生的种种变化。张君秋心急似火地说："京剧在这儿不会有大发展，非久留之地。虽然解放军大获全胜，但有的地方还有战事，看来一时半会儿很难回去。"金世禾说："我天天替您打听，至今没有通航的消息，着急也没有用，只好先滞留香港，等待机会吧。"

王树龄来信说："请放心，孩子大人全健康，五个大的孩子都上学了，成绩很好。就是想着你们拍完电影快回家吧！戏迷们老问，什么时候能看到演出，好像比我们还着急。"张君秋和吴励箴每次回信都说："快了，北京那边不打仗了，南边还打着。

目前因为飞机没有航班，还回不去，我们也很着急。请转告关心我们的亲友，特别是转告王瑶卿先生、尚先生、程先生、荀先生，我们困在香港是暂时的，有飞机通航的话，马上回家。"

张君秋在港越发坐不住了。他接到谭富英前辈来信，述说文化艺术界的新气象，京剧演员很受尊重，得到扶持，那些失业的甚至改行的演员又重新组织起剧团。来信还描绘了中华人民共和国成立后北京的重大变化。听吴励箴念谭先生的来信，在场的人心潮澎湃，情绪激动。

张秀琴收到君杰的信件，里面说道："娘，君秋弟，北平张家生活费用吃紧，你们的汇款，现在还没有收到。"秀琴娘急得直转磨，连连说："已经寄出快一个月的时间啦，怎么还没收到？"大家见了熟人就互相问："北京有消息过来吗？"有朋友托人带信："家里俩月没收到我寄回去的过日子用钱了。"电汇、电信、通信一度全中断，这可怎么办呐？

第四章
1951—1965

一定得回北京

张君秋是个事业心特强的人，想尽快回大陆，香港不是唱京剧的地方，非久留之地。他去找马连良问："咱们什么时候回北京呀？"把谭富英的信也给马先生看了。马连良说："这个时期香港的国民党人士也不断邀请我和你赴台湾演出，并且出高价。"张君秋断然拒绝："不能去，一定得回北京！我的一切都在北京，没有留在香港和台湾的可能。"马连良也表示赞成："君秋，你说的对！咱们爷儿俩呀，不管是谁，只要有机会就一块儿回大陆，谁也不能把谁撂在旱岸儿上。"

吴励箴完全理会君秋的想法，有同样的认知，京剧在国内唱、北京唱才有市场，方能大展拳脚。为了回大陆，吴励箴也对张秀琴做着一些工作，劝婆母说道："娘，您把大烟戒了吧！咱们随时有回北京的机会，新社会是不允许吸大烟的。"秀琴说道："我长期咳嗽，喘不上气儿，干着急，本想回北京看看中医。听香港朋友说，吃一点儿大烟或许能见好，可是将近一年啦，不管用，还上了瘾！快点儿帮我戒烟，我要回去！真想家，想得不得了。在香港忒不方便，语言不通，地方太小，和北京、天津、上海没法子比，好几次想先回去来着。"励箴担心："听说戒烟很苦的。"张秀琴用肯定的语气说："你们放心，娘我一定会戒掉！"

张秀琴咳嗽的历史很长了，那是她年轻的时候因过度操劳落下的毛病。她回家心切，不愿给儿子招来麻烦，下定决心戒烟，绝不给大伙添乱。张秀琴是一个不寻常的人，自己关在屋里面壁，强忍烟瘾发作时寝食难安的过程，苦苦挣扎，有时难受得撞墙。周妈怕出事，叫门，她就是不开，唯恐大家心疼，使得自己坚持不下去。大家也都知道老夫人戒烟非常痛苦，但是必须得闯过这一关，不然回不去北京。周妈一天送三顿饭，偶尔吃一点点儿。

有周妈照看，加上吴励箴给她鼓劲儿："您再忍一忍，咱们快要回家啦！"这句话就是灵丹妙药。

到二十天头上，一大清早，张秀琴清清爽爽地走出了房间，人看上去消瘦了许多。她要和大家一起吃早餐，张君秋、吴励篪不约而同挑起大拇指说："娘了不起，挺过来啦！"历尽艰辛的张秀琴，为戒烟又一次承受住了死去活来的磨难。

吴励篪盘算着，一定要提前安排回北京的事项了。三个孩子，学浩四岁，阿采三岁，学华也已经一岁多，可以满地走了。婆婆戒烟后，还没缓上来，身子比较弱，软而无力，不太利索，老的小的都需要照顾。君秋是帮不上忙，可是吴励篪又有了四个多月的身孕，反应很强，她不知如何是好。

好友金如鑫、夏梦知道张君秋一家定要回北京去，觉得吴励篪挺重的身子，又要照顾婆婆和丈夫，不可能在路上带三个孩子。夏梦出主意："留下一个孩子吧，等将来有机会我到北京，再给你们送回去好不好？"吴励篪和夫君商量后觉得实在是没办法，只好这样："那就烦劳你们了，把学采留下。我们在香港买的房产，请金大哥帮忙转租出去，租金就当作照料小丫头的生活费用吧。"这样，张君秋、吴励篪夫妇离港时，就把学采留在了香港夏梦的家中。

1951 年 10 月 1 日这天，香港《大公报》《文汇报》举行国庆联欢会，马连良、张君秋偕夫人应邀出席。张君秋清唱了拿手段子"苏三离了洪洞县"，受到热烈欢迎；又和马先生对唱了一段《四郎探母》，这下不得了，观众没完了。马先生又加唱一段《借东风》，唱罢说去洗手间，一个多小时没回来，马太太也离位走开。

张君秋又唱过一段之后，看着那两个空位子，他第六感产生疑惑，同时吴励篪也在想，这么长时间还不回来？二人心照不宣，觉着这里有问题。张君秋有意无意地问了好朋友钱先生、金先生：

"这么半天，马先生去哪儿了？"一会儿，钱先生过来悄声说："马先生已在回内地的路上了。"张君秋一听大吃一惊："啊，不是说好了吗？！"张君秋年轻气盛，压不住火气："事前约定要走一块儿走，谁也别把谁撂在旱岸儿上！"吴励箴说："小声点！先别着急，一定会有人安排妥当的，千万别在这儿发火儿，大家看着呢！"张君秋说："就是不明白，怎么不说一声儿就走了，咱们回去吧。"联欢会没散，张君秋偕吴励箴起身走出会场，金先生、钱先生追出大门，张、吴二人已上了洋车，直奔马家。张君秋在车上一直摇着纸扇，心急火燎。等到了马先生寓所一看，已人去楼空。张君秋对吴励箴说："看来是有准备，早安排好的事，干嘛瞒着我？"

"回家！"路上一句话都没有了。吴励箴看张君秋起急冒火的样子，就安慰着说："看来马先生回北京的事是经过周密安排的，一定有难言之隐。"君秋又气又急："可我们关系不一般呐，就不能说一声，一块走或者告诉我找谁联系安排离开香港？"吴励箴说："别急，能安排马先生回去，也一定会有组织安排咱们回去，做好准备很重要。"当时名人回大陆之事不能张扬，唯恐国民党节外生枝。

这等啊盼啊的日子煎熬着，一家人深感不安，连小孩子学浩、阿采也不大声嬉笑打闹了，聪明可爱的宝贝们发觉父母和奶奶脸上没笑容，感到他们不开心。张君秋像一只断了线的风筝，吴励箴又请金世禾先生去机场看看有航班否，过了半晌金世禾金先生回来说："没有！"君秋听后坐立不安，在房中转磨。

听见门铃响，保姆把门打开，张君秋急忙出来瞧，一看是何顺信，他也来问："咱们什么时候回北京呀？听说马先生已经走了。"见表哥瞪着眼，气鼓鼓的，顺信不敢往下说了。君秋说："回去也快，就不知等到哪一天。"吴励箴安慰说："等听消息吧，您和若兰弟妹先做准备，一有信儿，咱们说走就走。"何顺信说："好，没问题。"他反过来劝表哥说："您别上火，这事儿急不得。我那儿也一大摊子事要处理呢。"1950 年，何顺信经朋友介绍认识一个女友，两人情投意合，就结婚了，她这次一定要跟着回北京，收拾东西、退房、向亲友辞别等事，准备起来也挺麻烦。

北京来人了

金世禾在场，接话说："估计马先生先走是有人特意这样安排的，你们都是角儿，国家需要你们，不用焦躁。"金世禾比张君秋年长些，人干干瘦瘦，典型的南方人样子，精明能干，也是"张迷"，有文化，常写些剧评在报章杂志发表。他既是张君秋、吴励箴在香港的帮手，还能上台跑龙套。他负责张君秋与在香港的朋友们之间的联络工作，多次到从北京来的人那里，询问马连良是怎么走的，就是探听不着，看来这事是严格保密的。

10 月 20 日，吴励箴外出归来，拿钥匙打开信箱，看见里面有几封信，其中有一张纸条，上写："张君秋先生您好，请于今晚八点半到六国饭店 806 房间会面。"就这些，特简单，也没有落款。张君秋、吴励箴看一下手表，还有三个钟点，非常激动："啊！是不是要接咱们回去呀？怎么不落款儿，是谁写的？先去看看吧。"君秋又说："快，快，做点儿吃的，我得出门了，一定是北京来人了！"吴励箴和张秀琴看君秋愁眉已展，二人也兴奋，吩咐保姆："您快点儿，做些马上能吃的简单饭菜。"张君秋要吴励箴一起去，也许有要看的文件，签个字什么的。

夫妻二人匆匆吃过晚饭，换上休闲服装，互相看了看，认为得体。君秋说："一定是北京来人，接走一个，再接一个。"吴励箴说："对，快走！"两辆洋车拉着二人一路小跑，朝着六国饭店而去。来到饭店，乘电梯到 8 层的 806 房间，轻轻地敲了几下，只见开门来的竟是马太太！张君秋、吴励箴二人大吃一惊："怎么是您呀？"君秋有点生气地说："当初我和干爹约好一起走，怎么真把我们撂到旱岸儿上了！"吴励箴连忙对着夫君说："今天来了，就是回家有望，不用着急，别上火好吗？"拉着夫君坐在沙发上。马太太看到张君秋真急了，就百般劝慰："我不是留在这里还没回去吗？今天约你二人来，就是谈接你们回去的事。你们要知道这不是一般小事，接你们回大陆，要有万全之策。"马太太边让君秋两口子饮茶，边说："国内中南局来了一位文艺处的副处长王同志，特意接你们回去，一切要秘密进行。"

不多时王副处长来了，马太太引见，他紧握张君秋的手说："周总理欢迎你这位青年艺术家回大陆，为新中国文艺事业作贡献。"张君秋激动万分："就是我在香港的一切家产都不要了，也要带着家眷回大陆！"王副处长说："你们急切想回家的心情中央理解，但这事要保密，因为国民党那边也在千方百计挖你们去台湾。所以要像马先生一样，不露声色。"王同志一番话，使张君秋意识到，回大陆确实不是一件小事，不能声张。王同志又说："咱们乘汽车直接到罗湖，过了海关再乘火车到广州比较妥当。"张君秋的气一下子全消了，随后就谈起了细节，怎么个走法，一共有几个人，算了算，用一周时间完全能准备妥当上路。

见过面后，张君秋夫妇急急忙忙回到家中，开门的是何顺信，他也在此等候消息，见表哥愁容尽散，就明白了一定有好音信。张君秋请娘到客厅，加上金世禾共五个人，坐下来，把今天见到中南局文艺处王同志的事说了一遍，说要秘密地走，要在近一周的时间内收拾这三年在香港置办的家什，能不要的就不要了。

马连良先生不辞而别的的消息一经透露，张君秋的动向就成为香港、台湾最关注的事了，非常敏感。张君秋是去台湾，回大陆，还是留在香港，都是新闻的话题。住宅门口常有记者或台湾当局安排的人盯着，张君秋或吴励箴只要出门，便有人搭讪："中华人民共和国成立了，您回大陆，还是去台湾？"张、吴二人早有准备："我们在香港还有很重要的演出工作，目前没考虑这个问题。"记者们又问："你们有没有去台湾的计划呀？"吴励箴回答说："我们非常满意在香港的工作和生活，没有去台湾的打算，请大家到剧场看戏吧。"吴励箴在一次聚会中见到金如鑫大哥，对他说："真的是好紧张噢！"

吴励箴把三年居港置办的家什等物件都送给了已是好友的夏梦小妹，同时非常心疼地把三岁的女儿张学采托付给她。那丫头以为是和这位美丽的姑姑去玩儿呢，忙跑去跟她亲热。张君秋和吴励箴知道这一去，也不知哪天才能再见到小宝贝儿了，励箴难过的心情不觉表现出来。君秋和夏梦下意识拽一下励箴的手，励箴转过身去……情况特殊，必须秘密撤出香港，确是不得已而为之。

夏梦一家对学采像对自己的孩子一样，小丫头已经三岁好带了。后夏梦因事业繁忙，就把学采托付给一对没有孩子的夫妇吴先生、冯太太，他们也是张君秋和吴励箴的好友。从 1951 年底至 1963 年，学采在那家长到十几岁，才被父母接回北京。

事情总算是安排妥当了，张君秋一想到不久就要回家，心情无比振奋。几位香港保姆和厨娘跟张家三年有了感情，舍不得主人走。张君秋、吴励箴给她们多发了两个月的薪水，保姆、厨娘感动得直掉泪，觉得这家主人太好了。

可怜吴励箴怀孕反应很大，好在争取了金世禾、崔满堂跟随张君秋回大陆，多了两个帮手。张秀琴和崔满堂一起忙着盘点服装，打包装箱。为掩人耳目，半个月前剧场、报纸都打出广告："张君秋将于 10 月 30 日演出《四郎探母》，10 月 28 日售票。"

临近离港应酬还不少，有爱国的港澳民主人士，还有亲台湾的国民党分子，接连宴请张君秋一家。那些爱国人士、企业家们纷纷捐款给大陆用来建设新中国，张君秋、吴励箴连连鼓掌致谢；亲台的国民党人仍不忘争取张君秋去台湾。抱有两种政治观点的人士对张君秋说话的内容自然是大不同，有的问："马先生回大陆了，您有什么安排，一定要走吗？"张君秋、吴励筬说："不会走的，演出合同都签了，日程排得很满，不能推掉的。"这些话也是王副处长告知他们用来应付的。有的右翼人士不死心，对张君秋说："千万别回大陆，跟我们走吧！"张君秋、吴励筬二人同样以"香港的合同已签约半年，没有走的可能"作答，打消了这些人的怀疑。

张君秋这三年的积累很多，扔掉有多一半，要带走的主要是戏箱，由金世禾、崔满堂到港口托运，走水路转公路回北京，以免张君秋一家出发时太显眼。他们随身就带上大人和小孩儿用品。吴励筬和老太太的细软各自携带。崔满堂跟着回内地，他是非常得力的一把好手，后台的事全盯，干活专心踏实。这个年轻的小个子广东人公鸭嗓儿，二十多岁，未婚，在港定居，会一些普通话，但说得不好。他原来在香港的演艺剧团舞台队化妆室，干杂活儿打下手儿，收拾服装、化妆用品、小道具，开箱、装箱，非常细致，不多说话，手底下麻利还有把子力气。他是红线女推荐给张君秋的，化妆室非得有这么个人。张秀琴常对小伙子说："满堂儿，还没结婚呢吧？回北京给你娶个媳妇儿。"满堂只是咧着嘴笑，乐得不得了。周妈是湖北人，也是单身，干活利索，有眼力见儿，张秀琴、吴励筬婆媳都对她满意。"文革"前，他们俩一直跟着张家，并都在北京结婚生子。

王副处定于 10 月 26 号托运箱子和行李。由于报纸刊登广告演出的消息，这两天家门口蹲守的各种莫名人士少多了。

踏上归途

10 月 28 号深夜两点，张秀琴就叫大家赶紧起床，其实，除去孩子睡了，大人根本没合眼。吴励筬先把回北京一干人过海关的护照盘点清楚之后，又看了看老太太的咳嗽药吃了没有。周妈把两个孩子路上吃的喝的以及要换的衣服备好，一直忙到天亮。

大家吃过早餐后，王龙副处长也来了，操着广东口音说："您们这次回大陆是周恩来总理安排的，我向领导汇报说，君秋同志和马先生还不一样，您是举家归来，总理指示，一定要万无一失！我料想，您一家还有琴师等一干人，动静不会小，怕走不成，于是找香港爱国同乡会的领导蔡先生商量，决定在咱们出发的同时，把30号张先生的戏改为庆祝新中国成立名票联合演出，他们包票包场，这样剧场也不会有损失。十点钟过后，大家就知道您已经离开香港了。几天来，怕您被台湾派人骚扰，举办的几场宴会实际是欢送您，香港爱国人士配合得很好。"张君秋和吴励篑听到这儿，由衷感激新中国欢迎自己全家回归故里的精心策划。王副处说："到深圳先休息休整一天，再送您们到广州与马先生会合。"吴励篑说："老人、孩子有十来口，很麻烦的。"王副处说："您放心，都准备好了，孩子、老人都会有人负责照顾，直到平安离开香港入境回家。"听王副处安排得这么周到，张君秋和吴励篑激动得眼圈都红了。王副处问："可以出发了吗？"张君秋说："都准备好了！"

两部"大奔"轿车像是去旅游的样子，上午八点三十分出发，随身的大小皮箱包有四五件，由保姆、厨娘搬上车。王副处长对张君秋说："请您和夫人在后面吧，我坐前面不会被人认出来。"吴励篑搂着学浩坐后面，张君秋坐在左后位置。与大陆相反，香港司机座位在右边。老太太则与金世禾、崔满堂、周妈，抱着学华坐着另一部车。两位司机是白皮肤金发碧眼的外国人，是香港亲大陆公司老板雇用的可靠人士。金世禾查看车子后背箱锁好后，给他们一个手势，OK，出发，直奔机场。何顺信夫妇则由另一部车接，机场见。

香港人是"夜猫子"生活方式，上午八点三十时，当地人出门做事的很少，所以就打了个时间差。等那些记者或其他各种身份的人赶到张宅，张君秋一行早已踪影皆无。

终于回来了

一路上，张君秋怀着激动的心情向四处张望，真的是要回家了！他很想说些客气话，可是兴奋得又不知如何表达。

吴励箴先前发愁，这一路上可怎么熬呀，老的老小的小，又怕被人认出来，紧张得不行，怀孕反应腿是肿胀的，总有迷迷糊糊的感觉。君秋怕她辛苦，曾经劝她："你生了这孩子后再回去吧，马太太不是带着儿子还留在香港吗？"吴励箴说："马先生社会经验丰富，可他也是带着四五位亲友和办事人员一同回去的。有些事是别人帮不了你的，过关出关的各种文件表格，都要填写清楚，况且除了中文还要写英文，金世禾也不懂，我不跟着会很麻烦。"君秋说："对、对，必须一块回去，缺了你可不行。戏词儿我看两遍全能记住，可是你要我说哪年哪月，去过那里办理过什么事，我常常就记不起来，哈哈哈！"吴励箴笑道："你呀，满脑子装的都是戏，就是个戏痴！"

在罗湖顺利通过海关后，张君秋一家来到大陆的入境大厅，同样把证件核对一遍。安检人员身穿黄色军装，严肃而可亲。王副处长对众人说："不要忙，大家拿好随身的行李，出海关后，战士们会来帮你们搬运。请你们出一个人跟着押车。"崔满堂说："我去吧。"

张君秋问娘："您感觉怎么样？"老太太缓了口气说道："回家了，感觉很轻松。"君秋看着夫人拖着沉重的身子，说："励箴，这一路上让你受罪啦。"吴励箴说："没问题。我还不到三十岁，这点承受力还是有的。"周妈给学华换过尿布，喂了一瓶牛奶，学浩、学华蹦呀跳地撒欢。10月底，这里的气候不冷不热，非常舒服，北京则要凉许多，该穿夹服、毛衣了。

王副处对张君秋说："您偕夫人和老夫人走在前，外面有边防军领导赵团长和同志们前来迎接。您们旅途劳顿，稍微休整一

1952 年，马连良、张君秋一行回到北京。

下好吗？"周妈抱着学华对励箴说："孩子睡着了，我抱她先上车吧。"何顺信的二夫人孙若兰说："我也先上车吧。"吴励箴说："好的。"

王同志引路，张君秋搀着母亲，吴励箴拉着学浩，何顺信手拎着大号的胡琴箱子，精神抖擞一同走出大厅，像出台亮相一样光彩照人。张君秋一行人马回来啦！大厅外面锣鼓喧天，欢声齐动，边防战士们举着上写"热烈欢迎张君秋同志归来"的横幅，高声齐喊："欢迎，欢迎，热烈欢迎！"中南区文化部部长、边防团团长快步上前敬礼、握手说："欢迎你们全家回来！"热烈的气氛超出张家人的想象。领导、干部们笑容满面，战士个个军容整齐，笔挺的腰杆，红红的脸庞，目光炯炯，朝气蓬勃。张君秋心里为之一振，这些生龙活虎的年轻人就是中国共产党领导下解放全中国的战士，看着他们，心里热乎乎的，感到无比亲切。

张君秋在团长和王处长的带领下，走到临时搭建的台上。团长热情洋溢地致欢迎词，掌声不断，随后请张君秋讲话，张君秋激动得停了半晌，眼睛红红的，在大家的掌声鼓励下说道："我们全家人在领导周密的安排下，顺利地回到祖国大陆，受到这么热烈的欢迎，心情无比激动。今后一定好好工作，报效国家！"掌声经久不息，不知是谁高喊一声："请张君秋同志给我们唱一段好不好？""唱一段，大家鼓掌！"张君秋觉得确实应该为这些可爱的战士唱一段，自己不善于讲话发言，这唱可是自己的专长："唱什么呢？《凤还巢》吧，意思是我们一家回来啦！"这解释十分贴切，赢得战士们又一片掌声。何顺信定弦，过门之后唱将起来……在场的人鸦雀无声，都被这天籁之音所感染。

欢迎会结束，大家前呼后拥地把张家人送进哨所休息，吃过饭立即乘火车到广州，日程安排很紧。这真诚朴实的欢迎会让张君秋感慨万千，艺人在旧社会各行业中地位很低，张君秋心中一直愤愤不平，如今政府这样重视、关怀自己一家，怎不叫人感动！边防战士们迎接的热烈景象一整天都在张君秋一家人脑海中回放。

广州大酒店到了，广州市长、副市长出面迎接张君秋一家归来，双方紧紧握手，领导说："君秋先生一路上辛苦了，非常高兴在广州接待您一家人。房间已经安排好了，办过手续赶紧歇息歇息。"张君秋连声说："不累，不累！看到亲人们这么热情，非常激动，谢谢您们周密的安排。"

一家老小和随同回来的人员，在广州市政府工作人员的协助下，很快进入各自的房间休息。副市长送张君秋到房间，说："今晚有一个小小的欢迎宴会，咱们下午五点再见。"张君秋说："已经很感动了，还这么隆重。"副市长说："您们是周恩来总理亲点接回大陆的艺术家。"又说："马连良先生也住在这间酒店。"张君秋说："太好啦！"送走领导，他不顾劳累，就叫着吴励箴一同去马先生房间。巧啦，马先生正出门，见义子夫妇前来忙问："还顺利吧，快进来！"爷俩一见面交谈，张君秋的怨气全消了。

在广州大酒店内，迎接马连良、张君秋归来的晚宴六点开始，张君秋夫妇五点半就到了，马先生也提早到来。在座的有红线女、马师增等粤剧名家，京剧界有叶盛兰、高盛麟、张金梁和武汉京剧团演员等。老朋友相见自然是感到分外亲，有说不完的话，大家都对马连良、张君秋归来表示高兴和欢迎，马张二人大聊此番回大陆的惊险历程。

　　六时整，叶剑英市长和中南局领导进入会场，王副处给艺术家们介绍领导与各位在座的艺术家互相认识。叶市长讲："很高兴广东省出面把你们接回家。今天的大会非常有意义，欢迎二位艺术家参加新中国的文化艺术建设工作。观众都盼着看你们精彩的演出呢。"马张二人都讲了回到祖国和受到亲人欢迎的感触，表示一定要努力工作，好好演戏报效国家，服务大众。会上中南区领导表示，有意挽留马连良、张君秋一段时间，为中南地区的老百姓演出，他说道："工农大众欢迎你们，都盼望着看到你们演出。我们想请马、张二位先生在大中南地区组织个剧团，边唱边往北走回北京。这也是中央的意思。"马连良、张君秋一致赞同，大家频频举杯预祝"南北行"计划胜利完成。

　　第二天，在饭店大会议室召开工作会议。中南区和广东省市领导表示："目前正在举行新中国诞生的各项庆祝活动，您们二位艺术家从香港回来，我们这里是第一站，准备首演在广州，中南区、广东省全面支持。马先生、张先生经验丰富，在广州、武汉行内外颇有号召力，我们请武汉京剧团相关艺术家今天也到场，希望二位与他们合作演出。"张君秋低声问马连良："咱们和他们组班呀？"马连良道："是的，中南地区跟咱们商量打算这样安排。"

　　工作会开得很好，马连良、张君秋、马崇仁、何顺信、金世禾等和武汉京剧团同行相处非常融洽。马张二人听从政府的安排，先不回北京。

　　回到房间后，张君秋、吴励箴、张秀琴三人对宴会上传达的中央领导安排觉得有道理，从广州一路唱着演着回北京，这计划好，成立个团更有保证。正说着，来人通知："请于明天上午九点，在会议室商谈组团问题。"

联谊京剧团

中南区负责人、马连良、张君秋、武汉京剧团相关人士等坐定后，马连良说道："领导决定我和君秋跟武汉京剧团组团，十分理想，咱们多年合作是有一定基础的。"张君秋二话没说，表示无条件参与演出。中南区负责人说："叫联谊京剧团好，有您二位领衔演出。观众不挤破头才怪。"又说："这次组团是您们自带资金，是一种民营公助体制。国家文化局派一名协理员帮助协调，他的作用是传达贯彻中央的指示精神。"

会上作了具体细致的工作安排，马连良、张君秋报了戏码，有对儿戏、自己的本工戏、合作剧目等十几出，演个仨月都不成问题。领导说："到底是专家，有想法，有办法。"

马、张回到大陆没过五天，就在广州先开锣唱戏了。这班底很过硬，叶盛兰、高维廉、高盛麟、张金梁等都是响当当的名角儿。中南联谊京剧团场场满座。马连良、张君秋回到祖国演出心情舒畅，剧场效果火爆，秩序良好，盛况空前。

北京这边盼哪盼，12月啦，怎么还没见回来呀？吴励箴给树龄大嫂写信，把马、张在南方联合武汉京剧团成立联谊京剧团后演出的情况，和边演边往北走回北京的计划一一说明，望家人耐心等待，并请大家放心，张君秋、张秀琴和两个孩子一切安好，勿念。

张君秋、马连良多少年前曾到过广州，不同的是当下三十而立的张君秋已然是一个颇为成熟的角儿，风靡一片，走到哪儿都被戏迷和媒体簇拥着。张君秋十七岁就搭班马连良的扶风社，如今和马并肩组团，来之不易呀！回到大陆，可真是走到哪儿，哪儿红火。在演出期间中南区方面安排了去工厂、部队参观慰问，剧团受到热烈欢迎，张君秋处处感受到国家的新气象，大受鼓舞。几个月的时间，从南到北历经几个省市，把艺术送到群众中，影响非常好。张君秋在演出中，又结识了很多行内外的老师和戏迷

张君秋在《回荆州》中饰孙尚香。（1952）

朋友，感慨地和吴励箴说："戏还是应该回来唱，这儿是家，是我艺术发展的最好土壤。"

张宅 1948—1952

自从 1948 年底，张君秋和励箴、张秀琴等一行人赴港，历时三年多。北平张宅中，张君秋的大夫人，张君杰、王树龄夫妇，叔爹王运家、张铁安二口子、何顺信太太及孩子、君秋舅妈、君秋表姐和姐夫，还有十几个孩子，全家人都在祥和的氛围中井然有序地生活、工作、学习着。

大清早，家里常常听到朗朗读书声，十来岁的孩子开始在家练功、撕腿、打小五套、学戏，又多了咦咦啊啊的喊嗓子声。院子里、大门口都成了练功场地，连做游戏都是在大门口比赛拿大顶，看谁耗的时间长，互不服输，大汗珠子啪啪地掉在地上也坚持着，开心极了。直等到大人叫吃饭，才拍拍手上的土，擦擦汗进家门。君秋、君杰的几个孩子都长大了，老大、老二、老三、老四、老五全上学了，老六学清、老八学治（老七学浩在香港）没到上小学年龄，个个活泼健康。

大喜妈赵玉蓉得知香港汇款在路上还没有到家，孩子们马上要交各种费用，很焦急，拿出两件首饰卖了应急。张君杰在学校管教务、值夜班挣点小钱，张铁安找一部拉货的三轮车，蹬着到郊区的农家买菜。张家上下共同努力开源节流。

张宅大院内君杰一家、铁安一家、铁安妹妹一家得知张秀琴、张君秋、吴励箴要带着孩子回来了，亲人们就要回家了，都很兴奋。

大喜妈怕乱，就到棉花四条居住，图个安静。学玲常到棉花四条和玉蓉娘、学治八弟一起吃饭，一起去看电影。

后街第三套院正房五间房屋收拾得好好的，这段时间，就等赴港归来的亲人们啦！

马连良、张君秋带领联谊京剧团从南到北一路唱着，直到结束了在天津的演出。大家都归心似箭，盼着回家进北京。这一天终于到来啦！天津市政府领导、天津各京剧团工作人员热烈欢送，派人帮忙打包、托运、装车。一大早，张君秋全家登上驶向北京的列车，欢送的人群依依不舍。

到北京啦

列车下午四点三十分进站。"到北京啦！"火车站锣鼓喧天，彭真市长及文化局的领导接站，市领导热情地握住张君秋的手，说道："终于回来了！你们一路演出的盛况早就传到北京了。"几年没有见面的北京同行、好友约有上百人前来迎接。大家亲切交谈，互相问候，"可把你们给盼回来啦！"张君秋、吴励箴、张秀琴一行人止不住热泪盈眶。

张君杰带人进车厢去拿行李，王树龄和婆婆、吴励箴拥抱在一起，眼含泪水说："三年半，走这么长时间，是不是不想回来呀？想死你们了！"大家走出火车站，上车直奔后街。

五辆车从前门火车站开来，一进胡同口，热闹了，很多人追着往车里张望："哇！如此大队人马，这是打哪儿回来呀？跟过年过节、娶媳妇似的！"人们兴奋不已。

亲人们回来了！人们赶忙前去搀扶老太太下车，跟张君秋打招呼，吴励箴拉着学浩，王树龄领着学华，周妈拿行李，大家陆续下车。门口站满了街坊邻居，张君秋、张秀琴满脸笑容与众人寒暄。回家的人各自把箱包放进房间，洗洗手、擦把脸，换了衣服就到中院，围着大圆桌摇扇坐下。大喜妈最近一年多精神不好，就没有过后街来迎接。

已经快下午六点了，6月中旬的北京天气十分炎热，可平房大院子天棚下挺凉快。大件行李搬后院库房，由王运家、张君杰指挥。看见叔爹王运家和嫂子王树龄戴着红袖标，君秋颇感新奇地问："这是怎么回事？"树龄说："解放啦，新中国建立，家里有能力为社会服务的人都走出来。我是胡同卫生委员，叔爹参加了治安巡逻小分队。"君秋特别开心地说："噢，好，能给国家做事，好哇！"正说着话，就听"嗵、嗵、嗵！"跑步进门的声音，张秀琴的六个孙儿、五个孙女，五到十岁年龄不等，长得浓眉大眼，各个生龙活虎，蹿进院来高声叫着："奶奶、爸爸、励箴娘！"看见小七学浩，他们就跑到一起去了。张秀琴、张君秋和吴励箴看得目瞪口呆，小家伙们变化好大，几乎都认不出了！张君秋紧紧搂过儿女，骨肉亲情、幸福欢乐充满后街宅院。

张君秋把从香港带回的金世禾、周妈、崔满堂介绍给大家后，叫满堂："快点儿把装礼物的箱子搬来，给大家分。"吴励箴补充说："这次回来是秘密离港，不能带很多礼品，这些就意思意思吧。"张君杰接过钥匙准备开箱，孩子们瞪大发光的双眼，看他们迫切想要礼品可爱的样子，吴励箴笑着说："第5号箱子是孩子们的，先分给他们吧。"嘱咐孩子们："一定要好好学习，长本事。"君杰打开5号箱，"哇！"见箱内装满一个个包装精美的盒子，孩子们抢着问："这里边是什么呀？"励箴娘说："都是你们没有见过的巧克力和奶油饼干，你们一定会喜欢的。""巧克力是什么？"孩子们问，励箴解释："巧克力是一种很好吃的糖果，这是你们奶奶和我一起去香港大商店专门挑选的，那边的孩子最爱吃的。奶奶算好了你们有几个人，破费了，这是很贵的呀！给每位两个盒子，人人有份儿。"孩子们伸手急着要，君杰说："排队！"大人们高兴地看着每个宝贝抱着两个外国包装的大铁盒，美滋滋地互相看盒上的图画。孩子们第一次吃上巧克力糖和外国饼干，乐得合不拢嘴，也不说话了。

张秀琴拿出一把钥匙，叫君杰打开另一个箱子，取出一对金镯子和一条几十克重的金项链，上挂写有"长命百岁"项坠牌，

张君秋在《南山化蝶》中饰祝英台。（1953）

说："这是给大喜妈妈的，交给王运家叔爹拿着。"秀琴娘又说："这对金镯子给树龄。"二人笑着谢过。君秋舅妈和表妹一人一枚金戒指。张君杰接过一套精致的手工缝制西装，笑着说："我早就想有一套好西装了。"君秋给铁安带回的礼物是一块劳力士手表，给叔爹一块名贵的怀表，感谢他们精心料理家中事务。两位保姆也各得到了小金戒指一枚。礼物不算贵重，但情真意切，张宅大门内个个高兴，喜地欢天。

张君秋见大家满面红光，都建建康康的，心里踏实了。正在热闹间，就听铁安嚷嚷："洗手，吃饭喽！"君秋问："今儿吃什么呀？""滚蛋饺子、接风面，是你最爱吃的老北京炸酱面。"惹得全家人开怀大笑。端上的凉菜有酱肉、花生米、黄瓜条、白斩鸡、肉丁炸酱，孩子们拿板凳围着小桌子整齐坐着，君秋把双胞胎老大、老二叫到大圆桌的椅子上坐下。大人们边吃边说笑，小儿孙们边吃边闹，学浩、学华虽然是从外面归来的，一点不认生，也抢着吃起来。铁安端来面条，张君秋乐得直说："我在香港还常常跟娘说，真想吃你做的大肉丁炸酱，手工拉面，忒香了！"说着大口吃起来，"再来一碗！"当他看到学玲用左手拿筷子吃面，也不先说一声，用手里的筷子朝学玲左手敲了几下："换过去！用那只右手吃饭。""啊！"小妞儿吓一跳，马上说："我改！"大家又是一阵笑。吃过饭，他嘱咐大家都早点儿歇息。

吴励簏没有出来和大家围在桌前吃饭，因为即将临产，随时有可能到医院去，她第五个孩子就要出生了。

君秋说："娘也累了，快点儿歇吧！好不好？"张宅大院里兄弟姐妹没玩够，不愿散，奶奶发话："明儿再玩吧，天黑了，我们都累了，也该歇歇了。"几个大孩子说："好，明天六点前起来练功，一大早儿师父来。"君秋听了十分高兴，微笑着点头说："嗯，好好的，早早睡。"不多时各个房间里的灯熄了，孩子们有的抱着饼干盒睡，有的把巧克力盒放在枕边睡，大人无论如何也拿不过来。

张君杰对弟弟讲了很多他去香港后，北京发生的时局变化。国民党败北逃跑，工厂关门，旧钱币废除，兵荒马乱中戏班也山崩地裂。"你走前富连成、荣春社倒闭。你走后中华戏校也无力维持而解散，很多人都不知道干什么去了。学员们饿得受不了，跑回家去。班主们费尽心血，赔尽家财，结果也没有救活！"君秋听罢心中很是难过。

张君杰说："三年时间好漫长啊！咱们一家人天南地北的，通信又不顺畅，再加上战乱，实在心中不安呐。好在君秋你留家的六个儿女，在大家细心照料下，成长得很好，咱家也没有发生什么变故。"君秋说道："哥哥、嫂子，我在这儿给你们深鞠一躬，感谢您们这几年把咱们家照料管理得这么好！"君杰接着说："铁安做饭、买菜能省就省。玉蓉大嫂常带孩子们去看看电影。都尽心了。得知你们快回来了，大家忙着打扫卫生，擦玻璃，晒被褥，迎接你们。"哥俩一直聊到深夜。

第二天早上九点来钟，一家人又坐在圆桌边聊天，好像有说不完的话。张秀琴看到孙儿女们健康活泼开朗的样子，激动得落泪。五十五岁的张秀琴给在家的亲人们道辛苦说："照看这么一大家子，不容易！知道你们实诚，我放心。可是真想你们呐，要不是战乱，拍完电影早就回来了。"君秋说："我们想家着呢！这次回来看到孩子变化最大，长高啦，开始学本事了。"奶奶说："老话说，有苗不愁长呀！"叔爹对君秋说："老大老二功课好着呢，你真有造化，孩子们各个要强有出息。"张君秋心满意足，但也知道自己的担子不轻，俗话说"半大小子吃死老子"，养活这么一大家子，绝不敢松劲，不敢掉以轻心。张君秋陷入沉思。

回归后的北京首演

北上期间，马、张二人率联谊京剧团去山东青岛将近一个月，完成以前欠下的演出场次。听说梅兰芳先生也要到青岛演出，张君秋就让吴励箴代笔给梅老师写了一封信："青岛早晚凉，学生在青岛敬候您的到来。学生这次青岛演出成绩尚佳，永安剧场演出期场场满，原拟返京，兹因东镇工农界再三要求，故现转至光

张君秋在《女起解》中饰苏三。（1954）

陆戏院再演出半月。剧场简陋些，然观众均系劳动人民，对戏曲兴趣浓厚，精神上颇觉愉快……永安戏院为迎接先生来青岛，故将该院粉饰一新，添置灯光，较前胜过多多。先生何时来青，尚请早赐行期，以俾迎迓。生张君秋，敬请保重。"张君秋从香港回大陆，于北上途中给尚小云、梅兰芳写信问候，汇报演出和新的剧团与过去不同的情景，总之联系不断。吴励篯的笔杆子很好使，这当然是君秋的福分。

联谊南北行演出中，张君秋深深感到台下的观众和剧场秩序起了变化。记得1948年去香港拍电影之前，演出中常有"老子抗战八年"的国民党伤兵到戏园子来捣乱，不好好听戏，砸场子。那剧场经理还不能急，得哄着他们，怕事情闹大这戏就没办法唱下去了。

回到北京后，市政府文化局在新建的前门饭店举办宴会，欢迎马连良、张君秋归来，庆祝联谊京剧团胜利完成南北行。大厅内热情洋溢，剧团全体演职人员出席。会前大家畅谈，感慨新社会给予艺人们的关怀爱护，难忘南北两地艺术家密切合作的情谊。上午九点半大会开始，市政府文化局领导讲："新中国成立三年了，百废待兴，热烈欢迎马连良先生、张君秋先生率联谊团回到北京，参加文艺工作的建设！"会场响起一片掌声，领导接着说："我们听说，一路上您们到过很多工厂、部队参观和为他们演出，受到欢迎。新社会为您们的舞台艺术开辟了更加广阔的天地，大有作为！"

不善于发言的张君秋说道："感谢政府，感谢领导！从深圳到北京，真是大开眼界。看到国家大变化、工人劳动热火朝天、部队战士威武雄壮，感到我们国家朝气蓬勃，一片兴旺，会越来越好！"张君秋又接着说："周总理点名接马连良先生和我回北京，细致安排南北行演出计划，无微不至。我们没有辜负中央领导的期望，完成任务回来啦！一路上听省、市文化部门的领导讲，要用京剧为工农兵服务，我们非常拥护。这几个月演出，感到观众的成分变了，大多数是平民百姓走进了剧场，票价也大不一样了。京剧太深入人心，工农兵观众非常热情，为他们服务是我们的职责。"他的发言多次赢得热烈掌声。

大家踊跃发言，会议开了几个小时。会后的宴席中，大家频频举杯，祝愿国家繁荣昌盛，京剧走向新生。

马连良、张君秋以"中南联谊京剧团"的名义，在长安大戏院推出回归后的两场首演，剧目是经久不衰的《女起解·玉堂春》和对儿戏《苏武牧羊》。戏迷们几年时间没有看到张君秋、马连良的演出，听说他们从香港回来了，兴奋得奔走相告，盼着尽快能看到二位的演出。剧院戏码刚刚贴出来，售票处就连夜排起长龙，不到半天工夫两场票全部售光。满怀对国家巨变的欣喜和一颗思念父老乡亲的游子之心，张君秋在舞台上发挥得淋漓尽致，戏迷们大饱耳福眼福。

回到北京，吴励箴除专心照顾丈夫的起居、安排他的工作日程等，还要时常陪着张君秋出席各种会议和应酬，子女的事便忙不过来。学浩不能跟着戏班四处跑，家中众多孩子都已安排妥当，分工负责。不能再给谁添加一位了。张君秋的干爹朱孟武先生是退下来的公务员，常帮君秋跑杂志社、报社传送往来稿件等事宜。吴励箴便跟君秋商量，想请朱先生给学浩补习文化，君秋认为吴励箴说的有道理，于是把朱先生请来，了解一下他家的境况。朱先生就住在西城，是独门独院，人口不多，家中没有很小的孩子，他本人也喜欢小学浩，很乐意帮忙。就这样，小七学浩从香港回来不久，就住到朱爷爷家，受老人家的辅导，读诗文、临字帖，直到考入中国戏曲学校，所以学浩文化底子比其他兄妹好很多。生活环境不同，小哥们风度学养也就不同了。

周总理邀请参加座谈会

1952 年 10 月，署名周恩来总理、北京市市长彭真等的请柬由协理员交给张君秋。协理员说："马连良、谭富英、裘盛戎等几位表演艺术家也已同时接到邀请。"张君秋万分激动，对励箴说："国家总理邀请参加座谈会，不敢想象呀，艺人的地位确实提高了。励箴呐，明天穿什么好？"吴励箴说："就穿西装吧。"她又想起来："啊，上个月订做的中山装！穿中山装最好。"君秋高兴地说道："太好了，就穿中山装吧，我看报纸领导们都穿中山装。"励箴接着说："过两天我去买料子，咱们请师傅来，再做几身。"收拾停当，三十岁出头的张君秋更显得风度翩翩，英姿勃勃。

中南海，下午五点半，马连良、谭富英、张君秋、裘盛戎几位都到场了，纷纷交流被邀请的兴奋心情。七时整，周恩来总理、彭真市长等领导人出现在小宴会厅，大家立刻起立鼓掌，记者端起相机"咔嚓、咔嚓！"拍照。彭市长分别向总理介绍几位艺术家，周总理紧紧握着马连良和张君秋的手说："欢迎，欢迎你们回家了。"君秋激动地对周总理说："我回来晚了。"总理笑道："革命不分先后，回来就好。"并说："政府对马先生和张先生二位的安排已经有意向了，到时彭市长会请你们开会，具体落实。"彭市长插话："二位回来的消息一经见报，北京乃至全国的京剧观众多次给政府来信，希望能看到你们的演出。听说你们南北行一路非常受欢迎，很好嘛！你们是有群观众基础的。"张君秋说："因为有了你们精心的策划，我们才能顺利回来，走到哪里都受到热烈的欢迎。今后一切听国家安排，随叫随到，我会加倍努力为国家和广大观众服务。"文化局局长张梦庚还特意对张君秋说："你要起带头作用，你最年轻。"

会见在亲切轻松的气氛中进行，总理和市领导的讲话使张君秋明确了今后的方向。"政府派来的协理员不摆架子，团里大小事务都由他来管理，非常棒，解决了很多剧团内人与人之间和剧团与地方上的矛盾，让我们能专心演戏。"张君秋讲的一番话，也是在场名家们想说的。总理集中精神听着，大家吃着，聊着，马、谭、张、裘还各自清唱了一段。总理说："菜饭简单，大家随便，一定要吃饱吃好。这是北京人爱吃的红烧肉，也是毛主席最爱吃的。"总理还特意给马连良等回民安排上了一大盘葱爆羊肉，一大盘红焖牛肉，大家感谢周总理和彭市长想得周到，吃得开心极了。简朴的晚宴，滋味却不一般。

回到家中，见张秀琴、吴励箴在等门，谁都没有睡意，张君秋还在兴奋的状态中，把周总理设的宴会生动地描述了一番。张家人听得入神，如身临其境。这次周总理亲自接见，使得大家信心倍增，决心全力投入到新中国的文艺建设工作中。

北京市京剧三团

文化局召集开会，落实市政府关于成立北京市京剧三团的决定。该团是集体所有制性质，任命张君秋为团长，团址设在中和戏院。会上还宣布由中国共产党党员佟志贤担任三团政治协理员。张君秋、刘雪涛对佟协理员表示热烈欢迎，大家相互握手，祝贺北京市京剧三团的诞生。

张君秋领衔主演，放弃每场演出挣二百六十元包银的个人利益，同所有演职员一样，"先保证交国家的份额，再评分辟账"。三团六十余人，主要演员有陈少霖、刘雪涛、李四广、朱金琴、耿世华等，这样的合作安排，张君秋是经过深思熟虑的，是按照自己戏路选择的合作者。难得大家心气儿一致，所以，三团不论演出还是创编新戏，十分顺畅，人人心情愉快。

张君秋从香港归来感触很深，新旧社会是两重天，当官的不是高高在上，欺压平民，而是关怀爱护老百姓。文化局派来的协

张君秋（前排左三）在南京与北京市京剧三团乐队人员何顺信（前排右一）、金瑞霖（前排右四）、张似云（前排左一）等合影。

张君秋和夫人吴励箴率北京市京剧三团走遍大江南北。

理员，传达贯彻政府关于建设新中国戏曲艺术的精神，引导演职
人员为国家文化事业发展作贡献，为工农兵服务。在工厂、农村
和部队，剧团演出结束后，佟志贤和大家一起卸台、装车。团里
大小事，由协理员协调处理，他吃苦在先，享受在后。张君秋看
在眼里，心中佩服。

张君秋在工厂体验生活。

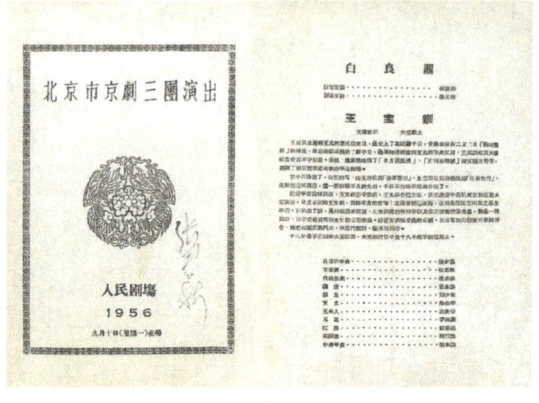

1956 年 9 月 10 日，北京市京剧三团在人民剧场演出《王宝钏》，这是张君秋亲笔签名的节目单。

一次在会上，协理员向大家提问："我们大家有没有想过，树立主人翁思想？"什么是主人翁思想？大家不知道怎么回答。协理员当即请一位老先生说说，老先生言道："主人翁思想我保证没有，我们是唱戏的，不该有多余的想法。过去，搭班唱戏挣份儿钱，就是为养家糊口，跑越多班社越好。"老演员这么说真叫人笑破肚皮了，协理员知道他完全没明白新社会人人应该当家做主的道理。张君秋也觉得，是该换换旧思想、老脑筋了。

北京市京剧三团严格执行文化局决策，张君秋率团深入工农兵，演出红火，在城市、工厂、农村、部队，他们受到热烈欢迎。逢年过节旺季，一个月演出有四十来场，马不停蹄，全国罕见。那几年北京大小京剧团体约二十几个，竞争相当激烈，三团一直保持良好的业绩，演职人员精神面貌焕然一新。

回归后张宅的幸福生活

在一次赈灾义演中，马连良和张君秋有一场戏是《三娘教子》。演出前张君秋得知，大儿子学津已经学会了"倚哥"（三娘的养子）的戏，在家中亲自操琴让他唱了几遍，感觉有门儿，就推荐给马先生让儿子演倚哥。排练时马、张二位都觉得挺满意，当下拍板。演出《三娘教子》那天，张秀琴老太太、赵玉蓉夫人、吴励箴夫人、叔爹王运家带着一大堆孩子去看戏。演出非常轰动，张君秋三十多岁，马先生五十多岁，都是艺术上达到炉火纯青的时期，扮演倚哥的小演员聪明伶俐惹人怜爱。这场戏看着享受，听着过瘾。大儿子初登舞台就露了脸，张君秋觉得自己的子女们是学戏的材料，况且新社会艺人地位大大提高了，便让够年龄的考戏校，不够的在小学校念书，课余时间请团里有经验的老师傅来给孩子练基本功，打把子、跑圆场、踢腿、下腰……后街张宅一派勤学苦练、积极向上的景象。

张君秋、吴励箴夫妇（50年代）

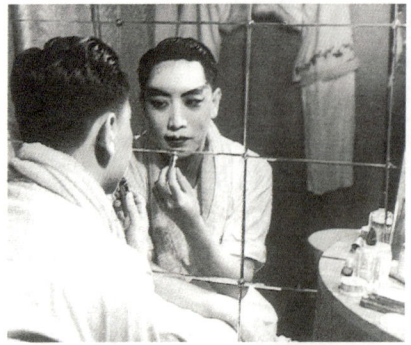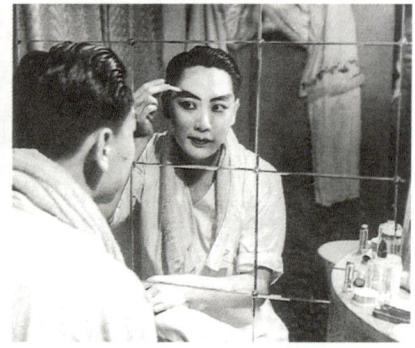

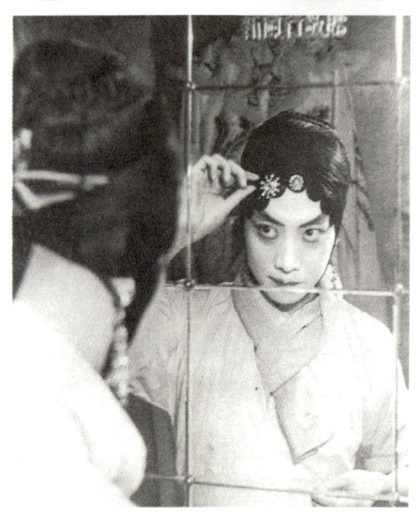

化妆、遛嗓。

　　三团的戏箱从后街第三套院，搬至前院南房三间内，还留一间门房作传达用。这样安排，有演出摘包时，也影响不到团长休息。那两年演出量大，因为要赶早送火车站托运，大马车、排子车有时深夜来，这种忙碌的景象在市属剧团是少见的。张君秋正是大干的年龄，全体演职员工也跟着他团结一心，为观众服务。三团获得北京市优秀民营剧团的称号，张君秋当选北京市人民代表，全国文艺工作者联合会委员。

　　吴励箴买了很多书给孩子们读，让没上戏校的小孩子课余时间描红模子。张君秋在上海时师从时慧宝学习过水墨花鸟画，在香港又经过张大千先生指导，忙里偷闲练习书法和绘画，既是他的一大业余爱好，也是提高艺术修养的良方。为此，吴励箴便到琉璃厂去，买大量的笔墨纸砚、字帖、画谱。张君秋有闲空时，吴励箴就拉他一起逛琉璃厂，张君秋被很多老板、画家认出来，结交为友。画家许麟庐、娄师白都是张迷，常到后街张家画画、聊天、品茶。古董店老板穆先生也常到后街来串门，谈古论今。后街的文化气息日渐浓厚。

为了孩子健康成长、加强营养，吴励箴自掏腰包给他们订牛奶，她买来黄油、果酱，加上煎荷包蛋当作早点，简单又好吃。有在香港三年饮食习惯的变化，张秀琴也接受了西餐的吃法。吴励箴默默地为张宅的改变费心劳神。

吴励箴带来新气象

张君秋专心唱戏，张秀琴理财，把添置房产、买金条作为首选，过日子依然节俭。

兵马司后街六号张宅三套院房子很大，纵穿几条街巷，可是家里没有像样的家具摆设。自香港回京后，吴励箴觉得，如今张君秋功成名就，来张家的贵宾日渐增多，陈旧的家庭环境也应该有相应的改换。她就和夫君商量："你的事业在新社会有很大发展，可家里依然陈旧如故，很不相称。咱们的家也该重新装修整理整理啦，换些新的家居设备，你看好不好？你也去过马先生家、梅先生家，那宅门内多有文化底蕴，咱家太不像样子了！一定要有个新气象。"君秋道："你说的极是，你想置办什么，怎么装修，得跟咱娘商量，看能给多少钱，叫咱们花多少钱。有了钱才好策划、开工。你说是不是呀？"吴励箴说："你同意就行了。钱吗？我有哇！不用动娘手里的钱。"吴励箴说着拿出父亲给自己的存折说道："这折子里还有钱，足可以买家私装修一下这大宅子的。除了在香港买房用了一部分，还有余款，够用的。"君秋拿过存

折仔细地看了看问："到哪儿去取美元呢？"励箴说："我知道，去中国银行可以取出，兑换成人民币。"吴励箴改造张宅的计划是经过深思熟虑的，早就让金世禾去打听清楚北京的中国银行地址，"就在复兴门附近"。君秋说："太好了，娘这关就好过了。"

吴励箴动员全家配合行动，经过小一年时间的装修改造，后街张家大宅门焕然一新。约一丈宽的大门用红油漆刷得鲜亮，一块张宅堂号的木牌挂在大门框，上刻"思忍堂张"四个石绿色的大字。门前放两个小石狮子门墩，一左一右。门厅有四十平方米，方砖铺地，房顶上是重彩手绘云鹤吉祥图案的天花板。进门面迎墙是墨绿色的，与天花板的色调非常协调。第一道院南房五间带廊子，两个小耳院西边是厕所，东面是葡萄架。这五间房张秀琴使用。二道院两扇门油成绿色，一进中院有个影壁，墙边种有花草。前面摆放着雕有牡丹花富贵图案的瓦质大鱼缸，缸内栽种荷花，养着金鱼，每逢夏日散发清香，沁人心脾；几条金红色的鱼儿在水中欢快游弋，最是吸引孩子们观赏。三百平米的中院方方正正，东西厢房各三间，由舅奶奶和保姆带孩子住着。两个小耳院，西面藏煤，东面供奉小佛龛保佑全家平安。正北五间房有廊子，大夫人住西边两间。正中有一间是过厅，直通后院，两个大红漆圆柱子，直径有两尺多，上挂着讲究的木质框子对联，上联是"屋连湖水琴书润"，下联写"窗近华荫笔墨香"。

从过厅穿过去就是第三套院，正北房五间，西头两间是张君秋和吴励箴的卧室。在这次装修中，吴励箴充分显示出品位不一般。她从香港购置了法国进口皇家古典样式家具十件套：大衣柜、双人床、床头柜、五斗柜、镜台、方台桌、四把配套椅子，均系黄檀木、酸枝木、影子木打造，豪华气派，材质上乘，极具收藏价值。这是吴励箴在香港临回来之前就看好了的。

北屋一进门是大客厅和书房，书房添置的是小叶紫檀大书桌，上面摆着名贵的文房四宝和齐白石、徐悲鸿等大师的画册、画谱。两件紫檀条案，一个条案上放置樟木匣，内装古董真迹三希堂帖本，另一件条案下面摆放明五彩龙纹大瓷缸，置于红木架子上。东边是餐厅，花边雕角的方桌和同样纹饰的四把椅子是法国皇室式样。

那口大缸是琉璃厂古董店老板穆怀德先生推荐和卖给张君秋的。据穆老板讲，这口大缸是爱新觉罗氏家族中一位朋友的藏品，穆先生给收购了。因古董店需要一笔款项周转，他想到张君秋正装修房子，便来推荐："你的客厅就缺这口明五彩龙纹大缸镇堂！它大小合适，架子也讲究，我给你一个捡漏的价码，赶明儿送到你家里来，再送你一件清末五彩花卉落地大瓶。"两天后的上午，穆老板带俩人小心翼翼地把那口明五彩龙纹大瓷缸抬进客厅放下，打开包装把大瓷缸稳稳放在红木架子上。一会儿又抱进来一件清末五彩花卉落地大瓶。穆先生说道："您看，这口五彩大缸，连架子有六十公分高，就放在这紫檀条案下，正合适，谁也碰不着它。不单招财，还可以传代。"张君秋和吴励箴认真地听着。穆先生又说："这个晚清粉彩花卉大瓶表示平平安安的意思，您们就把它摆放在书桌旁边落地放着，里面放一些画轴、宣纸或者插花。"吴励箴说："不妥吧？家里孩子多，怕给踢倒摔碎了，扎着孩子不得了。"穆先生说："这个大瓶落地摆放非常稳当，没有危险。平时你们孩子们不会在书房里乱跑，你家有三个大院子，孩子们练功、跑呀、跳呀够可以的了，就放在书桌旁吧。"事后吴励箴到琉璃厂古书店买书查资料，学习了一下古瓷收藏，又听几位行家讲了讲，意识到收藏一些古瓷也是很重要的理财手段。

张君秋特别喜欢那紫檀木的大书桌、多宝格、条案、茶几和方墩凳子。这些紫檀家具都是清代古董，是在骡马市的古董家具店挑选置办的。多宝格里摆满了珍玩，青花瓷瓶、斗彩瓷罐、象牙老寿星、犀牛角雕花杯等。吴励箴见过市面，有文化修养，为张君秋带来另一种文明。张大千在香港特为张君秋画的《虞姬》水墨半身像挂在多宝格左上方，颇为醒目。吴励箴和君秋商量，再请一幅名画挂在客厅正面墙上就完美了。

年底，张君秋收到参加画家白石老人明年九十大寿庆典的邀请。但是三团明年赴外地演出日程已经定下，那个时候恰不在北京。正巧娄师白来电话问道："有空儿吗？我打算去后街看你，咱哥儿俩一起画画儿。"娄师白是齐白石大弟子，也是张君秋戏迷，二人空闲时常来常往，聊戏、作画。张君秋比娄师白小两岁，兄弟相称。张君秋说："大哥，快来吧！"娄师白住家不远，很快就到了，一进屋看客厅焕然一新说道："有些日子没来，你这客厅变化好大呀！"娄师白把客厅布局细致地看了看又说："你这迎面墙缺一幅名人字画。"张君秋夫妇同声道："大哥说的极是。"吴励箴心想娄大哥来得正好，便说："请您师父齐白石老先生一幅大作好不好？"张君秋也说："能请到白石先生的画作挂在这面墙上，是我有幸！"娄师白说话特别慢："好呀！我师父的画作可都是卖的呀，不赠送。您进我师父画室往墙上看，'笔单'在那儿贴着呢。他也很少画大画，大画儿那得要多少钱？谁买得起呀？"张君秋和吴励箴明白，对师白说："您看我这客厅已经装修的有点儿意思了，就差一幅名家的画作啦。"娄师白向君秋建议："你不是在学画花儿吗？什么菊花、梅花、老来红呀，干脆就定制一套四季花卉，那也是我师父的拿手作品。春夏秋冬四季花卉一共十二幅，装裱起来四轴，挂在这面墙上正好，你还可以照着临摹。"张君秋连连点头："大哥这个主意不错。咱们这就去白石先生家，您看行吗？"娄师白道："好，我先打个电话问问。"齐白石在家，有空。吴励箴忙去拿了娄师白一年前帮着买的最好的宫廷宣纸两刀（两百张），还有精致盒装毛笔一套，作为见面礼。张君秋对金世禾说："您打电话叫一部汽车。"娄师白带路，汽车奔向齐白石家去。

白石先生喜欢这位三十岁出头、英俊的京剧名伶，聊得甚欢。张君秋和吴励箴说："家里想请一幅您老的大作。"齐白石非常高兴，让大徒弟娄师白记下张君秋定制画作内容，墙面大小、朝向。师白把记录交给先生，齐老仔细认真地看过，盘算了一下，心里有数之后，让娄师白转达：画作按平尺计算付款。张君秋说："原是要花钱请的。"双方都笑了。

不到一个月的功夫，娄师白来电话说："我师父画作已完成，你们有空儿去取吧。"张君秋、吴励箴一看时间是十点半，说："咱们十一点在你师傅家里见。"励箴带着双方已经谈妥了的钱款，叫了部车，直奔齐家。娄师白已在齐家等候，白石老人在正堂坐着品茶呢，看张君秋夫妇来了，寒暄片刻，叫徒弟许麟庐拿出刚装裱好的四轴画作。张君秋和励箴仔细观赏起来，《四季花卉》十二幅，每幅 1.2 平尺 (45cm×45cm)，春、夏、秋、冬四季盛开的梅花、山茶、水仙、牡丹、藤萝、荷花、海棠、菊花等十二种，配有草虫、蜜蜂、蝴蝶。这作品系齐白石先生精心之作。张君秋、

业余爱好下棋、画画。

吴励箴看了十分感动惊呼："精品！我们一定好好收藏，挂在正堂。"张君秋十七岁在上海学画时，就偏爱临摹白石大师的经典作品，兰花、小鸡、虾等，此番得到真迹，如获至宝。吴励箴和师白先生把款子结清楚后，交给老人。收了画款，那么多钱一次付清，齐白石脸上露出笑容。吝啬的老小孩儿丝毫没有留张君秋夫妇吃午饭的意思……离开齐家，张君秋、吴励箴兴致勃勃地说："师白大哥、许麟庐大哥，走，回我们家吃饭、挂画去！"两位大哥说："不啦，我们今天还有课呢，咱们分两路走吧。"

回家进门后，张君秋指挥君杰、金世禾把四轴画作挂在客厅北墙。"靠东边点儿，右手再高点儿，好，好！"为什么没迎面挂呢？怕的是客厅大门开来开去有风，时间一长容易把画吹坏，真是爱护有加，视如珍宝。张君秋这北房五间约有五米多进深，带廊子，客厅有两道门，可使冬天保温，夏天强光不会直射。张君秋见画挂好了，大喊："我饿了，饿了！"铁安早就把饭备好，连声说："都什么钟点儿啦？早该饿了吧。"忙把饭菜摆在大圆餐桌上，张君秋、吴励箴面对白石老人的画坐下来，边吃边看，心里美滋滋的。

客厅迎门墙上挂的是红木玻璃框子，里面装裱一幅粤绣壁挂，绣的是旭日耀出海面冉冉升起，象征红火、兴旺。张君秋、吴励箴二人煞费苦心地布置了书房、客厅、卧室，还在洗手间装了大澡盆等卫生设备。餐厅摆放西式酒柜，一个有转盘的大圆桌，十把真皮靠背椅和苏联制造、单开门的大电冰箱，这在当时已是超前的。工人师傅在客厅顶部安装了一串一串晶莹闪光的水晶吊灯。第三套院五间房的布置融古今中外于一体，高贵而不奢华，且充满书香气息。张君秋做梦也没想到自己的家如此温馨。

为装修房子，购买家私、字画等，吴励箴去中国银行把爸爸给的美元取出，其中一半兑换成人民币。大装修、大置办在张家没有产生非议，因为张秀琴已对大家讲明了，这么大的工程全是吴励箴自己出的钱款，没动她"金库"里一分一厘。这位吴家大小姐给张宅带来了新气象、新面貌。

紧跟时代步伐

从香港回来近五年的时间，大小运动张君秋都赶上了。张君秋思想能跟上国家建设、时代前进的步伐，夫人吴励箴功不可没。她让王运家到邮局去订《人民日报》《北京日报》《北京晚报》和戏剧电影等方面的报章杂志，读给丈夫听。早晨起来后，吴励箴马上叫孩子到前院去拿报纸，她先看一遍，挑选重点后，把沏好香茶的小壶递给丈夫，便开始读报。张君秋边在书案前作画、临字帖，边听着太太念报纸，这成为他们日常生活中不可或缺的部分。夫妻二人认真学习、及时领会国家发展的动向，接受新的文艺方针，这使得张君秋在演艺生涯和社会活动中不感到生疏，应对自如。他深切体会到学习时事的重要。

张君秋的追星族常常是连夜排队买票，看演出好像是亲朋聚会，剧场内气氛热烈，舞台上下的喜怒哀乐水乳交融。剧终谢幕时，张君秋频频向观众鞠躬招手，人们拥到台前，掌声、叫好声接连不断，久久不愿散去。甚至还有些人在后台演员进出口处等着卸妆后的张君秋出来，风雨无阻。在张宅门口、路边，经常有戏迷手捧鲜花，等待一睹张君秋的真容。见此情景，金世禾忙出来对

戏迷们道谢："请大家还是到剧场看戏吧，张先生工作太辛苦了，希望大家谅解。都回去吧！"金世禾、张铁安一再劝说，大家才散去。各地粉丝寄来的信件更是不计其数。兵马司后街胡同里车水马龙，大多是来自全国各地剧团的同行和戏曲院校师生，相识的戏迷朋友更是常客。张君秋明白，观众是衣食父母，也是演员的良师，他们的意见和建议对自己艺术的改进提高非常重要。

自香港回京后，张君秋常去梅兰芳老师家请教、谈心。梅葆玖夫妇也到后街，与师兄切磋演唱技艺、听音乐，年轻人共同语言多，山南海北无所不聊。有一天晚饭过后，梅葆玖和他太太小林带着几位新潮朋友来家里玩，欣赏西洋舞曲，爵士乐、摇滚乐。小号、黑管、萨克斯、架子鼓一响，梅葆玖和朋友们情不自禁，欢快地跳起舞来。张君秋不会跳，就和几个孩子坐在一旁看着，因为从未接触过，这音响、节奏和京剧迥然不同，"恰、恰、恰恰恰！"舞者身体快速扭动，幅度特大，孩子们觉得新奇，时常忍不住哈哈大笑。当时学玲十岁，学华、学江才四五岁，听着看着，也不由兴奋地随音乐晃动起身子。保姆周妈过来叫孩子们睡觉，硬是拉不动，在母亲催促下，他们才一步一回头地离去。

琴师汪本贞的徒弟、张似云的徒弟、何顺信的徒弟经常约好，来张宅为孩子们伴唱练琴，从下午开唱到晚饭后九点多，唱的舒服，拉的过瘾。

张君秋一面积极为工农兵演出，一面投入戏曲改革工作。赴各地演出让他大开眼界，他看了很多地方戏，学习兄弟剧种的表演手法，还交了众多朋友，像常香玉、红线女、马师增、陈伯华、王文娟、小彩舞、花五宝等戏曲、曲艺界名流，画家齐白石、张大千、李苦禅、娄师白、许麟庐、周怀民、黄冑、孙菊生等，都是张君秋在艺术上交流借鉴的益友。

兵马司后街张宅一片红火热闹景象，张君秋的两位夫人和睦相处，从未发生过争执。刘干爹、朱干爹，天津的七叔，北京的倪大姨、二姨、三姨，张秀琴的干姐妹夏太太等常来常往。

两位太太生有七个儿子五个女儿，张秀琴子孙满堂，尽享天伦之乐。

张君秋和京剧三团在成长

张家收入、生活稳定，张君杰在宣外大吉巷购置了一个独门独院，何顺信也买房了，自立门户。各家都有六七个孩子，过着兴旺祥和的日子。张君秋没有后顾之忧，全身心投入到演出和创作中。

三团是民营公助性质，自负盈亏，所以这个剧团的成员必须全力以赴，齐心努力，不敢怠懈，否则会自生自灭。国家这政策好，不养懒人。而立之年的张君秋带领大家到祖国大江南北各省市去演出，名利双收。三团成为纳税大户，政府给予嘉奖。三团上下干劲十足，很多演员在那几年也都购置了房产。

张君秋带领三团到部队演出，享受首长待遇，有警卫员站岗。张君秋不习惯，搭档刘雪涛说："程砚秋先生也不习惯，可

张君秋

张君秋带领的北京市京剧三团有如一个团结奋进的大家庭。

这是部队的规矩，您是团长，就得配备警务员。"张君秋说："那就按规矩走。"刘雪涛还说了一个故事："程先生也到部队去演出，很多人知道他是四大名旦之一，都想看看本人的风采。有一天早上，程先生起床后，到外面遛遛，警卫跟在后边。围观的人越来越多，其中有一位卖西瓜的农民也想看看，他拿着切瓜的刀就过来了。哇！警卫猛地上前一步抓住瓜农，要带回营地审问。程先生连忙说：'他和我无冤无仇，不会伤我。是来看热闹的，是不是？'那人点点头，这才解围。"张君秋听了说："部队爱护咱们，少给人家添麻烦最好。"

刘雪涛是姜妙香先生的弟子，原在程砚秋先生处唱小生，后来在武汉演出期间，由于高维廉临时退出，姜妙香和他的大弟子闫庆林便把刘雪涛推荐介绍给张君秋。张君秋认为刘雪涛的个头、扮相都不错，年龄又相仿，俩人在台上给观众的感觉会相当好。从此刘雪涛就随着张君秋北上，并开启二人近半个世纪的合作演艺生涯。

张君秋参加了包头钢铁厂开业庆典的活动。这是一家超大型国家重工企业，演出那天有上万名观众，张君秋非常吃惊。上万名工人看戏，气氛热烈，掌声不断，秩序良好。张君秋他们感受到大众对京剧的喜爱，唱得十分投入，很有激情。演出结束后，工人代表上台表示感谢，张君秋说："大家喜欢看，我会常来的！"台下热烈鼓掌。他又说："千万别因为看戏耽误了生产。"工人代表说："难得看到您的演出，看完戏我们的干劲更足了！欢迎您常来。"张君秋第一次听说唱戏还能鼓干劲，促生产，自己受累也高兴。

送戏下乡、到农村演出也是三团的任务。张君秋八九岁时随母亲去过农村，那时的印象是比较荒凉、落后，而今则是一片繁荣景象。农村逢年过节、婚丧嫁娶，都有唱大戏的传统，过去多是些地方的小剧团。现在，全国闻名的张君秋也带北京大剧团来了，农民心里乐开了花，观众的热情不比部队、工厂差，他们的朴实豪爽深深打动了张君秋。

为工农兵服务的同时，张君秋自己也受到很大教育。有时在露天广场演出，无论酷暑严寒，张君秋和三团演职人员的情绪都

在山东收学生。

没有受影响，认真唱戏，始终如一。

而立之年的张君秋除了艺术更加精进，思想上也不断进步，从唱戏养家到为工农兵大众服务，体现了他人生观的重大变化，视野从小家扩展到国家。发生自然灾害，他举行义演，把票房收入全部捐给农业合作社。国家发行公债时，他把兵马司后街住宅的大门厅借给有关部门使用，门外面贴有大红标语"买国债支援国家建设"。那是一个星期六的上午，张君秋带头认购，全家支持。孩子们练功过后，看到很多人拿着现金排队，好不热闹。张君秋带领三团全体演职员，接连几周举办义务演出、捐献。他们的爱国行动得到北京市政府的表彰，一尊大银墩奖杯和多次获得的奖状、奖品一起，放在书房十分醒目。那是张宅的荣誉，对孩子们也是一种教育。

吴励箴不辞辛劳在夜校教书，颇受好评，被选为宣武区政协委员。走出家门融入社会，对昔日的上海大小姐、今天的张太太来说，是一个巨大的蜕变。

戏改与创新

演出市场繁荣，流派纷呈，京剧的发展呈现出一派蓬勃生机。

张君秋非常珍惜自己的剧团，经常上演的剧目《玉堂春》《大·探·二》《春秋配》《金山寺·断桥·雷峰塔》《四郎探母》《红鬃烈马》《银屏公主》等等，是三团生存的保证。但张君秋不满足现状，一心想要创作新的剧目，以适应观众随时代发展而提高的欣赏水平。同时，树立自己独特的艺术风格，也是张君秋终生追求的目标。

探索之路并不平坦，改编、找原创也没那么容易。张君秋带领三团，先从整理改进过去演出的剧目着手，按照推陈出新的原则，把这些陈旧的剧目唱出新的意境来。梅尚程荀大师们

张君秋在《金山寺》中饰白素贞，展现了武戏功力。（50年代）

張君秋

张君秋出演《四郎探母》，旗袍上的牡丹花为著名画家孙菊生所绘。（1956）

都是改革先锋，张君秋看在眼里，牢记在心，自己也试着陆续整理加工了一批传统剧目。张君秋不忘向前辈艺术家学习讨教，几年前他对王瑶卿师爷说："我想在新的演出剧目中添加一些表演手段，加动作，舞起来。"他也曾把这想法说给尚干爹，没有想到王、尚一致认为，无须画蛇添足。王师爷说："在台上扭很容易，只要在曲牌中、锣经里不出圈儿，想怎么扭怎么扭，耍剑、耍刀枪、耍绸子、耍水袖，耍去呗！科班里几年就学的是这一套。可要是唱好啊，难上加难，一个科班，几届的毕业生，有几位能靠唱得好出名的？《祭塔》《起解》《玉堂春》《大·探"二》《四郎探母》这些戏必须是靠唱功，靠嗓子好。你得天独厚的条件很少见。唱戏，唱戏，'唱'是第一要素。俗话说一响遮百丑，很多学唱大青衣这行当的，就是没嗓子，没唱功，不叫座儿红不起来！各大班社抢你，原因是你的唱功好，戏路又宽。你单挑《起解》《玉堂春》《祭塔》就够一卖了，十几年唱到到如今还是一贴就满，凭的就是你那唱功！更何况你个头、扮相、嗓子几方面都占全了。所以，你要发挥自己的优势，在唱上多下功夫。你唱的不要和前辈一模一样，死学谁都成不了气候。"张君秋频频点头，深知二位的教诲意义深刻，向各位大师学习必不可少，但更要有自己的风格特色。张君秋决心按个人的条件唱出自己的风格，对演出的剧目细致地加以改造。

他紧紧跟随时代潮流的变迁和观众审美情趣、欣赏水平的变化，放弃一些不适应时代风尚的剧目；对于经常上演的戏，则从情节、词句到唱腔着手改变。《女起解》这出戏唱了二三十年，没觉得有什么不妥，但是仔细一琢磨就发现，有的唱词与人物的身份感情不相符。苏三被逼为娼，情非所愿，在回忆往事时，唱"想当初在院中缠头似锦"，好像对妓院的生活还有留恋，张君秋觉得把"缠头似锦"改为"艰苦受尽"才有遭受压迫的感觉。"苏三离了洪洞县"这段流传百余年、脍炙人口的唱段，张君秋把"苏三离了"变成"低头离了"，两个字的改动，把苏三含冤受辱的情景充分表现了出来。他意识到，新时代各种文化娱乐活动异彩纷呈，出类拔萃要靠故事情节曲折和人物感情充沛。有一次，一个大学生戏迷（后来的女婿卢山）请张君秋在首都电影院看意大利最杰出的电影导演费里尼拍摄的影片《她在黑夜中》（《卡比利亚之夜》）。这是一出看似幽默的悲剧，令人笑中带泪。观后，张君秋感慨道："古今中外能打动人的只有一个字，'情'！"为了跟上社会工作生活节奏加快的变化，张君秋删减了许多慢板冗长的唱腔，并创编出清新俏丽的曲调。他经常讲："慢板不慢。""戏要拱着唱。"就是这个道理。

一系列的变革在演出实践中得到观众的认可。王瑶卿对经张君秋改编的唱法给以肯定，还说："我把你编的唱，都让到我这儿学戏的徒弟和同行们听，告诉他们，老戏还可以像君秋这样唱，既新鲜好听，又没出格儿。"经大师的首肯后，张君秋更加明确了努力方向，在唱功上狠下功夫，唱出感情，唱出自己的风格来。文史学者、戏曲评论家、北京大学教授吴小如先生就曾经写文章称赏张君秋在《四郎探母》中的身段表演，称他的台步有准谱，继承了陈德霖、王瑶卿老先生的精髓。文中提到："至于他的唱，就更要大书特书，天赋佳嗓就不用说了，他的唱有一个巨大特色，就是很有人物色彩，唱什么像什么。"报纸杂志评论："张君秋唱梅兰芳的《宇宙锋》、尚小云的《祭塔》、程砚秋的《贺后骂殿》都按自己的处理唱。张君秋戏路子宽，不打着流派的幌子，不冠名是哪个流派。"吴小如先生认为张君秋唱的是戏，博采众长、不拘一格地选择剧目，是张君秋可能自成一派的积淀。他预言："一个演员他不拘一格，要唱他想唱而能唱的戏，这个演员了不起，很可能是要产生一个新的流派！"

张君秋结束在外地的演出回来，正赶上文化部在北京举办全国地方戏曲新编剧目大汇演，全国各省市大小地方戏被挑选上的就进京演出。张君秋抓住这个极好的学习机会，只要没有演出，他就约亲密的搭档刘雪涛一起，观摩汇演剧目。家里人劝说："好容易休息一天，别出去了，跟孩子们一块儿玩玩。"张君秋认真地说："哪有空儿玩呀，戏送上门来了还不看？"就这样观看了许多优秀的地方戏，同时与红线女、马师曾、常香玉、徐玉兰、王文娟、陈伯华等诸位地方戏大家进行艺术交流。他们同样也观摩张君秋三团的演出，尤其喜欢张君秋迷人的演唱艺术，嗓音清脆、甜美、高亢，唱腔旋律华美流畅，扮相比女性还美。

当时戏曲界呈现一片百花齐放的景象。张家大院也更加热闹，宾客盈门，张君秋、吴励箴在家里迎来送往各省市的文艺界名流、新华社和报刊记者。

吴励箴经常受邀参加欧美同学会逢年过节的联欢活动，在那里遇见了上海圣约翰大学的学弟闻时清先生,他在外文出版社《中国文学》（英文版）工作，是梅派名家孟广亨的大女婿，与梅兰芳家过从甚密。他到后街来看望吴励箴，张君秋不在家，这学弟知道吴励箴的身世，看到她的处境便道："真没想到你嫁给张君秋，放下那么好的家，来接受这一切。在圣约翰时，有多少公子哥儿追求你。"吴励箴说道："你问得好，当初我的确是受西方'爱情至上'的影响。可是像戏里的王宝钏，不图身份地位和钱财选择爱人，更是中国的传统美德，何况君秋对我也是真情实意。只要两个人真心相爱，没有什么高低贵贱。来到北京嫁给君秋以后，我更明白了，不要有过多的要求，因为欲望是无止境的。好好地享受和先生在一起的幸福时光，尽到一切应该承担的义务和责任。所以，在这个家我过得很好。"闻时清伸出大拇指认真说道："励箴姐，你可算是中国传统女性的典范，佩服！没有奢望、攀比，只有宽容、理解、承让。"此后，闻时清学弟常带一些文章请吴励箴帮忙翻译。有琴师在时闻先生还唱上几段梅派，虽然嗓音有点沙哑，但韵味十足。闻时清、张君秋夫妇和梅葆玖两口，有空便聚在一起，成为莫逆之交。

艺术家们来访做客，大谈戏改，聊得非常投入，金世禾在一旁作陪，查找资料。保姆沏茶倒水，张铁安烧菜煮饭，一改过去做大锅饭的风格，菜里油水和肉类增多。贵宾临门自然应该丰盛一些，奶奶也想开了，说道："吃不穷，喝不穷，算计不到就受穷。"孩子们就盼着来客人改善，学玲等念小学的，中午放学急忙跑回来，为的是能赶上一顿好吃的。张秀琴说："这两天，孩子们怎么回来比平常早得多呀？"儿媳妇树龄说："孩子嘛，跟馋猫一样。"在座的都笑了。

张君秋赴朝慰问志愿军

抗美援朝期间，1956年初张君秋参加了赴朝慰问中国人民志愿军的演出活动。

时值严冬，朝鲜战场冰封雪冻，张君秋心里却燃烧着火一样的热情。他不分昼夜地为战士们演出，中午不休息，还要到战壕里为战士们清唱。春节的晚上在露天的大舞台上演出，四周是高耸的山岭，狂风呼啸，雪花飞舞。台下万名战士一直坐在雪地里，情绪高昂。演出过程中一阵阵山风刮过，"轰！"的一声，竟把后台一个用大汽油桶改制成的取暖炉子刮倒，张君秋他们也照演不误。演出结束时，一名战士跑到后台找到张君秋，对他说："大家还想看您的《霸王别姬》呐。首长问您，能不能再加演一出？"张君秋听完毫不犹豫地说："行！现在就演。"说完连忙改装。不一会儿，露天舞台上又响起了锣鼓丝弦。这天晚上，张君秋连演了《法门寺》《霸王别姬》《白蛇传》三出戏，直演到第二天凌晨三点。

孩子们放学回家，只见中院的地上放了一个铁笼子，里面有一只猴子欢蹦乱跳，学玲、学浩等都围拢过来。那猴子很不安生，不住地摇晃铁笼子，把小孩子们吓坏了，四散开来。只见院里有

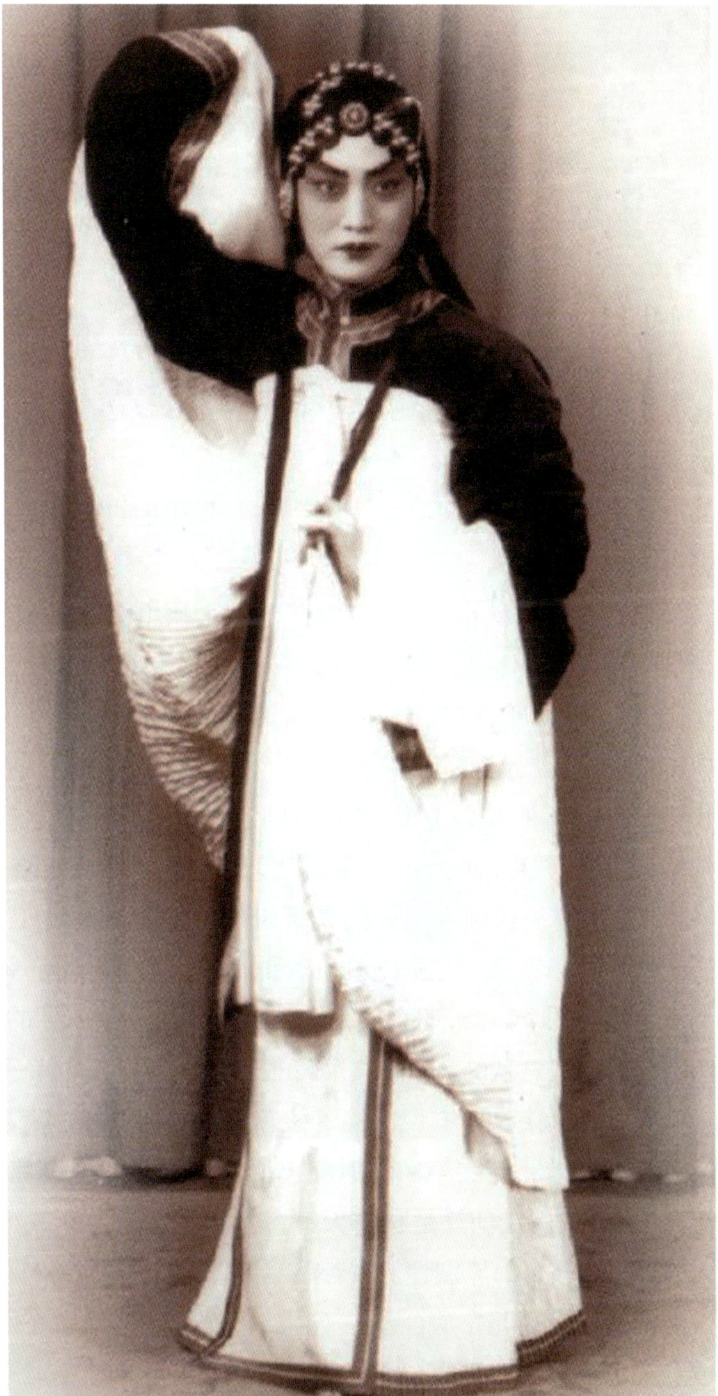

张君秋在《法门寺》中饰宋巧娇。（50年代）

张君秋等赴朝慰问中国人民志愿军。

几个箱子，还有很多小人书里看到的头戴红星的军人，一个个英姿飒爽。

这时，张君秋和一位高大威武的军人从里院走出，原来是父亲从朝鲜回来了！孩子们边跑边喊："爸爸！"张君秋笑着对子女们说："快来叫叔叔，这是你们志愿军张叔叔。"孩子们乖巧地向叔叔鞠躬："叔叔好！""小朋友们好！"这位军人是带队来的政委张仲翰，他高兴地说："君秋同志，真福气，有这么多懂礼貌的孩子！""可淘气了！"张君秋又把其他军人介绍给孩子们："这几位是送爸爸到家里来的哥哥姐姐，都是部队文工团团员。快问好！"小家伙们立刻跑去拉着哥哥姐姐的手问好。张君秋在朝鲜还收了一个徒弟，叫李瑛，此人相貌堂堂，是文工团的男演员，他十分着迷张君秋的艺术，文静得很，是个读书人的样子。

大家在后院客厅有说有笑，孩子们也一拥而进，紧紧靠着解放军叔叔站着，听父亲聊起慰问志愿军演出时的一段惊险历程。他回忆："我们在朝鲜是在露天舞台上演出，志愿军战士就在冰天雪地里看戏，山风刺骨，飘着鹅毛大雪，可是战士们非常认真，一动不动地坐那儿。从台上往下看，真是让人感动，全体演员都被感染，没有一位说冷。大家还要求到战壕里，给不能来看戏的战士去演唱。"张君秋越讲越来情绪，孩子们眼睛睁得大大的凝神听着，从没见爸爸说过这么多的话。"你们想不到吧，这天晚上爸爸唱了三出戏，一直演到凌晨三点。"孩子们都听傻了，张政委和一起来的战士们纷纷点头微笑，政委说："战士们知道你们是北京、是中央政府安排来的，平时很难看到你们的演出，这回算是捞着了！"大家哈哈笑起来。

张君秋接着说："最惊险的是到山坳里，给在前线坚守岗位的战士们演出。我主动要求送戏过去。"张政委说："我拦都没拦住。""既然来了就应该像战士们一样勇往直前，他们是为了国家打仗，我们也要不怕牺牲，去鼓舞士气，打胜仗才是这次到朝鲜慰问演出的目的。"

张政委冲大家挑大拇指说："君秋是著名青年艺术家，到朝鲜慰问志愿军，不畏艰险，表现得很勇敢，是好样的！"孩子们抢着说："爸爸真棒，再往下说啊！"张君秋接着说道："为了慰问团的安全，志愿军首长派人先去探路，那战士探路回来说，途中地势十分险要，恐怕很难过去。首长听了说，不去也罢，山坳里也没搭台的地方。我听了心中不安，因为那里的战士们已经知道我要去了，肯定盼着我们来，怎么能退缩让他们失望呢？我的演出团员们也一再坚持要上山去。首长想了想，叫几名战士护着，保证我们的安全。"张君秋喝了口水接着说："半道上，我们坐的吉普车开到一个之字形的拐角山路时，司机突然紧急刹车！回头叫大家：'不要慌，一个一个地下车。'大家很听话，陆续下车。一看，啊！车轮儿已经压在了悬崖边上，好险，差一点儿呀！没有那一脚刹车我们就全掉下去了。"孩子们惊呼："哇，太可怕了！"家里人虽然看着张君秋完好地回来，那心脏也受不了。张秀琴、吴励箴眼泪都掉下来了，张秀琴直说："命大，命大！"

张仲翰接话茬说："我们的司机战士技术高明，打仗时一天来回盘几次山道，而且常常是在深夜，往山上送弹药，送伙食、军需品。你那天的上山演出太感动人了，君秋同志，我们再次向

張君秋

张君秋在《怜香伴》中饰崔笺云。（50年代）

你敬礼！"几位战士都站起来行军礼。张君秋忙说："都是我应该做的。"

近午时分，张政委说："我们得回去了，把你送到家我和战士们就放心了。"张君秋见政委和战士们要走，说："请你们留下吃饭，绝不能走！"孩子们也拉住政委叔叔说："不让您们走！"张政委微笑着说："我们有纪律，不可以在外面吃饭。"全家人一起挽留，孩子们不放手，就是不让走。张仲翰道："下次有时间我们还来呢。"最终，全家人恋恋不舍地把政委和战士们送出门，看他们远去。

抗美援朝战争结束后，张政委回国，经常看张君秋的演出，时不时地去后街串门，成为张家的好朋友，特别受孩子们的欢迎。

送走客人回到院里，孩子们又围着铁笼问："爸爸，这猴子是哪儿来的？"张君秋笑道："在朝鲜演出，敢情那山里的猴子也爱听戏，一开锣就跑过来，跟着锣鼓点儿蹦蹦跳跳，见到人非但不怕还格外欢实，它乖乖儿地和大家一同看戏。首长得知我是属猴的，就把这只猴子带回来送给咱们。"小家伙们高兴得拍手喊着："太好了！"

那猴子憋闷在笼子里不开心，张铁安一天到晚给它大量喂食，也没见它老实呆着。几天之后的一个早上，学玲和弟弟学浩在院中练功，"啪啪啪啪"的响声又惊动了那只山猴，不知怎么它撞出来了，这下不得了啦，它疯狂地追着孩子们跑，一把抓住跑圆场的学玲的小辫子不放手，把她拖倒在地上。那教毯子功的刘师傅跑上前，根本拉不住这泼猴，七岁的学玲吓得惨叫："啊！啊！"把房间里的大人都给喊出来了。说时迟那时快，张君杰一把抱起学玲，那撒泼野猴子就不松爪子，刘老先生也上前，二人用了很大劲儿才掰开，把它锁进笼子。虽然猴子撒了手，学玲也吓昏过去了。王树龄急忙赶上向前，把孩子抱进南屋睡房中，放在床上呼唤："学玲，学玲，醒醒！"小姑娘一直昏睡到晚上。

后来，那只猴子被送到动物园去了。

编演新戏

张君秋一直致力于改革创新。

成立秋社（1945）后创演的《怜香伴》改编自明末清初喜剧大师李渔的作品，塑造了一个改扮男装替兄求婚、突破封建礼教的女性，演出大获成功，其中一个四平调唱段“我已将巧计安排定”俏丽别致，广为传唱。张君秋在一篇文章中谈到：“如果说，解放前，我只是在艺术创作道路上作了一些初步尝试的话，那么，在建国以后，就更加大胆地向前迈进了。促使我创新的动力，首先是思想方面的因素。我在建国前演的传统剧目，表现的都是古代受压迫、受歧视的妇女形象，他们的身世、遭遇值得人们同情。但是，由于旧时代的局限，在这些剧目中，有的宣扬了‘三从四德’的封建道德等不健康的思想内容。到了新社会，再看这些剧目就感到格格不入……这就促使我去编演一些新剧目，努力塑造有较新面貌的古代妇女形象，来满足新时代广大观众的艺术欣赏要求。”

1953 年底，一天，金世禾告诉君秋团长：“最近大栅栏里的大观楼电影院正在放映川剧《彩楼记》，挺好看的。”张君秋听后非常兴奋：“好！我为了找新剧目改编创作正着急呢。”趁着演出空闲，张君秋同刘雪涛去电影院一连看了两遍《彩楼记》。此戏一生一旦，很有情趣，他们便决定移植过来。《彩楼记》的故事不同于老戏中嫌贫爱富导致父女决裂，靠命运安排最终夫荣妻贵的情节，那些戏中封建夫权思想严重，如王宝钏在寒窑苦守一十八载，等来薛平贵，后者却要试试妻子是否贞洁，着实令人不能容忍。而《彩楼记》则着力描写小夫妻饥寒交迫却苦中取乐，奋发向上终达到功成名就，充满新意。

张君秋找到本子后，每天在家中，吴励箴念剧本，他边听边思考，如何改编故事、安排板式，琢磨唱腔……1954 年张君秋率

根据川剧改编的《彩楼记》使张君秋在创新的道路上又前进了一步。（1954）

三团到天津演出一个月中，见缝插针进行《彩楼记》的排练，每日和京胡、二胡、鼓师三大件切磋磨合，随后对戏、合乐、走台、响排。有的时候晚场散戏卸了妆，就接着在台上排戏，一直到凌晨三四点钟。时间紧，演员、乐队、舞台队的同志们加班加点都

很辛苦，张君杰、金世禾、张铁安在饭店把夜宵安排好，等大家回来吃。第二天接着干，大家的心气儿十足。这是张君秋十分向往的一个创作团队和环境。

《彩楼记》一连排了三个夜晚，剧场经理陪着看戏过瘾，中国大戏院的职工也全程配合，给光、调试音响……《彩楼记》可以出演了！这也是三团赴津在中国大戏院演出的最后一场。刘雪涛回忆："海报贴出，天津的观众炸了窝。演出那天剧场爆满。演到'祭灶'那场，我有一句台词：'今乃腊月二十三祭灶之期，理应置备糖果、香茶、纸帛纪念灶王爷。'一句普通的台词，台底下震天的好竟扑了上来，一下子连我都蒙了，不知道为什么要叫好？过后猛然悟到，原来今天是腊月二十三！天津人重视节气，当然欢呼雀跃。"因为紧张排练，三团的演职员一心把戏排好，忙得把节假日忘在脑后，谁也没想到正当时令讨了个彩。

这出戏的成功，为张君秋积累了经验，改革创新的信心倍增。

长安街旁置办新产业

1955 年，是张君秋演艺生活二十周年。他风华正茂，这是他具有独特风格的演唱艺术更加突出的一年，是生活中积累丰厚的一年。

这几年张秀琴又积攒了一笔钱，她和君秋商量是买黄金还是买房产，君秋还没搭下茬，他娘又抢着说："还是房产吧。在你忙着排戏的时候，我们娘儿几个一起去看了几处房子，西城区库资胡同那所房子挺理想，大家全说好，哪天你有空儿咱们一块儿去看看好吗？"君秋回娘的话说："娘您决定就是了。"张秀琴认准，有钱就买房！她的理由是，一大家子人都靠君秋这条嗓子吃饭，万一有个不测，出租房子收钱也是条活路，生活能有保障，不会再挨饿，受穷。这时张家吃饭的人口已经发展到二三十口子，大多数是张门第三代，十五六岁的就有十多个，最小的一岁多，绝不能大意。张秀琴真是怕了，想起当年不寒而栗，常常对励箴和孩子们诉苦："当年真是忒苦了，要不是那一年我嫂子拉着铁安撞到家来，我已经决心不活了……"停了一会儿，又对大家说：

张君秋购置房产的地契

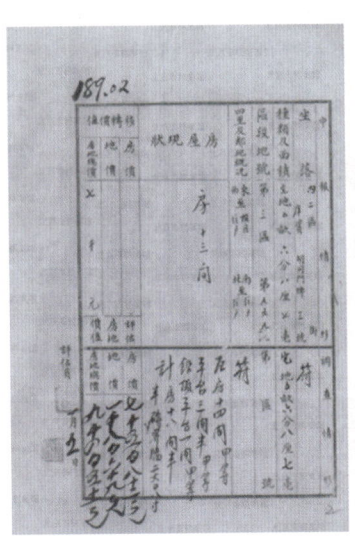
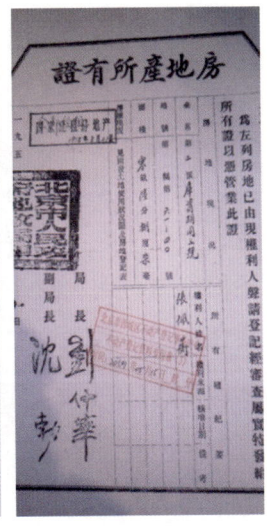

张君秋

《龙凤呈祥》（1956）

"看见了吧，近几年，君秋的师父辈儿，四大名旦基本不怎么唱了，都有见好就收的意思。君秋如今三十几，是打江山的年龄，积累财富的岁数，到四十岁也就有不到十年的时间。不唱或者唱不动了，哪儿来钱养家，培养孙儿？"励箴对娘说："娘，您放心吧。我跟您共同努力，把君秋的身体养得健健康康，事业发展得更好，不会出什么岔子的。有房产心里的确踏实！"吴励箴理解婆婆那不堪回首的苦痛。

在张秀琴的主持下过日子，除了保证张君秋有足够的精力创业，全家人吃、穿特别朴素。孙儿女们也都习惯了，虽然知道爸爸挣很多包银，孩子们却从不与别人攀比。张家孩子们的衣裳都快统一了，布衣布鞋学生装；吃的是大锅熬白菜，"长吃韭菜老吃菠菜"（菜长老了便宜的意思），米饭馒头倒是管够。逢年过节改善生活全家也才吃一回红烧肉，但是谁都没有怨言，因为老奶奶也和大家吃的一样。

大家一致看上了西城区库资胡同那所房子，占地八分，四百多平米坐北朝南，有十六间半。地点在市中心，繁华的北京第一大道长安街西单路口马路南，寸金寸地。张秀琴做事果断，说买就买下了。

《望江亭》张君秋立派

新中国成立五周年之际，国务院对文化艺术口进行大整顿，戏曲团体建设格局大变。中国京剧院为文化部直属，主要演员有李少春、袁世海、叶盛兰、杜近芳、李和曾、李宗义、李慧芳、王泉奎、张云溪、张春华等。马连良、谭富英、裘盛戎等组成北京京剧团。原有的梅、尚、程、荀剧团合并成北京市京剧二团。张君秋领衔北京市京剧三团。这时间段北京有大小二十几个京剧团，因实力不同，生存状态也大不相同。

第二项是加强对文艺工作者的政治思想教育，增加政治学习时间。

三是戏改，宣扬封建迷信、黄色低级下流的剧目一概不许上演，剧情好、唱词不好的也要改，审查通过方可以上演。

张君秋的市京剧三团在政治协理员带领下学习新的文艺思想，大踏步进行戏改，去糟粕取精华，成为戏改创新的先锋，演出经营状况非常好。张君秋迫切需要创作新剧目，吴励箴一有空闲时间就去书市买历代传奇、剧本等，并和夫君一起观看兄弟剧种汇演，想方设法寻找适合自己的新戏题材。

1956年初，过大年的黄金演出季结束。春节期间，三团黑白天演出，名利双收。全体演职员收到团长发的大红包，大多人员在这一两年置办了房产，全团上下开心之至。张君秋在会上给大家道谢，要大家好好休息几天，享受一下生活。

然而，张君秋自己却闲不下来，苦苦思索、寻找适合自己演出的新戏剧本。金世禾是张君秋的私人秘书，又是单身，他叫金世禾有空就看外省市进京演出的地方戏。金世禾了解张团长的心事，有一天观摩回家来，对张君秋说："今儿个看了一出川剧《谭记儿》，挺有意思。"张君秋连声问："快说说，是怎么个故事？"金世禾把剧情简要地讲了一遍。"听你讲的真是不错！明天还有演出吗？"张君秋迫不及待了。

第二天一早，张君秋起床后，就叫小女儿学聪到前院去拿报纸，这孩子连跑带跳地把报纸拿给爸爸，是昨天的晚报。张君秋一翻，啊，看到了广告："太好了！"川剧《谭记儿》在中和连演三场，昨天是第一场。早早吃过晚饭，张君秋拉着夫人励簏起身赶往前门大栅栏中和戏院。

舞台上传奇的剧情和精湛的演技，深深吸引着张君秋。散戏后，夫妻俩乘坐在三轮车中，还兴奋不已。二人异口同声："就改这出戏吧！"君秋说："世禾说的不错，这出戏适合我演，也对三团的戏路。明儿约着雪涛来看。"

张君秋完全入戏了，回家来，边吃夜宵边对母亲说："这出川剧《谭记儿》忒好看了，很适合咱们改编演出，一定要把它移植过来！"接着把剧情又细说一番，聊得那叫高兴，好像宝物到手了一样。夜深了，励簏催促道："不早了，娘也该歇着啦。明天三团就开始上班了，这几天你完全没有休息。"

川剧《谭记儿》是根据元代杂剧大家关汉卿所著《望江亭中秋切鲙旦》改编的。张君秋带着三团的主要演职员追着这出戏连看了几场，大家和团长有同感，改编成京剧肯定能出彩。

就在大休一周后，北京市京剧三团团长张君秋和副团长陈少霖到北京市文化局开会。局长王松生见到张君秋进门，急忙迎了上来，寒暄过后，他传达了北京市市长彭真关于张君秋率北京市京剧三团加盟北京京剧团的意向："今天请您来是听听张团长的意见，有什么要求尽管提。"王局长把彭市长组建一个强强联合

1956年，张君秋改编的《望江亭》上演。

的北京京剧团的规划又细说一遍，君秋听后很兴奋，和陈少霖异口同声回复："坚决服从组织的安排！"

张君秋接着说："到12月份为止，我们已经签约有几个大的演出单子，不能违约。所以，希望能批准三团在年底加盟北京京剧团。另外，我团最近在改编创作一出新戏，争取带着新剧目进

張君秋

《望江亭》剧照

北京京剧团，作为加盟见面礼。您看行吗？"王局长听了张君秋、陈少霖讲的安排，很是赞赏："好的，我一定转达给彭市长。三团的计划您们继续执行。"几天后王局回话，完全按照市三团计划走，年底加盟，并祝新剧目演出大获成功。

三团又开始忙碌起来，演出的过程中，刘雪涛找来了川剧《谭记儿》的本子交给张君秋。吴励箴反复地给丈夫读剧本，张君秋每每听后有想法，就请夫人用红笔写出来，需要强调的地方都标上记号。心中有谱了，便约编剧王雁、刘雪涛到后街家中研究改编创作。在客厅中，张君秋胸有成竹，神采奕奕讲出对《谭记儿》一剧改编的想法，从头场到剧终，一步步跌宕起伏直到高潮，讲得头头是道。王雁和雪涛听着也来情绪，王雁说："看来，您琢磨透了，这剧本也就好改了。"接下来，三人把每场戏怎么个改法，加以仔细推敲。

几天功夫，改编本定稿。紧跟着召开排演新戏动员吹风会，通告上写："明天下午三点，三团全体演职员到中和剧场开会，请勿迟到。"次日，会上宣布，移植川剧《谭记儿》，改名为《望江亭》。业务组把活儿派出来了，张君秋饰谭记儿，刘雪涛演白士中，耿世华的老道姑，李四广的杨衙内，钮荣亮扮张千……给乐队、舞台队布置任务，乐队四大件配合主演创腔。因日常演出安排很紧，需要加班，时间定于每天上午和演出时提前两小时到剧场，希望大家安排好杂事，腾出时间排新戏，尽快合力完成创作。三团全体参会人员个个摩拳擦掌，晚上演出，白天紧锣密鼓地排练。

设计谭记儿这个角色的唱和表演时，张君秋不想套用老腔、旧的路数。要完全按照剧情中人物的感情编创，令张君秋颇费心思。有一天，在中和排戏后，他乘坐公共汽车回家。张君秋常年坐这趟车，司机和售票员都熟知这位平易近人的著名京剧演员。他一路上都在琢磨唱腔，两眼直望着窗外，嘴里小声唱着，忘了下车，直到售票员笑着提醒："张先生，您今天好有兴致呀，都坐一个来回啦！"

张君秋真是废寝忘食，走火入魔了。

《望江亭》剧中，谭记儿第一次出场，如果按老套子安排，先念引子，来两句定场诗后，自报家门（姓字名谁）。张君秋和编剧王雁、刘雪涛商量，觉得没有新意，于是采用前后台"搭架子"（对话）的方式引人物出来。道姑喊："学士夫人，请出来吧！"谭在幕内问："师父，方才何人到此？"未见其人先闻其声，这个艺术处理突出了谭记儿在清安观避难、时刻警觉的特点。经过询问，一句"来了！"后，在平稳的四平调过门中款款登场。四平调唱腔给人以似曾相识的感觉，必须在曲调上赋予新意，才能抓住人。张君秋和琴师何顺信二人反复推敲，最后一句"为避狂徒到此间"，在"狂徒"二字的行腔上作了翻高的处理，突出了谭记儿不甘受人欺凌的愤懑心情，随后下滑成一个甩腔。如此一来，令观众在听觉上一改过去四平调结尾的惯例，顿觉新颖，并期待下面的唱还会有意想不到的惊喜。

这戏正排得热火朝天的时候，赶上三团赴南京、上海演出。张君秋决心争取在上海完成改编创作并演出《望江亭》。新戏《望江亭》作为上海之行的临别演出剧目，这个信息令上海戏迷热切期盼。

经过一个月时间的边演出边创作，《望江亭》最后大堂一场戏中，谭记儿的一大段唱还没有编出来，张君秋很着急。最后一场谭记儿在大堂上训斥杨衙内的这段唱，节奏是关键，如果拖拖拉拉，观众可能起堂，不如不唱。张君秋认为，谭记儿此时的身份已是潭州太守夫人，斥责无恶不作的杨衙内，应该是严肃稳重、不紧不慢，字字句句颇有分量。思来想去，他觉得采用二六板式最合适，虽然属于中等速度，但比西皮原板紧凑，字多腔少，可以尽情发挥。但一般的青衣二六难以表达剧中人愤怒的心情，张君秋想起小生行当有的唱腔激昂慷慨，可以参考借鉴。散戏后，他约刘雪涛："回饭店吃过夜宵咱们出去遛遛。"吴励箴劝道："辛苦一天了，别出去了。"君秋说："时间不等人，《望江亭》演出日期一天天临近，最后一段还没着落呐。"出了饭店大门，二人坐上黄包车，张君秋对师傅说："请拉着我们沿着黄浦江边走走。"

由于将近深夜，路上行人游客渐渐稀少，夜色非常静谧。他们二人在车上研究起唱腔来，结果一转就是小半宿，张君秋请雪涛唱了几段小生的西皮二六，张君秋低声地哼着，琢磨着，直到雪涛把小生的二六几乎唱了个遍，张君秋已然心中有数。他把可用的素材保留下来，创编了全剧画龙点睛的"见贼子不由我怒容满面"唱段。其后，在演出中，谭记儿怒斥杨衙内的这段二六淋漓尽致、一气呵成，把剧情推向高潮。

第二天一大早，张君秋叫金世禾约三大件。何顺信、张似云、金瑞霖三位带着胡琴、二胡、板鼓到团长房间来了，吴励箴请服务员备好茶点，开始工作。张君秋把昨晚夜游黄浦江边和刘雪涛一快儿研究的这段西皮二六唱给几位听，哥儿几个连声称赞："好，好！"何顺信说："这西皮二六板式用得好，原来我想用西皮导板、流水，今天一听你这西皮二六，实在是太合适了！"接着四位练了起来。直到近午时分，吴励箴喊大家休息："快来吃饭，晚上还有戏呢，我在餐厅订了一桌，点了几个菜，快点！"大家连声说："谢谢嫂子！"

时间过得飞快，上海演出只剩半个月时间了。《望江亭》中各个角色私下已经对过戏，也和胡琴乐队分头合上拍了。连排、串排过后，就准备响排，舞台队服装组看着剧本"摘包"，添置新的服装道具。《望江亭》舞台要有新意，不是老一套，"一个桌子两把椅子"，要有庙堂、亭子、大堂等全新装置。

服装、头饰、化妆也有大的变革。张君秋十几岁就在上海红透，在服装设计上也参照荀派和南方越剧古装的样式改进。上海戏剧服装厂对张君秋太熟悉了，30年代就开始给十七岁的张君秋做剧装，有过十几年的合作交往。这次定制的《望江亭》剧装时间紧迫，要是一般小店，绝不敢接下这需要连夜加班的活计。剧装厂经理一看张君秋来了，没脾气，十几天要赶制出全剧每个角色的剧装，从头到脚，古装头、发套、发揪、头饰……经理连说："我们厂历史上从没有见过人手不够，还要把退休的老师傅请回来。也就是您的面子大！"张君秋表示万分感谢，演出时请师傅们看戏。

电影《望江亭》

新戏《望江亭》的创排都是在繁忙的演出中挤出来时间安插进去的。拍戏全程张君秋带头严格要求自己，一丝不苟。全体演职人员没二话，紧紧围着团长，严肃认真，一心想着，《望江亭》要以全新的面貌亮相上海滩。真是天时地利人和。

舞台美术组在上海找到图文部门，做了大广告：张君秋新戏《望江亭》将在上海首演！广告引起轰动。海报一经贴出，戏迷们像过节一样连夜排队购票，为能看到张君秋把新戏放在上海首演而兴高采烈。

在离沪的最后两天，新戏带景、穿服装进行彩排，为上海临别时的首场《望江亭》演出找找漏子，以做到万无一失。

张君秋的《望江亭》终于和观众见面了。张君秋及京剧三团的劳动成果，受到上海戏迷的热情追捧和戏曲界内外的赞誉。美籍京剧名家白玉薇说："《望江亭》轰动了整个戏曲艺坛。"大报小报纷纷发表评论，舆论界和广大观众把张君秋的演唱艺术称为"张派"，把他的唱法形容为"蜻蜓点水""春莺溜转""声情并茂"。一时间，剧中的四平调、南梆子成为张派的经典唱段，风靡海内外。有评论写道："张先生对二六、南梆子等京剧传统板式进行重新组合，与在散板、摇板中带有浓重的吟诵色彩的创造等，都达到了唱腔新颖优美的高度……演唱神韵特色尤为突出，几近极致，确立了公认的张派艺术在京剧旦角表演领域的地位。"

回京后，《望江亭》一剧在长安大戏院、吉祥戏院连演几十场，场场爆满，唱响京城。梅兰芳、程砚秋等几位京剧界大名家都亲临现场观看张君秋主演的《望江亭》，对张君秋亲自设计表演、设计唱腔、参与剧本改编，连连夸赞，这个晚辈有想法，有创造力，有感染力，能驾驭控制整个舞台，《望江亭》好听、好看！

秋天，在北京召开全国戏曲家联合大会。张君秋是首次参加，和梅兰芳、尚小云、荀慧生、马连良等前辈分配在一个小组。有一天，张君秋拿回家一批照片，那照片中都是了不起的大人物，张君秋在他们中间就像孩子一样。吴励箴看了照片问夫君："看样子大家在听你发言，你说什么呢？"君秋回答道："都让我说说三团业务好的经验，我哪能在前辈面前自夸，况且，我真的不会说话……"

1956 年 10 月，张君秋率三团遵照市政府、市文化局的指示加盟北京京剧团，任副团长。北京市市长彭真的这一决策，组成强强联合的北京京剧团，对京剧事业发展起了巨大的推动作用。

张君秋在三团的会上说："坚决拥护领导的决定，加盟北京京剧团就是为国家作更大的贡献。咱们团演出营业情况非常好，是大家团结努力的结果。这次加盟，三团全体演职人员一个不能少。"热烈的掌声表明，大家一致同意走向国营体制。

张君秋带着厚礼《望江亭》这张派最卖座的创新剧目加盟，与马连良、谭富英、裘盛戎成为北京京剧团四大头牌，四人中张君秋年龄最小，三十六岁，刚刚过完生日。

加入北京京剧团后，张君秋主演《望江亭》于 1956 年 12 月 23 日于西单长安大戏院贴出海报，连贴半个月，座无虚席，再加演五场，依然爆满。

中央人民广播电台进行实况转播，两位记者在开戏前，到后台化妆室对张君秋进行采访、拍照。他们告诉张先生："我们是中央人民广播电台戏曲部的记者，今天是进行实况转播。想请您谈谈《望江亭》这出戏的唱腔设计，这出戏在戏迷中已经开始传唱，特别是见白士中后那段南梆子的创作太精彩了！"张君秋说："谢谢你们，我一定好好准备。今天实在对不起，我该化妆了。先请何顺信、张似云二位先生同你们聊聊吧。"记者连忙说："好，好，那就不耽误您了。"

连拍了几张化妆的照片后，记者找到琴师，何顺信忙说："我可不行，真不行，还是请似云兄讲吧，他说的清楚。"记者看出何先生为人腼腆不善言谈，忙转身向张似云请教，张似云也不推辞，把记者带到一间空着的化妆室聊了起来："《望江亭》这出戏君秋同志那是下大功夫了。其中南梆子这段唱在整出戏里非常重要，它是谭记儿遇到白士中时，改变命运的大段内心独白，展现复杂的心理变化，形成一个高潮。君秋采用南梆子板式来表达十分恰当，既抒情又不拖拉。以往南梆子的唱词多为四句或六句，但是这段唱有十六句。君秋随人物感情的变化把它分成几个段落处理，这次去上海之前，在北京已经有了一个大轮廓，到南京演出期间细抠创作完成。那天一大早，何顺信先生、金瑞霖先生我们仨到君秋房间练唱儿。君秋说：'今天咱们把南梆子定下来。这段唱有的地方还得琢磨琢磨。再走几遍，随唱随改。'金瑞霖鼓板一击'嗒'，京胡、二胡过门响起。唱到第四句'好一似我儿夫死后生还'，君秋要求停下来，反复唱了两三遍，感觉'生还'二字不够激情，对顺信说：'这俩字得加强，绝不能平着收。'顺信皱着眉头，紧闭着嘴，拉着胡琴弓子来回找，我也没想出该怎么办。君秋急中生智：'这俩字要翻着唱，看看怎么样。'说着把胡琴拿过来，边拉边唱了几遍，说：'弓子这么拉就翻过去了。'何先生接过一试，顺利通过。第六句'低下头手弄罗衫'，他设计了一个婉转的低腔，充分表达出谭记儿羞怯的心情。从第七到第十二句的腔高低交错，跌宕起伏，唱出谭记儿欲允婚事又难以启齿、踟蹰不前的内心活动。最后四句是她心生一计，用诗词来表达心意，结尾干脆利落。整段唱时而舒缓时而跳跃，时而高亢时而低徊，君秋特别注重自己的演唱与乐队合为一体，要求我们一定要托得严实，对胡琴的'过门'和'垫头'也十分讲究，听起来非常和谐、舒服。给这么美的唱伴奏纯粹是一种享受，我们仨佩服得没话说。这段唱充分体现了君秋同志的创作才华。"张似云描述得非常生动，记者顺利完成演出前的采访，接着进行剧场实况转播。

《望江亭》成功，"张派"兴起，引来的评论铺天盖地。评论首先确认年轻的张君秋是继梅、尚、程、荀四大名旦之后成就最高的旦角演员，他不仅有一副完美无缺、超乎寻常的好嗓子，娇、媚、脆、水，音质纯净，音色甜美，音域宽阔，而且在音量的控制、共鸣的掌握和气口的使用等诸多方面得以充分发挥。他博采众长，梅派的华丽、尚派的刚劲、程派的婉转、荀派的缠绵均被他自然而然地融合于自己的演唱中，形成独特的风格。张君秋谨记师爷王瑶卿的教导，反对死学一人，王大爷有句名言："你即使学得再像，人家是真的，你还是假的。""你学人家，学得好死了也是老二，到不了第一。"他给张君秋开的路是广采博学。京剧名家袁世海评价："人们常说集先人之大成，在这一点上，张君秋是当之无愧的。"

声乐专家们认为，张君秋有一套科学独特的发声方法和驾驭声腔的功力，故能在演唱中高低随意，自然流畅，毫不矫揉造作，绝无卖弄之嫌。西洋美声的歌唱家梁美珍、邹德华、刘淑芳等对张君秋的唱功赞叹不已，认为张的唱法"符合科学的发声方法，他的高、中、低音，上下音区统一，值得向院校推广。""张君秋以装饰唱腔、运用气口的丰富技巧，创造了张派的'点唱法'。这是一种高难度技法，就是在行腔中不唱实、唱满，而在胡琴的衬托下，用画龙点睛、蜻蜓点水的手法把腔唱活、唱巧，与胡琴伴奏水乳交融。在我国能出色驾驭这种点唱法而达到高深造诣的只有著名的京韵大鼓演员骆玉笙（小彩舞）和京剧演员张君秋。"张君秋在自己创排的每出新戏里，都谱制了大量的新旋律，创编出丰富多彩、优美华丽的唱腔，确切表达了剧中不同人物的思想感情，各具特色。张君秋不仅是杰出的歌唱家，也是了不起的京剧作曲家。

刘增复教授评论："1935 年，我在北京华乐戏院第一次听君秋挑班演出的《玉堂春》，真是印象太好了。听众异口同声，都说这个旦角扮相、嗓子都太好了，真是全才，前途无限……君秋同志的唱那是最出名了，其实他念也非常好。做打的问题常常有一种误解，说他身上不大动，就是说身上是不是不讲究啊？其实正是最讲究了。这不能手里瞎动，身子瞎摇，那不行！特别唱这个青衣、花衫的，更不能瞎动。"

《望江亭》为"张派"的奠基之作，张君秋把谭记儿的聪慧、果敢、才情充分地展示出来。其中的唱段脍炙人口，传遍南北东西。很多剧团为演出新剧目，追到北京来观摩学习，一些中青年演员都对张君秋崇拜至极。《望江亭》在上海、北京、天津、山东演出几个月、上百场，备受好评。中央人民广播电台在戏曲节目中还特请张君秋教唱《望江亭》选段。梅兰芳、尚小云、程砚秋等前辈都看过了这出戏，并给予肯定。在中国戏剧家协会召开的座谈会上，几位大师不吝赞美之词，认为《望江亭》剧本选得好，改得好，唱腔设计更好，充分显示了张君秋的创新精神和才华。

周恩来总理、彭真市长非常关注北京市京剧三团的演出，不时安排该团到中南海演出。《望江亭》演出结束后，总理上舞台和演员们交谈，他看得非常仔细，还对剧本提出了具体的意见："这个杨衙内最好是冒充钦差大人，带的是假圣旨。他只是个官僚的儿子，皇帝不可能为他发一道圣旨。"张君秋听后连连点头说道："您的建议非常合理，是我们考虑不周。"事后，他对编剧王雁转达了总理的原话，他们按照总理的意思进行了修改。很快，"张派"的美誉名扬四海，《望江亭》这出戏也在全国京剧院团和戏曲学校传唱开来。

北京京剧团强强联合

北京京剧团是国营剧团，由马连良、谭富英、张君秋和裘盛戎领衔主演，四人号称北京京剧团的四大头牌。其中张君秋年纪

马连良、谭富英、张君秋、裘盛戎

最小，单挑剧、对儿戏、合作戏剧目繁多，年富力强，叫好又叫座。裘盛戎大哥谦让，所以张君秋排名第三。这四大头牌都是各自流派的创始者，京剧界的领军人物，他们精诚合作，不断推出影响深远的新编剧目，舞台艺术炉火纯青，享誉海内外，其声势如日中天。

北京的 10 月秋高气爽，云淡风轻。起床后，张君秋兴奋地对吴励箴说："加盟北京京剧团，我把新戏《望江亭》和戏箱作为献礼，这个决定可好？"吴励箴十分赞同："咱们回来五年了，眼看着国家在各方面的变化。三团从民办走向国营真是太好了！"吴励箴随张君秋回内陆，经历了从南到北的巡回演出，从联谊京剧团、北京市三团到加盟北京京剧团的全过程。她通过认真了解时事，领会发展的方针政策，并时时对丈夫讲述，使张君秋能及时跟进。

张君秋、吴励箴到张秀琴房中请安，君杰、金世禾都在。阿姨把茶点摆上，大家聊了起来，话题全是三团加盟北京京剧团的大事。张秀琴插不上什么话，她不懂新社会的什么大政方针，一切由着儿子的决定去做。

　　张君秋毫无保留，把自己近二十年置办的行头戏箱亲自送到北京市工人俱乐部后楼，捐给北京京剧团，表达自己的一片赤诚，要全心全意为国家的京剧事业作贡献。他加盟北京京剧团后，在排练、演出工作上打先锋，当仁不让。率先完成演出场次，完成任务指标，反响强烈。

　　北京京剧团原有李世济、罗慧兰等二牌青衣，她们缺少旦角儿单挑的当家戏。张君秋的加盟使北京京剧团如虎添翼，他是正工头牌，戏码丰富，票房价值大增。京剧唱的是"角儿"，《大保国》《探皇陵》《二进宫》是三折以唱功为主的传统剧目，据考证，清道光年间（1845年）该剧就已登上舞台，一百多年来久演不衰。围绕争夺和保卫皇权的斗争，生、旦、净三个主要人物从头唱到尾，既有大段抒情的独唱，也有紧张激烈的对唱，要求演员必须有好嗓子，三人调门得一致，特别是青衣的唱比生、净的调门要高八度。谭富英、张君秋、裘盛戎这三位的《大·探·二》是北京京剧团最叫座的传统剧目之一。迄今为止，他们所达到的高水平无人能超越，使该剧目成为永恒的经典。

逢年过节，在中南海怀仁堂的晚会上，谭、张、裘唱的《大·探·二》是保留节目。周恩来总理说："毛主席最爱听你们这出戏，所以总要接你们来唱。"散戏后，演员留在中南海小餐厅吃夜宵，馒头、花卷、包子、粥、鸡蛋、肉丝炒青菜等，虽然简单，大家吃得却很香。

主席、总理过来了，大家忙起身，毛主席连说："请坐下、坐下，辛苦了！天这么晚，大家一定饿了，多吃点，不要客气。"他坐在旁边，高兴地看着几位吃，用湖南口音说："现在国家还不富裕，这个晚餐很简单，吃饱就好。"在座的谭、张、裘，戏曲界领导马少波、北京京剧团团长张梦庚等异口同声说："非常好，非常好吃，谢谢！"主席接着说："我了解《大·探·二》的剧情，这戏我听得懂。三位艺术家唱得好，剧情紧凑环环相扣，十分精彩！"

吃完夜宵，总理和秘书引领谭富英、张君秋、裘盛戎等参观了毛主席的书房、卧室。张君秋细致地观看浏览，发现书柜里摆满了书，其中线装的古书诗词特别多，书桌上堆的还是书，连加宽加长的大床上面也放得满满当当，真正是书的房屋。难怪主席博古通今，诗词文章那么讲究，确实不一般！

北京京剧团马、谭、张、裘及后来加入的赵（燕侠）五大头牌都有自己的拿手好戏，还有优秀的中青年接班队伍。该团行当齐全，剧目丰富多彩，演出场次、新编剧目的数量均居全国之首，经济、社会效益远远超过各省市戏曲院团。团址设在京剧发祥地西南边，虎坊桥北京市工人俱乐部后楼，这里是马、谭、张、裘、赵等艺术家发展、壮大的根据地，是创作排练新剧目的工作室。在前辈带领下，一批新角儿在工人俱乐部的舞台上成长壮大。人们赞颂北京京剧团、京剧大师和青年接班人的同时，也忘不了当年门前车水马龙的北京市工人俱乐部。

张君秋成绩辉煌

北京京剧团计划的经济指标是：马连良每月演出十二场、谭富英十四场、张君秋和裘盛戎各十八场。谭富英先生50年代后期身体不好，还带病坚持演出《失·空·斩》。四大头牌都亮出自己的拿手戏以飨观众，像马连良的《四进士》《十老安刘》，谭富英的《定军山》《战太平》，张君秋的《女起解·玉堂春》《金山寺·断桥·雷峰塔》，裘盛戎的《姚期》《坐寨·盗马》，等等。他们的合作戏具有更大的号召力，如四人联合主演的《龙凤呈祥》，马、谭、张的《四郎探母》，马、谭、裘的《群英会·借东风》，谭、张、裘的《大保国·探皇陵·二进宫》，马、谭的《十道本》，马、张的《苏武牧羊》，谭、张的《红鬃烈马》，谭、裘的《将相和》等，都是久演不衰。可以说，北京团在推广演出传统剧目上发挥了极大优势。同时，北京团也推出了一批新编戏，马连良、裘盛戎的《海瑞罢官》，裘盛戎、李多奎的《铡包勉》《赤桑镇》等都成为经典。

张君秋从香港回来时三十岁出头，到十年动乱前，不过四十五六，正是他个人风格发展的黄金时期。他把最好年华无私奉献给了新中国的京剧事业。张君秋谨记周恩来总理对自己讲的话："革命不分先后，你年轻，要多作一些贡献！"从香港回来后他便马不停蹄投入演出、改革与创新。张君秋的新戏《彩楼记》《望江亭》《珍妃》《怜香伴》《西厢记》《状元媒》《诗文会》《秋瑾》等，都是在新中国建立之后创编演出的。这些戏在艺术上各有不同的建树，他谱写的上百支新颖别致的精彩唱段，作为张派艺术的代表作传承下来，风靡海内外。

张君秋、马连良、谭富英、裘盛戎合作的《秦香莲》《赵氏孤儿》，张君秋、马连良、谭富英的《状元媒》，张君秋、谭富英的《楚宫恨》等新编剧目，堪称京剧大师们的巅峰之作，是中国京剧艺术宝库中永恒的经典。

《秋瑾》（1959）

張君秋

《赵氏孤儿》

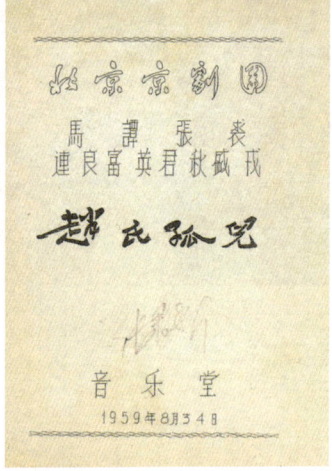

北京京剧团业务管理、演出安排、计划制定周密细致，充分调动发挥每个演职人员的积极性。剧团对中青年演员的培养毫不松懈，安排他们在周日上午九点半演出，如马长礼的《文昭关》、谭元寿的《打金砖》、李世济的《贺后骂殿》、杨少春的《挑滑车》、小王玉蓉的《红娘》等。他们年轻漂亮又有功底，是优秀的接班人，各有单挑剧目，也有合作的文戏、武戏。北京京剧团在不同剧场的演出天天都有，周六日黑白天两场演出也不少见，观众百看不厌。

《赵氏孤儿》

北京京剧团四大头牌主演的《秦香莲》（1959）成为传世的不朽佳作。

　　50 年代末至 60 年代中期，中国文化艺术、戏曲事业空前繁荣。北京京剧团马连良、谭富英、张君秋、裘盛戎、赵燕侠珠联璧合的超强阵容，中青年演员的快速成长，骄人的经济效益，并拥有广大的戏迷观众队伍，称得上是中国戏剧团体中的航空母舰。

　　当时京剧界的另一艘航空母舰是文化部直属的中国京剧院，该院汇集了一大批杰出的表演艺术家和剧作家、导演、作曲家、舞台美术家等，经费由国家负责，经济效益压力相对较轻，但他们出国演出任务重，因此在首都舞台上露面的机会相对就少一些。

"中国团"与"北京团"是新中国成立后京剧界艺术力量最雄厚的两支队伍。他们在艺术特点、演出风格和剧目重点上均有很大差别，不能论孰胜孰劣，只能说各有千秋。如果从流派传承之广、影响之深方面来看，北京京剧团似乎更胜一筹。

时势变迁

1953—1959 年，彼时，六十岁上下的梅、尚、程、荀四大名旦已经很少演出。四小名旦际遇则各不相同，正值盛年的张君秋仍保持旺盛的艺术活力。

这个时候，原来活跃在北京市内的京剧团体也发生了巨大的变动，或合并，或外迁，或解体。奚啸伯的啸声京剧团去了石家庄，尚小云京剧团迁往西安，李万春率团赴内蒙古，毛世来、宋德珠、吴素秋、姜铁麟等也转战外省市。有些剧团上座率太差，不能养活自己，因而自生自灭。

李多奎先生收徒，众多艺术家齐聚。

在此期间，中央对中国戏曲改革动作很大，数十部宣扬封建迷信、有色情成分的剧目被列为禁戏。1955 年，电影《梅兰芳舞台艺术》摄制完成，周恩来总理提议，应该为四大名旦之一的程砚秋也拍摄一部舞台艺术片，并提出具体的要求：和《梅兰芳舞台艺术》有所不同，这部艺术片要通过选择程先生的一个剧目来概括他多方面的艺术成就。究竟选哪出戏呢？程砚秋提出，自己最理想的是《锁麟囊》，不过，这部程派佳作在当时"左"的思想影响下，没有通过审查，程砚秋只好选择了以祈祷和平、反对战争为主题的《荒山泪》。

《锁麟囊》讲的是两个身世不同的女性，出嫁途中避雨时相遇。富家薛小姐听轿外悲声凄惨，命丫鬟询问，得知乃一穷苦人家新娘在啼哭，感慨贫与富的天壤之别，善心油然而生，便将随身陪嫁、一个装满珠宝的锁麟囊赠与那个新人。谁知天有不测风云，一场大水冲得薛小姐与家人失散。无奈何，她进入一大户充当佣人，偶然在楼上发现了自己的锁麟囊，失声痛哭，惊动了府上的夫人。夫人问清情由，不禁惊喜，原来是恩人到了。最终，薛小姐一家团圆。整出戏中没有一个反面人物，只写善有善果。《锁麟囊》剧情离奇曲折，唱腔新颖别致，身段典雅优美，是程砚秋的巅峰之作，倾注了他和王瑶卿的心血。然而在 50 年代，这出戏却遭到了质疑。1954 年 11 月《戏剧报》上一篇批判文章中提到《锁麟囊》时，将其定性为"宣扬缓和阶级矛盾以及向地主报恩的反动思想的剧本"。《锁麟囊》虽然不在禁演之列，但阶级调和的主题显然与当时的社会思潮格格不入，上演自然也就遥遥无期了。《荒山泪》拍了电影，成为程砚秋留下的唯一一部舞台艺术片，但程先生就是不开心。1958 年，这位艺术大师因心脏病突发去世，年仅五十八岁。程砚秋剧团随之宣告解散。

程先生去世后，梅、尚、荀剧团各有演职员四五十人，年龄大都在三十五岁至六十岁之间。这三个剧团不同程度地存在人员不齐整、行当不齐全的现象。1958 年 12 月，文化局领导与三位主演接触。梅兰芳本人曾几次表示，愿意继续演出，并表示要在剧团内大力培训青年演员，来继承自己的独特的艺术风格；尚小云表示，也想再唱几年；而荀慧生本人一再表示，不愿意继续再唱下去，因此演出合同只订到次年 3 月份。

最后，领导认为，梅兰芳在国内外有很大的影响，建议保留梅剧团，充实一批有基础的青年演员或学生。对尚剧团则提出一取一舍的两个方案：一是剧团予以保留，但明确要求彻底改变原有面貌，补充一批思想健康和稍有艺术基础的青年演员；二是解散剧团，将尚小云本人和个别艺术上有成就的艺人安排在戏曲研究机构或教育单位，其他年轻力壮者则下放到工农业生产岗位，从事体力劳动。党组虽赞同第二个方案，但执行上有顾忌，觉得方法比较简单，尚小云和个别老艺人在思想上不易接受，因此仍暂且倾向于第一个方案。

夫唱妇随

张宅后院北屋内，书桌上、茶几上到处摆着新戏剧本。早餐后，吴励箴便开始读剧本，张君秋坐在沙发上闭目听着，琢磨着，听到关键处，要励箴用红笔做记号。

这几年，张君秋在频繁演出的同时，接连创排新编剧目大小十来出。有时几出戏交叉撞上了，不得不加班背词，设计唱腔，团里忙完家里忙，连睡觉时都背词。有一天午休时间，吴励箴和几个孩子在客厅写字画画呢，就听睡房中君秋大声叫："励箴，'心如刀绞，我的泪难忍'下边是什么词儿？"吴励箴："'低声下气叫官人'。"非常顺畅地接上了下句。她把睡房门打开一条缝："不要背了，快休息吧，晚上还有演出哪。"吴励箴能提词由来已久，丈夫演出太多、太累，常常拿起剧本没看一会儿就呼呼睡着了，

张君秋夫妇与张秀琴

叫都叫不醒。吴励箴看了好心疼。可是，有这么多的剧目等着下锅，这么多的唱段要创作出来，怎么办呢？张君秋说："励箴，还是你念剧本吧！我站在那儿画兰草，就不困了。再不然就我边画边背，你呢，给我提词，接下茬。""好啊！"吴励箴念得有声有色，轻重缓急、喜怒哀乐分明，对张君秋理解剧中人物感情的拿捏更好像是一种提示。妻子读剧本、提词，成为张君秋艺术创作中必不可少的一个程序，真个是夫唱妇随。

张秀琴尽享天伦之乐

大年初二，张秀琴六十大寿，这是她一生中最幸福的一天。农历年前的半个月，张家大宅门就沉浸在过大年和给老太太办六十大寿的欢乐气氛中。喜庆的日子里，由张秀琴指挥，全家人忙活起来，擦香炉、炖肉、蒸馒头、包饺子……奶奶出钱请裁缝给儿孙们做新衣服，儿媳赵玉蓉、吴励箴、王树龄去理发 烫发，头上戴红绒花，显得格外精神、漂亮。客厅中摆放着盆栽的迎春花、夹竹桃。在南屋张秀琴的厅里，墙上挂起红缎子手绣的老寿星喜帐，玻璃窗上贴寿字窗花，条案上摆放几盘大寿桃、寿面和鲜红的苹果，以示健康长寿、平平安安。一尺多高的锡铁寿字蜡烛台擦得锃光瓦亮，大红蜡烛上的金色盘龙栩栩如生。老夫人和儿媳树龄点票子，包了一大摞红包。张秀琴俩儿子君秋、君杰，侄子铁安，外甥何顺信，总共二十几个孙儿、孙女，这些孩子都是嫡亲嫡亲之人哪，给发红包是必须的。从大年三十热闹到正月十五，亲友宾朋络绎不绝，喜气盈门，张秀琴乐得合不拢嘴。

只要爸爸有演出，张家没上戏校的小孩子下午三点来钟做完功课，就惦记着看戏了。早早吃过晚饭，从一岁到五岁的孩子都跟着奶奶和保姆上剧场，先在舞台上翻滚玩耍，直到剧务清场给轰下去。一天到晚哼着唱段，家里就像个小蛤蟆坑，吵个不休。裘盛戎琴师汪本贞的徒弟，何顺信、张似云的徒弟，一帮小青年到张宅来，孩子们可高兴了，在大哥哥的伴奏下，有唱生的，有唱净的，更少不了唱旦的。吴励箴叫保姆周妈把大圆桌支在中院，备好茶点。从下午开始唱，直到晚餐后九点多才散，大伙意犹未尽，还约定下一次的时间。大人们看着高兴，孩子们唱得开心。

在国营剧团的待遇

1956 年，张君秋进入北京京剧团，抛开多劳多得、自负盈亏的民营体制，有了固定的工资。当时，马连良团长工资一千七百元，副团长谭富英一千五，副团长张君秋、裘盛戎一千四百五。他们比中央党政领导的工资多好几倍，正是所谓的"三名三高"。

四大头牌每个月四五十场演出，常常每天分别在两地有两场演出，也有一天连演两场的时候。票房一天能卖出两三千元钱，除去团里各项开支，富富有余，全年还给国家上交可观的利润和税金。那个时候的物价非常便宜，一斤鸡蛋才几毛钱。张秀琴掌管财务也有变化，每月给儿媳玉蓉、励箴各二百元，负责自己屋里孩子们的生活费用。孩子们正在发育成长，需要加强营养、添置新衣、念书交学杂费等开销，奶奶就管不了。张秀琴身体健康状况不大好，患有糖尿病，还时常咳嗽，不断打针吃药。

张君秋一千多元的工资悉数交给母亲，每月二百元份儿钱由吴励箴撑握，除用于招待宾朋好友之外，还要给丈夫定制四季着装，衬衫、长衫、中山装、西服革履等，上好的料子，素雅的色调，把夫君打扮得大方得体，颇具艺术家风度。入不敷出时，吴励箴则动用自己的私房钱，绝不去找婆婆报销。

张君秋进入演艺的黄金时期

1957 年全国开展反右运动，大多数京剧艺人一辈子专心演戏，尤其是老艺人，几乎毫无政治斗争的理念。文化艺术界批判大会开了多次，发言的人总是很少。虽经一再动员，像前辈荀慧生先生和于连泉先生等，他们觉得还是没有什么可说的，不知道问题的严重性，对别人的发言也不甚明白。他二位是唱旦角儿的，听不懂，就彼此对视转眼珠，会场上有人看到，差点儿笑出声来，被主持人发现了，他们就受到严厉的批评。

张君秋那两年一心扑在改革创新剧目上，有好几出戏等着排演出来，时间紧迫，连睡梦里都背戏。开会时他带着耳朵，没带心，有一次被点名发言，差点闹出笑话来。主持人看张君秋在开批斗会时两眼发直，嘴里叨念着，就把他叫了起来："君秋同志，你对他们的反党言论怎么看，你来说说看！"君秋噌的一下站起来说："看什么啊？我坚决拥护戏改！"主持人气急败坏："你知道吗，现在是开斗争会，你说什么呐？整个儿文不对题！"君秋汗下来了，大家也不敢笑。看到那些被打成"右派"的同行李万春、叶盛兰、奚啸伯等，他心里也很不安。

北京京剧团的反右活动告一段落，马、谭、张、裘赴上海演出。张君秋的《望江亭》在上海电影制片厂拍戏曲影片。

四大头牌到上海，戏迷们疯狂了，一个月前剧场就开票了，场场爆满。第一天《白良关》《盗宗卷》《祭塔》《定军山》，第二天《南阳关》《春秋配》《锁五龙》《淮河营》，第三天《雪杯圆》《御果园》《卖马》《玉堂春》，第四天《女起解》《碰碑》《借赵云》《坐寨·盗马》，哪出都好，哪出都是当时全国顶尖儿的。观众强烈要求谭富英、张君秋、裘盛戎加演《大保国》《探皇陵》《二进宫》。这三位的合作是一绝，特别是对口唱，谁也不让谁，抢着唱，观众听得激动，疯狂拍手跺脚。报纸大肆渲染说，北京京剧团来沪，必须带这出戏，否则上海的观众没地方去听如此精彩绝伦的《大·探·二》啦！记者说："十几年前，演《二进宫》就属尚小云最棒，每次他唱这出戏总会博得满堂彩。可是没有想到，张君秋唱这个戏那就更不得了。他年轻，底气足，三个角儿飙戏，他唱到'你道他无有'的'有'字时竟然还轻松地翻着高唱，剧场一下就炸了锅！"戏迷没听够，要求加场次，剧场负责人也乐坏了。

张君秋在上海不但演出，还抓空儿和马、谭、裘排了新戏《秦香莲》并作为临别演出。从演出前的准备工作，到演出的紧张忙累，再加上排新戏，北京京剧团上上下下都没一点闲空儿，错过了"大鸣大放"，也就没有出现很多右派分子。

北京京剧团上海演出结束，大队人马回京。张君秋、刘雪涛等留沪开始《望江亭》的拍摄。这部电影的进度比香港快多了，吴励箴也有差事，做君秋的专用"场记"。1958 年电影拍摄完成后，赶上人民公社、大跃进，张君秋马上回京排演新戏，创作、演出，一派繁荣景象，成果极丰富。不算合作戏，这时期张君秋创作、主演的新戏有十多出，多数剧目成为张派艺术的代表作而传承下来。四大头牌合作的剧目《赵氏孤儿》《秦香莲》等也成为经典。北京京剧团为中国京剧艺术作出了巨大贡献。

《秦香莲》剧本是荀慧生先生送给张君秋的，荀先生认为这出大青衣戏很适合他来演，北京京剧团角儿多，行当齐全，这戏排出来一定会打响。荀先生是专家，料得准！马、谭、张、裘全梁上坝，把这出戏唱得高潮迭起，异彩纷呈。《秦香莲》的演出

轰动剧坛，还拍成戏曲电影，留下了宝贵资料。

当时中国京剧院的李少春也曾提议排《秦香莲》，自己担任配角王延龄，请叶盛兰创塑造一个小生的陈世美形象，袁世海自告奋勇扮演韩琪。但因缺少一个理想的铜锤演包拯，这个计划最终未能实现。

张君秋正是出作品、出成绩的年龄，不能惜力，他日以继夜地创作、排练。马、谭、张、裘通力合作，成功演出了《秦香莲》，该剧目成为北京京剧团的看家大戏。

《赤壁之战》《西厢记》献礼建国十周年

1959 年，为庆祝中华人民共和国成立十周年，全国艺术院团加紧排练迎国庆节目。全国著名歌唱家、舞蹈家参演的大型音乐舞蹈史诗《东方红》在人民大会堂隆重推出。中国京剧院、北京京剧团联合排演的《赤壁之战》《西厢记》也于人民大会堂演出。马连良、谭富英、裘盛戎、袁世海、张君秋、杜近芳、叶盛兰等名角强强联合，盛况空前。一经推出，便博得观众的喜爱，久演不衰。

《西厢记》是元代戏曲作家王实甫的名著，歌颂男女主人公坚贞的爱情，他们突破封建礼教束缚，终成眷属。该剧故事情节曲折、辞藻华美、人物刻画细腻生动，为古典戏剧之经典。1958年冬，文坛巨匠田汉先生将其改编为京剧，由中国京剧院及北京京剧团联合首演于北京，张君秋饰崔莺莺、叶盛兰饰张珙、杜近芳饰红娘、李金泉饰崔夫人、娄振奎饰惠明。此剧唱腔、表演、服装、置景都有革新，豪华的阵容，精彩的演出，轰动全国。

京剧《西厢记》可算得是集张君秋数十年锐意革新的成果之大成。剧中崔莺莺的大小唱段将近二十首，除慢板外，几乎涵盖了京剧旦角唱腔的所有板式，实在是前所未有。上板的新腔层出不穷，散板、摇板和流水也不落俗套。关键是，每一段唱都是人物情感的真切流露。"赖婚"一折，莺莺出场唱的南梆子欢快而充满期盼，听到母亲命她与张生兄妹相称时，一段反西皮散板转

1959年，张君秋、叶盛兰、杜近芳演出由田汉改编的《西厢记》，向国庆十周年献礼。

反西皮二六，细致表现莺莺内心变化：从看张生失魂落魄的样子，想到他救自己一家性命的恩情，却遭赖婚；她碍于母亲在身边，不能向前倾诉衷肠。到最后一句"月底西厢变南柯"的"变"字跳跃而上，甩一个高腔，"南柯"二字戛然而止，莺莺摔杯拂袖离去。这段把莺莺察言观色、忆往事、看眼前直至希望破灭的过程都唱了出来，用低回婉转表达哀怨、用高亢激烈表达愤恨，与西洋歌剧的咏叹调有异曲同工之妙。

"琴心"一场的四平调有十来句词，且字数长短不一，套用老腔不可能，况且老腔也唱不出人物的感情，这对张君秋又是一次挑战。前两句要显示由期望到失落导致的闲愁离恨，接下来，仰天望月触景生情，感觉孤单寂寞；听到隔墙的琴声，仔细品味时，传达的是张生对自己的埋怨。她只恨母亲言而无信，最末一句"即便是十二巫峰高万丈，也有个云雨梦高唐"，表达莺莺对张生的爱是阻挡不了的。这段经过反复推敲、面目一新的四平调，以其扣人心弦的优美旋律，享誉海内外。

"哭宴"中，莺莺乘车上场，以反二黄散板缓缓描述"碧云天、黄花地、西风紧"的景象，紧接着上板，回龙、反二黄原版，时快时慢，情景交融，道出离愁别绪。本段唱不长，却音域宽广，难度大，感人至深，效果极佳。

张君秋为《西厢记》谱写的唱腔进一步展示了他作曲的天才。驾驭戏里高难度的唱段，游刃有余，则体现出他歌唱的非凡功力。张君秋独树一帜的演唱风格，使青衣声腔艺术走向划时代的巅峰。

兵马司后街张宅门庭若市，中国京剧院、北京京剧团、全国各大京剧团体青衣行当的青年演员，纷纷拜师在张君秋门下，掀起学习张派的高潮。李瑛、吴吟秋、卢山、李近秋、薛亚萍、王婉华、刘美娟、杨淑蕊、王婉华、杨秋玲、夏美珍、李炳淑、杨春霞、齐淑芳、王晓湖……他们都痴迷张派艺术，在百忙的工作中抽出时间登门学艺。一般都要预约，因为张君秋忒忙了，有多少部新戏要排练、创作出来，演出工作还不能停止。

各大新闻媒体也频繁出入兵马司后街张宅，进行采访报导。一天，新华社来了一个团队，请张秀琴讲张君秋事业的成长和家庭的变化，并拍摄许多照片，留下了宝贵资料。整条胡同人来人往，好不热闹。

孙菊生聊叶盛兰

吴励箴把孙菊生先生请到家，让学玲拜在他门下，学习工笔花鸟画。孙先生来授课一般是周六、日，上午九点到十一点半。

一天，他教学玲临宋画，授课结束时，顺便聊会儿天。孙老师是张君秋的粉丝，也是叶盛兰先生的忠实观众。孙、叶两家住得很近，所以往来见面的机会多。当时在场有吴励箴、王运家与金世禾这三位，正说起李万春被打成右派的遭遇。孙菊生插话说："最近，我碰见那盛兰老弟，看他脸色儿不好，唉声叹气的，挺心疼。"金世禾说："他这两年不好过，台上精神，台下蔫儿！老遭人白眼儿。"孙先生说："您的话我明白，自被打成右派，漂亮潇洒的一个人，整个儿变了模样！我跟他说：'兄弟，咱往开想，别愁坏了，你没有反党，我知道你！问题早晚会解决，您是大艺术家！'叶老弟说：'哥哥哎，我确实没有反党，他们错误地领会了我提的意见，处处打压我。这不，排迎国庆十周年大戏，两院团联合的《赤壁之战》让我演周瑜，临演出前通知，给周瑜加四句唱，我连夜编腔，带走身段。第二天，在人民大会堂演出，这四句唱加得非常精彩，观众猛叫好。我心想，交给我的任务完成得这么好，还不得夸我两句。您猜怎么着？卸妆以后，领导气哄哄找我谈话："叶盛兰，你知道你是什么人吗？你是受限制使用！你台上撒欢儿，要满堂彩是什么意思？示威呀！？"我连忙低头鞠躬认罪："不敢，不敢！"菊生老哥呀！这还有法儿活吗？我难过死了，真不想上班去啦！'"孙菊生又说："没辙！怎么做都不对。我给他出主意，让他上医院去开几天病假条。你们猜他说什么？'我没病，大夫怎么会给我开假条哇？'哈，大家说说啊，瞧他台上的戏多足，台下装个头疼脑热都不会啊！他忒老实。"吴励箴等听了连连叹气。大家盼着能早日给叶先生他们平反。

同行非冤家

建国十周年，中国京剧院、北京京剧团紧密合作，取得骄人的成绩，这更加深了两个单位演员间的友情。

抓住排《西厢记》的空档，张君秋带家人到宣武门烤肉宛就餐。经理热情接待，问道："您是文吃还是武吃呀？"文吃，即客人围桌坐好，点菜、点肉，师傅在后厨烤好后，由服务员端上来，大家开吃。张君秋指着一家老小："您瞧，这么一大家子，就文吃吧。"经理说："好，那就请小包间坐吧。"张家人刚坐定，只见中国京剧院的李少春、袁世海等七八个同行兄弟进得店来。张君秋忙迎上前去，亲热地打招呼："今天什么事，你们到南城团聚来了？"袁世海说："下午我们到俱乐部跟马先生、谭先生对《赤壁之战》，顺道儿来吃烤肉。"见张秀琴坐在包间，几人赶紧进屋问安，老太太说："正好，一块儿吃吧！"君秋道："我做东，换一个大包间，咱们武吃，老太太他们文吃。"李、袁等推让一阵，君秋执意要请客，盛情难却，大家就先谢了。

选了一个大包间，哥儿几个围着大炭火炉，单脚踩在长凳上，撸胳膊挽袖子，拿起超长的木筷子烤肉，"武吃"起来。经理、服务员等忙着沏茶续水、炒菜、手切牛肉一盘盘端上来。大家兴致勃勃地吃着聊着，红光满面，精神焕发。这场景被在外面吃饭的客人发现、传开，京剧名角儿在烤肉呐，快瞧瞧去！他们聚在一起吃饭的场景，平常可见不着呀。客人都不吃饭了，趴窗户看这些大腕儿烤肉。

张君秋人缘好，待人总是和和气气，即使陌生人（大多是戏迷）与之搭话，他也面带微笑回应。同行者问："您认识他？"君秋答："不，虽然面生，也许见过，记不得是哪位，怎么好不搭理人家。跟人聊几句，人家也高兴，总比说'我不认识您'，让人下不来台好。"的确，认识他的人太多了，一面之交记不起也很自然。他对同行更是客客气气，尊师敬友，谦恭有礼，从无是非，和睦相处。

赴外地演出，整个儿戏班就像一个大家庭，趣闻轶事时有发生。

60年代初，北京京剧团四大头牌赴天津，演了大小剧目、流派戏二十几出，天津戏迷可乐坏啦。

一天，李多奎、裘盛戎的《遇皇后·打龙袍》夜场散戏后，大家溜达着陆续回饭店，吃过夜宵，洗漱后打算休息了。时间已过10点半，张君秋与家人也准备睡觉。就听房间门外聊得热闹，"嗵、嗵、嗵！"有敲门声，李多奎大声说："傻子，你给我出来！"裘盛戎为人憨厚、诚恳、乐观热情，还爱开个玩笑，大家都管他叫大傻子。张君秋一听，这是敲错门了，赶紧出去问："怎么回事？"李多奎一看出来的是君秋，转身又对另一个屋子叫："裘傻子，你给我出来！"不一会儿，很多人都开门探头，裘盛戎哈哈哈大笑走出房间。李多奎指着他："好小子，你拿我开涮！"李多奎是长辈，裘只是傻笑。

高宝贤、慈少泉等也都出来了，说："老爷子，老爷子别急，他干嘛来着？他怎么气您来着？"李多爷说："让裘傻子自己说，他干嘛来着？"裘还接着闹，学着刚才在电话中逗李老的过程："我给老爷子打电话：'喂，你是李多奎吗？'"李多奎说："你用什么口音说的？""我当然是用天津味了。"大家听完这句话就开始乐。裘又接着说："'你今天那段儿慢板唱得忒好啦！但是我得给你提个意见，你那一口气儿唱下来不换气，憋不憋得慌呀？忒张君秋虚心求教于前辈艺术家。

危险啦！'我还没说完呢，给挂了。"旁边听主大概有十来个人，皆捧腹大笑。李多奎说："我是得挂了，要不然，你不定还得说出什么来呢。我一听就是你！看来你还不累，你再接着唱两出。"大家听完了又一通大笑，张君秋一家也笑的前仰后合。最后还是高宝贤给打圆场："大家回屋睡觉吧，行了，行了，别闹了，看来还真不累，待会儿该睡不着了。"

大家笑着分头把李老爷子和裘盛戎送回房间。舞台下面大家就是这样和谐幽默，轻松温馨。

骆玉笙来访 跨界交流

一天上午，京韵大鼓名家骆玉笙（小彩舞）先生到后街来串门，赶上君秋带着女儿学玲和女婿卢山要去北海公园划船。骆先生受邀一同前往。

乘上画舫，欣赏大好春光，张骆二位还不忘艺术交流。张君秋说："京韵和京剧在音律方面有很多共同点，我一直试着在唱腔和过门里揉进京韵。"骆道："是的，我在京韵里也采用了京剧的韵白和伴奏。""听起来非常舒服，顺耳。"张君秋十分敬佩。

二人连说带唱带比划。晚辈听得入神，获益匪浅。

下船后，他们在公园内的舫膳用午餐。张君秋指着学玲说：
"这孩子喜欢唱京韵，抽空您给她说说。""小声唱两句！"学玲
倒也不怵，唱了几句《丑末寅初》，赢得骆老鼓掌："好，够味儿！
这个学生我收了。"张君秋忙让学玲给师父鞠躬。

饭后，学玲搀着骆先生，张君秋、卢山随后，边说边笑出了
北海前门。送骆玉笙上了出租车，爷儿仨高高兴兴打道回府。

自戏改以来，张君秋跨行当，甚至跨界，广泛吸取艺术精华。
他买来大量地方戏、京韵大鼓、梅花大鼓、单弦，更有中外歌剧、
交响乐的唱盘仔细聆听，并亲到现场观摩演出。张君秋的唱腔设
计是根据人物要表达的感情而创作的，不是旧瓶装新酒。《赵氏
孤儿》的一句"娘与你、你与娘天各一方"，"方"字的唱腔是借
鉴李多奎《钓金龟》中"小张义他不睬不闻呐"的唱，用于庄姬
公主，以翻高的呐喊声爆发出与新生儿生离死别的悲愤，把剧情
推向高潮。观众听到这里闭着气不敢呼吸，关注着母子的命运，
明明是悲腔，却报以掌声。

张君秋不是把唱腔原封不动直接移过来，而是加以变化、巧
妙融入，有如自然天成。《状元媒》中"自那日"唱段的结尾"国
泰民安"转散上扬，仔细听会发觉它与评剧某些唱段收尾近似。
这就是张派艺术、张君秋艺术创作的魅力所在。

"经租房"政策出台

一天，王运家拿着一份到房管局开会的通知，对张君秋和张
秀琴说："房管局请房产主张君秋、张秀琴去开会，听取北京市
政府向私有房产主发文'经租房'的政策。"

张君秋不假思索就说："按国家的要求做。""别，别介，我
没听明白，怎么回事？什么叫'经租'？"张秀琴急切地叫王运

家解释政府发来文件的内容，王运家说："'经租'就是市政府规定，房产主留下自住 225 平方米之外，多余的数量，由政府有关部门统一出租给私人。政府把一定比例的租金支付给房主。向房主支付定额租金的比例，不同地区、不同情况的房主也略有不同，大约是租金全额的 20—40% 给房主。在北京，私人出租房屋超过 15 间（或 225 平方米）的就要纳入国家'经租'。"

张秀琴听懂了。这二十几年来，自己拉扯孩子受了多少常人难以忍受的罪，吃了多少苦，一路打拼，积攒下来几所房产，怕的是万一君秋因嗓子出问题不能唱戏了，有个房产出租也能救急。现在搞"经租"，那不等于房子租出去，才收不到一半租金？君秋要是不能唱了，一家老小这么多口人怎么办哪，到那时找谁去呀？张秀琴无论如何也想不通，一连几天不去看君秋演出，也不理儿子。张君秋看出娘的心思，于是就哄着娘说："如今国家还很穷，解决老百姓住房困难，要靠每个人多贡献。国家好了，我还能挣大钱再买房。咱们也该响应政府号召呀！"张秀琴说："这二十年走南闯北，你演了多少戏，唱了多少场，还拍了五部电影。我看这梨园行就数你忙，你累，娘心疼呀！三伏天演《玉堂春》，跪在台口唱几十分钟，那大汗珠子掉下来摔八瓣儿，戏散后水衣子能拧出水来，娘心疼呀！咱们的钱不是卖药、劫道来的，是血汗挣来的！"张秀琴急得掉眼泪，哭了几天，看来母亲的工作还真不好做。

经过大家几天的劝说，张秀琴明白，这不是一家的事，是帮政府解决住房的急需。张秀琴也怕君秋为难生气，所以听儿子的话，最终同意把房产交给政府去经营。

这样，张家 1955 这样，张家 1955 年买的西长安街库资胡同方方正正大瓦房十六间半，1939 年买的棉花四条两套院十一间中的七间，张秀琴 1930 年买的汾州营三间房产算在张君秋一户上不能超 250 平米的规定中。依这样的法定条规张君秋一户就远远超额了。张君秋严格地遵守国家经租政策，张家人也没有说二话就将总计二十六间半一千多平米几套院房产，都交给了国家出租经营。虽然没有过户实际上就是给国家了。张君秋时年38岁。

三年困难时期

上世纪50年代末60年代初，国内处于困难时期，粮油棉短缺，肉禽蛋紧张，国家只好发各种票证计划供应。张家孩子太多，成年的20岁大儿子有三位，十五六岁儿子女儿的好几个，都是饭量大的时候，吃不饱、没营养，就打了蔫。学津、学海、学济二十上下岁，戏校毕业了分配到剧团，演出很多，学敏也从戏校毕业。学浩、学治在戏校，都十二三岁了，每周日晚上回戏校，全带上吃的才让走。那时，戏校的伙食是红薯面馒头，很难吃，管够就不错了。家里的学华、学江、学聪、学沄都在十岁以下，是长身体的阶段，大人照顾他们先吃饱。

张君秋身体出现了浮肿现象，医生说："累的，营养跟不上！"政府优待，每月配给他一些黄豆补充营养。吴励箴听说丰台有一家包子铺开张，带领全家乘火车去吃了一顿，还往回带了不少。吴励箴怕张君秋身体垮了，每天中午到晋阳饭庄端特贵的海参等高档菜饭回来，再让他分两次吃。总之，在她精心照料下，张君秋身体没出什么大事。

那几年，买什么生活日用品都要凭票，每个人手里都有一大堆粮、油、糖、棉、布、点心、自行车、缝纫机等票证，很麻烦，日子确实不好过。

学玲随李多奎爷爷学老旦

吴励簌觉得大女儿学玲皮实，请师傅到家开毯子功、刀枪把子功，让她学武旦，每天撕腿、压腿、踢腿、拿顶、下腰、虎跳、小番儿，练刀枪把子，打小五套、小快抢。张君秋看这丫头的个子小，怕她学武旦在台上吃亏，说："就好好学画画吧！"

当时，藏族歌手才旦卓玛的《唱支山歌给党听》在社会上很流行，学玲也学会了。这丫头画画时，常常不管不顾放声歌唱，非常投入。有一天傍晚吃过饭，学玲又高兴地唱起来，忽然听见有人把西屋门推开，抬头一看，是爸爸和妈妈进来了。她自以为吵到了大家，就停下不唱，可是父亲说："你再从头唱一遍。"学玲一点不含糊地高声唱起来，听罢，张君秋心中有数了："这孩子大嗓儿真好，干脆学唱老旦吧。"一锤定音。

这样，学玲每天放学后先听唱盘，再到剧场追看李多奎爷爷的演出。吴励簌花钱请李多奎先生的琴师周文贵来家教戏、吊嗓子。周老师一出戏一出戏地传授，非常严格。两年功夫，那嗓子真给吊出来了。学玲的嗓音宽厚有余，最初平槽，没立音儿，尤其定正宫半调唱"哭灵"的反二黄导板"珠泪滚哪"拉长的嘎调最高音，就是上不去，唱得满脸汗水，哗哗流进眼里。周大爷以为学玲急哭了，连说："别着急，再来，再来！"她直练到调门嘎调的高音翻着唱没挡才罢休。

张君秋把李多奎先生老两口接到家来，自己操琴，请他听听学玲唱。学玲唱了一段《钓金龟》二黄慢板"老天爷"正宫调，李多奎拍着板，认真听着，听罢说道："这孩子音色好听，有条件，到爷爷家来吧，我教你！"学玲兴奋得不得了，立马给李爷爷、李奶奶跪下磕仨响头："谢谢爷爷！我一定跟您好好学！"二位老人笑着说："好，好，快起来！"在场的张家人都为学玲能拜多爷为师高兴。张秀琴说："这孩子有股子冲劲儿，您对她严点儿，她倒是能吃苦。"多爷说：“您放心，我绝不含糊。”

那天，在大家强烈要求下，老太太张秀琴唱了一段《钓金龟》的原板“叫张义我的儿”正宫调，多年不开口，嗓子还是那么高亢响亮。大家来了情绪，张君秋说：“励篯，你来一段儿！”孩子们跟着起哄：“妈唱一段！”吴励篯脸通红：“不行，不行，我哪儿会唱呀？”架不住众人撺掇，张君秋操琴，她唱了几句《望江亭》四平调。吴励篯这可是在张家头一回亮嗓子，也是为女儿投名师感到欣慰。

吴励篯患病

张宅每天胡琴声、吟唱声不绝于耳。孩子们在院子里跑圆场、练功；学玲常到李多奎爷爷家、周文贵大爷家去学戏；学江去汪本贞先生家学铜锤花脸。学华、学聪和学泫学张派青衣，在君秋徒弟上课时他（她）们三人也旁听。吴励篯请徒弟季小兰（后随其先生去德国发展）教他们《贵妃醉酒》的身段。张君秋吃过早餐后，临临《三希堂法帖》，看不懂的字吴励篯给解释，给讲王羲之。这时，孩子们就围上前，也拿笔抢着要写字、画画儿，常把墨弄到脸上，周妈得使劲才能拉走洗脸去。张君秋有空时，还抄起京胡，给这几个小不点儿吊吊嗓子。

可就在这个时期，四十岁的吴励篯出现了高血压、心慌、头晕、一阵阵迷昏的现象，感觉极不舒服，每天煎服中药。蒋国华医生来家里给吴励篯看病后对学玲说：“你母亲的身体很不好，你们小孩儿在妈妈面前不能大声、高声说话，不能让妈妈着急、不能让她生气，要不然血压会增高，会心脏病发作。”

吴励篯每次去医院，蒋大夫都派人护送她回家，怕发生不测。那时吴励篯只要看到孩子淘气不听话，她就说：“你们趁我在，一定要好好学本事，不然，一旦我不在了，你们就苦了。我的亲娘在第四个妹妹出生没多久就病故了，我的爸爸再有钱有地位，也不能替代亲妈的作用。"孩子们虽不甚明白妈妈为什么说这些话，心中也有些惴惴不安。

张君秋再临香江

北京京剧团接到慰问香港同胞的演出任务。这是新中国成立以来，首次派出拥有多位国宝级演员的京剧团。

临行前，周恩来总理特别接见了剧团领导和几位主要演员，询问准备工作情况，嘱咐注意事项。总理说："香港是面对世界开放的城市，带上你们的传统剧目，为海外人士送上一份艺术大餐。让世界认识你们这些大艺术家在新中国的新面貌。要不卑不亢，展现新中国文艺工作者的风度。香港社会鱼龙混杂，可能有反动势力破坏捣乱，他们会进行一些小动作，策反去美国、去台湾，一定要提高警惕，遇事大家商量，安全第一，千万不可大意。你们在香港朋友众多，像孟小冬先生，据说她要灌唱片，还想借一位琴师到香港，她出路费。我们也可以请她回来灌唱片，让她看看，我们比台湾也不差嘛！"总理又说："家眷就不必带了吧。因为这次赴港团体规模太大，约有八十几人，大家相互多关照吧。"

张君秋自香港一别，已过了十二年。总理问他："听说您有个女儿在香港，那里的社会环境复杂，您这次去把她带回来培养，好不好？""好！"总理的关怀令张君秋十分感动，表示一定完成慰问演出任务，为国争光。

北京京剧团赴港演出团全员的团服，在北京有名的红都服装公司定制。男士着西装，女士穿旗袍。这"红都"是专门给国家领导人定制服装的门店，师傅都是制衣高手、专家。

北京京剧团把十几出折子戏进行修改整理，减掉多余的场子，这样就紧凑了。他们紧张安排每出戏的彩排演出。有一天演出进

1963 年，北京京剧团赴香港演出，大获成功，还多带了一个人（张学采）回京。

行到中场，周恩来总理突然来了，因为爆满没票，北京工人俱乐部经理引周总理走到张家最小的孩子学沄座位前，那原是剧场预留的位，小孩儿看空着就坐了。总理抱起七岁的小学沄，让他坐在腿上一起看戏，真是亲民得很。

　　看完演出，周总理登上舞台，说是给大家送行来了，祝大家一路平安，顺利完成任务。全体在场艺术家、演职人员热烈鼓掌，齐声说："请总理放心！"然后大家和总理合影留念。

　　1963 年 4 月 26 日，京剧团一行从广州乘坐火车至深圳罗湖，转道香港。在新华社驻香港分社的帮助下，同家人分别十余载的学采怀着激动的心情，早已在罗湖火车站等候亲人的到来。列车徐徐驶入停下，学采随即被引领至父亲面前，献上鲜花，她怯生生地说："爸爸，我想您，想妈妈！你为什么才来呀？"父女二人泪眼婆娑，相互端详，话虽不多，但是张君秋始终拉着学采的小手，直至入住酒店。学采真开心，再也不离开父亲了！

　　北京京剧团在香港演出了四十九场，住了六十天酒店。期间，学采一直和父亲和剧团生活在一起。父亲和大家团结一心、积极向上的氛围，时刻感染着她。每个人都为圆满完成演出任务，严格要求自己。团里所有人对学采都非常热情友好，这让她感受到从未有的温暖、关怀。父亲给他讲述印象模糊的母亲和素未谋面的兄弟姐妹们的趣事，介绍北京的好去处……学采恨不得立即就回北京与亲人团聚。

张君秋初到香港是近而立之年，此番再访已逾不惑。他艺术上炉火纯青，自立门派，精神面貌焕然一新，老友们见了夸他越发年轻了。张君秋回大陆后的发展大家有目共睹，都为他取得的辉煌业绩由衷感到高兴。

香港报界对张君秋在《望江亭》《状元媒》《赵氏孤儿》《秦香莲》等新戏中的表演赞不绝口。"张君秋饰演庄姬公主，扮相雍容华贵，他的唱腔如行云流水，酣畅淋漓。""张君秋在《状元媒》里，不仅表现了他梅派正旦的才华与功力……而且自创一格，技巧老练，风格清新……更表现出他是一位见文见武的高手，打猎一场中的几个圆场，形态美妙，中规中矩，极见功夫。""张君秋的嗓音，高处响遏行云，低处如深山幽泉。行腔之妙如柳底莺啭，如珠落玉盘，放声一唱，则是泻玉之音。昨晚在他几段唱中，几乎是一句一彩，如轰雷一般。""在做工上，熟悉张的内行人，都大为称赞他这几年的长足进步……他要观众看到柴郡主的无限惊喜，无限娇羞，但又要观众看到她的着意压抑，而压抑也要含蓄自然，不能有丝毫勉强之迹。这是表演艺术家的上乘功夫……由此可观，在做工上张君秋可以说达到了新的境界。"好评如潮，张君秋在新社会取得的骄人成绩展现无遗。

1963年7月中旬，北京京剧团圆满完成赴港演出任务，在香江掀起一阵新中国新京剧的旋风，给港澳同胞留下美好深刻的印象，胜利返航。

北京市文化局在民族宫招待了全体赴港演出人员，对他们予以表彰。

周总理在接风会上，特别表扬京剧团："我们赴港演出团此次演出没有少人，还多带了一个人（张学采）回来，这是超额完成任务啊！"他叮嘱市委和京剧团的领导，一定要尽早把孩子入学的事情安排好。党和政府对张君秋的关怀，令他感动不已，铭记于心。他说："这次赴港演出受到热烈欢迎，那些分裂分子策反没有得逞。全团的老中青演员，团结一心向海外展示新中国艺术家的新风貌，展示中国北京京剧赴港演出团最高的艺术水准！在《赵氏孤儿》开戏前，进行安全检查，扫雷，真悬，扫出爆炸物来了！（有人）要制造恐怖事件！可是，没有给大家吓跑，演出更经心了，最后圆满完成任务，给新中国增光露脸。"

香港回来，张君秋马不停蹄投入拍摄《秦香莲》戏剧电影的工作。此片原定由马连良、谭富英、张君秋、裘盛戎、李多奎北京京剧团这几大头牌合作，结果老谭团长患病，马长礼接了陈世美这活儿，这是一大遗憾。李多奎身体也不好，出院后直奔东北长春电影制片厂。

此次，张君秋有吴励箴同行，拍摄这部影片正值他艺术事业的顶峰时期，给京剧宝库留下了非常重要的资料。

张派艺术的形成和传播，对京剧旦角乃至整个京剧艺术都具有深远的影响，是中国京剧艺术在新中国取得辉煌发展的重要标志之一。

第五章
1965—1997

那个年代不谈也罢

1966 年，政治风暴席卷全国，横扫文化界、戏曲界名人。张君秋一家被扫地出门，宝贵资料、字画、珍玩等被打砸抢、劫掠一空。张君秋白天挨批斗，晚间写检查。

1968 年底，张君秋的母亲张秀琴辞世。1969 年初，吴励箴辞世。她们都没留下一句遗言。吴励箴去世时年仅四十八岁，白事料理得非常简单，在京子女陪着张君秋去火葬场，没有请任何亲朋好友，没有举办任何仪式。火化后，骨灰抱回家中存放。直至 1998 年，张家子女修坟造墓，按照父亲的遗愿，将张君秋、吴励箴、赵玉蓉三人合葬在一个墓穴中，另修墓穴将奶奶张秀琴的骨灰存入，并立汉白玉墓碑，以尽孙儿孙女之孝心。

1970 年，张君秋把身边的女儿学玲许配给自己的学生、在外文出版社工作的卢山。夫妻俩陪爸爸在陶然亭红土店五号楼共同生活。学玲的弟弟妹妹有的参军，有的去农村插队。

"文革"后期，张君秋被"解放"，在样板团参加《红色娘子军》的创作。周一至周五，他住魏公村中国京剧院宿舍，学玲夫

吴励箴和子女（60 年代）

1969 年，吴励箴去世，张君秋和孩子们相依为命。

张君秋、谢宏雯（1990）

妇常去看望他，送去换洗衣物，在魏公村小餐馆改善生活。张君秋一边工作，一边还要兼顾着农村、参军子女的生活，并常写信鼓励他们不要怕苦，要坚强。

1974 年 10 月，张君秋与谢宏雯结婚。能有人照顾父亲，子女们都赞同，当然，互相融合也比较难。

拨乱反正时期，中央领导对受到重创的文化艺术界非常关心，关心京剧界艺术家的生活状况，过问他们"文革"中的遗留问题。张君秋没有提自己需要解决的问题，而是向领导汇报："中国京剧院还有一位没有'解放'的大艺朮家叶盛兰先生,他还关在'黑屋'呢!"中央很重视,没有过多久就落实了这事,叶盛兰先生得到平反啦!

"百日集训""京剧音配像"
功在当代 利在千秋

1969—1997 年,张君秋虽然不怎么唱戏了,依然全身心投入京剧教育、传承事业,教学、讲课活动排得满满,为中国京剧事业辛勤耕耘,又创出一番光辉的业绩。

上世纪 70 年代末"文革"结束后,张君秋恢复演出。万里副总理在看戏后,约张君秋谈话,问他有什么困难,在座的有团中央的李瑞环、北京市副市长张百发。从那时起,李瑞环、张君秋两人就成为了好朋友。李瑞环说:"君秋同志好,从不为自己的私事找领导。"

张君秋与时任天津市长李瑞环、张似云。

张君秋（时任中国戏曲学院副院长）和中国戏曲学院学生合影。

张君秋和中国戏曲学院院长史若虚观看学生排戏。

1986年，李瑞环在任天津市长时，为了培养一批天津青年优秀京剧演员，特聘请张君秋，由他组织一个大师级的专家队伍，完成"百日集训"工程，为天津青年京剧团排经典剧目。这个工程硕果累累。如今，这批演员已经成为京剧界的领军人物。

1994年，张君秋又受时任全国政协主席的李瑞环委托，担任"中国京剧音配像精粹"工程的艺术总顾问、副总监制，主持这一重要工程，对各个流派留下的录音实况进行音配像工作。这两

张君秋收王蓉蓉、张静琳、徐美玲为弟子。

张君秋子孙演出一台《龙凤呈祥》。

位强将，事无巨细，亲力亲为。在三年时间里，张君秋监制完成多种流派剧目音配像 120 部，监制完成自己几十年前演出的剧目的配像，为京剧艺术的传承作出了巨大贡献。人们赞誉这是一件功在当代、利在千秋的文化工程，对此张君秋功不可没。

大师走了

"中国京剧音配像精粹"工程是一项非常繁杂的工作，张君秋接下工作后，发誓一定要做好。从 1994 年到 1997 年，他都在亢奋当中做工作，拼着命地干活，可谓呕心沥血。

在这段时间，他的心脏前后爆发过两次猝死。一次是在美国被抢救，回来后又发生了一次，是在阜外医院抢救过来的。当时全家人都不大抱希望了，出院的时候张君秋自己都说："我也万万没想到我能走着出来！"患了这要命的心脏病，他没有被吓倒，没有消沉，也没歇多长时间！

1997 年 5 月 4 日，张学玲、卢山和女儿卢思一家三口接张君秋一起去景山公园，欣赏盛开的宫廷牡丹。他们拍照留影，并开心地共进午餐。之后，祖孙三代还一起去了中央美术学院卢思画室。那一天是周末，校园没有人，张君秋兴致勃勃地翻看外孙女的花鸟画作业，并鼓励她好好用功。

26 日晚上，张学玲买了很多好吃的给父亲送到家里去。她问父亲，最近两天还头晕、心慌吗？张君秋回答说："心慌总是经常的。"他还开玩笑地说："全身没有毛病，就是心坏了。"张学玲跟他说："心脏坏了就是发动机出毛病啦，您还是休息吧，咱不干了！"但张君秋说没事，明天早上还要进棚录制拍摄《龙凤呈祥》。

1997 年 5 月 27 日，张君秋一大早起来，洗漱干净、吃过早点后穿上出门工作的衬衫。他自己准备好了，就急步先开门走出去，回头说道："你们都快点啊，车都来了，在下面等着呢。"万万没想到，连电梯都没走上去，他就轰然倒下了……

一代京剧艺术大师张君秋就这样与世长辞，终年七十七岁。

正是美国纽约时间晚上七点来钟，张学津、张学浩在美国接到国际长途电话。那天他们演出《赵氏孤儿》，张学津是主演，化妆好了正在候场，就要开戏的时间。

大师的最后一张照片（1997年5月，卢山摄于景山公园）

啊，这戏怎么唱？！

第二天，在外省市的亲友都往回赶。张家子女由在京的学玲、学治总调度，学华、学采、学聪、学江、学沄……大家分头去买灵堂所急需之物，放大照片，订购鲜花、水果。十二个子女陆续率自家人到灵堂祭拜。

惊闻张君秋辞世，中央政治局七位常委送了鲜花花圈。文化部给予张君秋最高祭奠、追悼规格。中央领导，全国政协领导，文化部、中宣部、市政府的领导都前来吊唁。中国京剧院、北京京剧院、中国戏曲学院的领导，文艺界名家、好友、张派的徒弟们从各地赶来追悼，人流络绎不绝，鲜花摆满灵堂。

遗体火化后，中国文化部张君秋后事办公室告诉张君秋家人：

"将张君秋大师的骨灰放在八宝山一号室存放。"一号室是烈士骨灰存放室，这是中央领导特批的。

张君秋的一生，是为京剧事业奋斗的一生。

1998年，在纪念张君秋逝世一周年座谈会上，李瑞环同志讲话指出：

"君秋同志的一生，是为繁荣京剧艺术事业奋斗不息的一生。我们纪念君秋同志，最重要的是认真继承他的遗愿，学习他的精湛艺术，弘扬他的高尚风范，把他毕生执着追求的京剧事业振兴起来。

"要像君秋同志那样勇于在继承的基础上创新，把京剧艺术流派很好地继承下来，不断发扬光大。君秋同志天赋好，肯用功，又经名家指教，年轻时即唱红大江南北，但他从不满足，而是认真借鉴不同流派，博采众长，融会贯通，结合自身条件，创造了风格独特的张派艺术，把京剧旦角艺术推向了一个新的高峰。

"君秋同志在剧坛耕耘一生的辉煌成果，是他为京剧艺术和中华民族文化留下的宝贵财富。我们要大力弘扬张派艺术，更要学习君秋同志艺无止境的精神，刻苦练功学艺，并在继承前人成果的基础上有所创新，使京剧艺术这一中华民族文化瑰宝，放射出更加璀璨的光辉。

"要像君秋同志那样奖掖后进，把全部心力投入到培养青年一代，使京剧事业后继有人。

"要像君秋同志那样处世为人，加强思想修养，做到德艺双馨。君秋同志为人忠厚，助人为乐，谦虚谨慎，豁达大度，团结同志。他对待同志诚恳热情，对待工作一丝不苟。他做人人格好，演戏戏德高，当党员党性强，在京剧界、在艺术家当中有口皆碑。在君秋同志身上，体现了老艺术家的高风亮节和共产党员的优良品德。我们要学习他的崇高风范，在不同的工作岗位上努力做一个脱离低级趣味，有益于人民的人。"

張君秋

后 记

　　我这本书的着重点不是在探讨艺术，而是从生活角度切入并延伸，追述我父亲从小时开始的生活环境、学习环境，娶妻生子、创业、成名成家、立门派的过程。

　　书里纵向写的是从 1920 年到 1997 年张君秋家庭变迁的几个阶段和过程，横向描述的是 1920 年至 1997 中国社会和京剧界发生的一些大大小小的事件。今年（2020 年）是我父亲的百年诞辰，我就把我所见到的、听到的、经过调查体会到的，给大家先写出一部分吧。

　　张家十二个孩子，五女七男。学津、学海、学济、学敏、学玲、学浩、学治、学华都进入戏曲学校学习京剧，行当有老生、青衣、武生、文武老生、老旦。大哥张学津最突出，是马派的优秀传人。学艺术真的很难，尤其是京剧，除本身条件之外，还要赶上、抓住时机，才能成功。张家老十学江学铜锤花脸，学聪、学沄本身条件也非常好，但是他们正赶上去农村插队或参军，戏就没唱成。但是，爸爸经常对我们讲："爹有娘有不如自己有。"正是这种教导，使我们树立了自立自强的信念，做任何事都不依赖父母，父亲去世后没有一位子女去争遗产。

　　按父亲的遗嘱，我们把墓地重新修建，给张秀琴奶奶单独修建墓穴、墓碑，把奶奶的骨灰坛安放进去。经协商和领导同意，1998 年清明节，我们去八宝山烈士公墓，将父亲和两个母亲的骨灰安放在一起。

　　我们的父亲张君秋大师，一生为了京剧事业，鞠躬尽瘁，死而后已。希望本书能帮助大家更好地了解他的艺术、他的一生。

张学玲

2020 年 6 月

1990年，张君秋赴美国林肯大学讲学，获颁人文学名誉博士学位。

中央领导观看国庆联欢会后与艺术家合影留念。前排左五为张君秋。

快瞧，我们爷俩都钓上来大鱼一条。

附录一

张氏子女及后代

张君秋先生有 12 个子女（赵玉蓉夫人生四子一女，吴励箴夫人生三子四女），他们遵照父母的教导，在各自的工作岗位上兢兢业业、自强不息，事业有成。他们的下一代得益于高等教育，前程更加远大。

- 孙儿张健毕业于清华大学，学士学位。
- 孙儿张迪毕业于
  美国纽约宾汉姆顿大学（University of Binghamton）
  电脑系，学士学位。
- 孙女张羽毕业于中华女子学院。
- 孙女张坤毕业于东方财经日语大学。
- 孙女张萌毕业于
  加拿大西安大略大学（University of Western Ontario），
  学士学位。加拿大联邦注册移民顾问。
- 孙女张楚楚毕业于上海戏剧学院。

- 外孙女王润菁毕业于中国戏曲学院，硕士学位。
  再传张派弟子，中国京剧院演员，国家一级演员。
- 外孙女卢思毕业于中央美术学院，学士学位；
  东京艺术大学院，硕士学位。
  日本美术院研究员。

- 外孙女赵菲菲毕业于

  加拿大英属哥伦比亚大学（University of British Columbia），

  学士学位；夏威夷大学 Shidler 商学院

  (Shidler College of Business, University of Hawaii)，硕士学位。

  美国注册会计师。

- 外孙唐威毕业于

  加拿大滑铁卢大学（University of Waterloo），学士学位。

- 外孙女蒋坤元毕业于

  英国卢顿大学（University of Luton），学士学位；

  法国巴黎第一大学（Université de Paris I），

  工商管理学硕士。

  汽车经纬网及运输行业门户平台创始人、总编辑。

- 外孙女王若卿毕业于中国传媒大学。

一家亲

60年代末吴励箴去世后，张家七个儿女插队、参军，这是他们从部队和农场回来团聚。

大家陪爸爸在中山公园（70年代初）

60年代大宅门内好不热闹

赵玉蓉和她所生五位儿女、小外孙女合影。

赵玉蓉享天伦之乐

插队、参军的张氏子女都回到父亲身边。

张学津（1941—2012）

孙女张楚楚：

感恩 努力 奋斗

张学海 (1941–2012)

长孙张凯宣:

雄关漫道真如铁，而今迈步从头越！
传承国粹，利国利民。

张学济

张学济、骆建玲携女儿张坤一家：

父母恩情，铭刻在心！想念奶奶！

张学敏（1944—2020）

女儿润菁、若卿一家：

感恩父母，不忘初心，继续传承张派艺术。

张学玲

张学玲、卢山一家：

深切怀念奶奶和父母，永远不忘他们的恩德。

张学浩

张学浩一家：

我为我的父亲张君秋先生为中华民族优秀传统文化艺术所作出的伟大贡献而感到无比骄傲和自豪！

张学治

张学治、玉香一家：

感恩父母 永远怀念

张学采

张学采一家：

父亲的精神、教诲与艺术，将永远铭刻在儿孙们心中。

张学华

张学华一家：

忠厚传家久，诗书继世长。

儿孙座右铭，家风永传扬。

张学江

张学江一家：

传续家风 思忍谦和。

张学聪

张学聪一家：

张派艺术 开山鼻祖 流芳百世

张学沄

张学沄、丽斌一家：

艺术典范 敬业楷模

大师不朽

1997年5月27日，中央政治局常委江泽民、李鹏、乔石、李瑞环、朱镕基、刘华清、胡锦涛致送鲜花花圈。

国家领导人乔石、李瑞环亲临现场吊唁。

张君秋九五诞辰

纪念张君秋九五诞辰新闻发布会，由张学玲总策划。

2015年，张君秋九五诞辰，张氏子女、孙子女、张派艺术传承人、再传承人代表在演唱会后给大师祭扫墓地。

附录二

张君秋辞世后官方评论

一

张君秋，中国共产党优秀党员、我国著名京剧艺术大师、戏曲教育家、第八届全国政协常委、中国文学艺术界联合会副主席、中国戏曲学院顾问。张君秋同志自幼热爱戏曲艺术，13岁开始学习京剧青衣，不到20岁就红遍大江南北。1951年在周恩来总理的直接关怀下，他从香港回到内地。周恩来等党和国家领导人多次接见他，新中国的诞生使他的艺术生涯进入了一个崭新境界。1953年，他率先组建北京京剧三团，深入厂矿农村，参加赴朝慰问，热情为工农兵演出。1956年，他与马连良、谭富英、裘盛戎组建了阵容强大的北京京剧团（现北京京剧院）名家荟萃，好戏迭出，使京剧的繁荣达到新的高峰，为弘扬民族文化、繁荣京剧艺术作出重要贡献。

张君秋不仅是著名的京剧艺术大师，也是一名优秀的中国共产党党员。"文革"十年，尽管他的身心受到了严重摧残，但他对于党的信念始终不渝。粉碎"四人帮"后，他恢复了舞台生活，他在出任中国戏曲学院副院长后所做的第一件事，就是向党组织庄重地交上一份入党申请书。1981年6月他光荣地加入了中国共产党。他先后担任第五届全国政协委员，第六、七、八届全国政协常务委员，第五、六届全国文联副主席，全国剧协副主席，中国京剧艺术基金会名誉会长。

《人民日报》1997年

二

"文革"十年中，张君秋的身心受到了严重摧残，但他对于中国共产党的信念始终不渝。粉碎"四人帮"后，张君秋恢复了舞台生活，积极参加社会活动，出任中国戏曲学院副院长。1981年6月，加入中国共产党。先后被选为第五届政协委员，第六、七、八届全国政协常务委员，第四、五届全国文联副主席，全国剧协副主席，中国京剧艺术基金会名誉会长。

张君秋在晚年怀着对振兴京剧的高度责任感，发挥了老一辈艺术家不可替代的作用，作出了巨大贡献。面对经过十年浩劫，京剧事业受到严重摧残、京剧人才严重断档的局面，他毅然把主要精力放在培养青年京剧演员的戏曲教育事业上。他不仅在中国戏曲学院的建设上献计出力，著书立说，出色地完成了教学工作，而且广收弟子，为京剧事业培养更多的后继者。他的弟子遍及海内外，桃李满天下。1986年，张君秋应李瑞环邀请，赴天津参加天津市青年京剧团"百日集训"工作。1990年底，张君秋应邀赴美国讲学，被授予"人文学"名誉博士学位，并获得"终身艺术成就奖"。1994年，张君秋接受李瑞环的委托，担任"中国京剧音配像精粹"总顾问。他与京剧界诸多名家一起，充分发挥了艺术造诣精湛、舞台经验丰富的优势，满腔热情地投入到这项对于京剧艺术具有深远意义和十分复杂艰巨的文化工程之中，在近三年的时间里，完成了中国京剧多种流派剧目音配像120部，并为今后的音配像工作奠定了坚实的基础。

张君秋主演的《打渔杀家》《玉堂春》《游龙戏凤》《望江亭》《秦香莲》已摄制成京剧舞台艺术影片。著有《张君秋戏剧散论》。

（摘自《京剧大师张君秋》大型画册，天津市中华民族文化促进会中国京剧艺术基金会、天津市张君秋艺术基金会编）

附录三

三十余年师徒父子情

"芍药开牡丹放花红一片，艳阳天春光好百鸟声喧。"二十年前当此时节，我的岳父张君秋先生驾鹤西去了。

为怀念他，我协助妻子学玲于今年 5 月 16 日、17 日在北京长安大戏院策划两场名为《万紫千红 春色满园》"张派"经典剧目选段和选场演出，由北京京剧院、中国戏曲学院主办，参加演出的都是获过各种奖项的亲传、再传弟子，向广大观众展示他们学习、继承和弘扬"张派"艺术的成绩，向师父、师爷的在天之灵汇报。

演出拟定的节目单引起我对往昔的回忆，《望江亭》《西厢记》《状元媒》《诗文会》《秦香莲》《楚宫恨》等等，这一出出戏，把我带到 20 世纪五六十年代的长安、吉祥、广和、民族宫和政协礼堂、部队大院礼堂的舞台，大师的舞台风采历历在目，我与先生三十余年的师徒父子情缘也一幕幕浮现在眼前。

1961 年，张君秋收大学生卢山为徒弟。（左起：汪本贞、高文静、张似云、张君秋、卢山）

母亲是京昆票友，自幼受其影响，我爱上了京剧旦角艺术，在幼儿园演唱过《思凡》片段，中学时期文艺会演，彩唱了一出《女起解》，还获了奖。

20世纪50年代，从收音机里听到张君秋先生的《望江亭》，一下子被那清新俏丽、充满感情的唱腔，金属般响亮、水晶样透明的歌喉迷住了，像当今痴迷于歌星、影星的年轻人一样，我成了张君秋先生的忠实粉丝。此后，我专攻张派戏，一发不可收拾。大学时，已经能演出《二进宫》《坐宫》乃至全部《望江亭》。我在北京外国语学院读书、住校。当时，魏公村还是偏僻的北京市郊，进城看夜场戏很困难，学生的经济能力也有限。记得有一次到东华门真光戏院（后改为儿童剧场）看先生的《金山寺•断桥•雷峰塔》，散了戏也舍不得走，挤到台前看他多次谢幕。结果错过了末班车，只好从王府井步行回魏公村。边走边唱着先生的戏，不知道累也不觉得远。

1960年我大学毕业，到外文出版社（今外文局）《人民画报》工作，下班后和休息日全部奉献给京剧。在当时京城票界小有名气的袁府结识了袁庆枢、袁庆荣兄弟和叶瑾良、陈幼生、张宝荣等年纪相仿的戏友，几乎天天晚上聚在一起，吊嗓子、记曲谱、研习唱腔。还经常到大学、工厂、水利部、煤炭部等地方演出张派的《春秋配》《玉堂春》《坐宫》《三娘教子》《祭塔》《大保国•二进宫》等戏。常和我们一起玩的还有裘盛戎先生的琴师汪本贞大爷，张门大弟子吴吟秋大哥等内行。

那年，一个秋天夜晚，吴大哥突然要带我去市工人俱乐部后台拜见张君秋先生，我喜出望外！我们到剧场刚好散戏，先生正在卸妆。吟秋大哥向先生介绍我的名姓后，老师微笑道："我知道你，你给我写过信，谈看我戏的感受，提建议。欢迎你，以后到家里玩儿吧！"霎时一股暖流驱散了秋夜的凉意……初次见面时间虽短，却结下我和先生三十余年的师徒父子情缘。

之后不久，我们出版社英文版《中国文学》一位前辈闻时清先生对我说："下班后，咱们去君秋先生家玩好吗？"我简直乐坏了！原来，这位闻先生是张老师夫人在上海圣约翰大学读书时的学弟，又是梅兰芳爷爷家的好友。

宣南果子巷兵马司后街的张府，与一般的大宅门看来没什么不同，可在我心中却是一座辉煌的艺术殿堂。我们进到后院堂屋客厅，已有宾朋在座，其中有两位专业张派琴师和一个小姑娘孙毓敏。寒暄过后，先生让我唱一段，看来像一场面试。我也不知道从哪儿来的胆子，竟敢班门弄斧，毫不紧张地唱了一段《楚宫恨》。从先生的笑容里我看到了赞许和肯定。我的演唱惊动了前院奶奶屋里的兄弟姐妹，以为是爸爸在后院吊嗓子，纷纷穿过中庭闯进屋来，一看，竟是个陌生的年轻人在唱，都惊呆了……

先生忙于演出、排戏，我也要上班，因此，他不可能一句一句口传心授，我总是先把戏学好，抽空唱给老师听，请先生指正。他喜欢这样的学生，不是因为省力，而是徒弟有心。没多久，先生有戏就带我到后台先看化装，不时问我扮得浓淡与否。开戏了我就站在乐队后，边听，边看，边记录，直到剧终。虽然没有举行拜师仪式，先生早已认我为徒，说："用不着走形式。"

1961年夏，在汪本贞大爷的提议下，我举行了正式的拜师仪式，当日还有同是大学生的叶瑾良拜汪本贞先生，袁庆枢拜高文静先生。拜师典礼由马连良爷爷主持，他高兴看到大学生喜欢京剧，嘱咐我们好好学习，继承老师的艺术，发扬光大。那天，北京京剧团党政领导，马、谭、张、裘、赵五大头牌和他们的鼓师、琴师，戏曲界、音乐界一些知名人士都出席了，并为我们签名留念。

从师学艺中我看到了先生的为人，是有名的大孝子，我也是由母亲茹苦含辛从小带大，师父知道我的身世和一直把养母视为亲娘奉养时，对弟弟妹妹们说："孝顺的人是值得交的。"他带我出门总对人讲："这是我的小孩儿。"我自幼丧父，却从老

张君秋恢复演出《龙凤呈祥》，与卢山合影留念。

师那里得到了父爱。

师父对熟人、生人都是面带笑容，频频招手点头致意，和蔼可亲，彬彬有礼。登上艺术顶峰却从不居高临下对待他人，给我留下深刻印象。先生从美国获博士学位归来，在人民大会堂举行的欢迎会后，不厌其烦诚恳地为每个请求签名者留念。他的朋友上至社会名流、政要，下到各行各业的平民百姓，人们喜爱他的艺术，崇敬他的品德。

生活中的师父爱热闹，在后街过年最开心。等师父从怀仁堂演出归来，客厅里的家庭春晚便拉开帷幕。兄弟姐妹各显其能，平日的矜持烟消云散，大家都疯狂了，又唱又跳，滑稽地模仿中外歌舞，把师父、师娘乐得前仰后合……大人休息了，孩子们的狂欢在中院西厢房继续进行。我们把睡觉的大通铺当作舞台，上

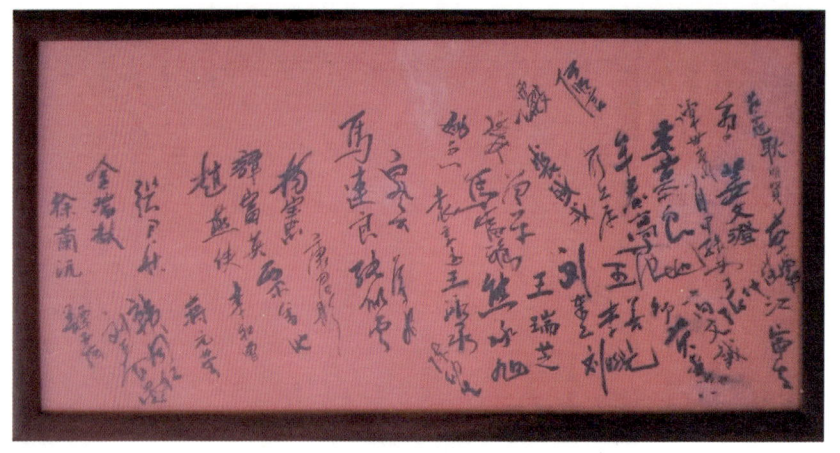

演一幕幕笑声不断的闹剧。

无奈好景不长，60年代中期，"革命风暴"席卷全国。曾经大红大紫的先生成了"黑帮分子"。一家老小被扫地出门，血汗挣来的家财被洗劫一空……1969年前后，奶奶和师母相继去世，弟弟妹妹们也上山下乡各自西东。师父白天参加体力劳动改造，挨批挨斗，晚上还要和我一道在红土店地下室，绞尽脑汁写检查，说什么师父演帝王将相、才子佳人，宣扬封、资、修……记得1964年现代戏会演时，先生也参演了《芦荡火种》，江青曾对他说："现代戏你就别演了，以后你演武则天吧！"

"文革"前后态度截然不同，令人百思不得其解。为写检查我们常熬到深更半夜，先生拿出几片干面包和黄油、果酱给我俩当夜宵。实在熬不住了，师徒二人就在一张旧沙发床上和衣而卧。

善良、贤惠又有些软弱的吴励箴师娘于1969年初病故，孤苦凄凉的师父做主把学玲许配于我。因丧母不久，我俩只确立了关系，未登记结婚。3月底我也被下放到江西干校去劳动。后又转战河南接受贫下中农再教育。

1970年我回北京探母，在红土店师父家和学玲举行了简单的仪式，吃一顿打卤面算是婚宴。昔日的师徒变成了真正的父子，

328

我们的婚姻给这个残破的家带来些许暖意和喜气，也了却父亲一桩心事。蜜月未满，我又回到农村去受教育。只能和爸爸、学玲书信往来，寄托思念之情，爸爸来信说想念我，老问我什么时候回家。不久，爸爸恢复工作，在《红色娘子军》剧组设计唱腔。他高兴地写信告诉我这个消息，并寄来曲谱让我先睹为快并提意见。好容易等到返京探亲，学玲又下乡演出。我急忙到魏公村军艺来看望爸爸。见他身体健康，精神饱满，穿着厚厚的棉军大衣暖暖的，我就放心了。中午，爸爸和刘长瑜带我在军艺对面的小饭铺美餐了一顿，回家真好。

尼克松访华后的 1972 年春，我被调回北京，夫妻二人在红土店住，照顾爸爸和在外地劳动的弟弟妹妹。我比家中十二个孩子都大，他们亲切地叫我卢大哥。学津、学海、学济、学敏虽然是学玲的哥哥、姐姐，也一直管我这个妹夫叫大哥。

爸爸是美食家，我们夫妻常陪他下馆子。全聚德的烤鸭为最爱，老东安市场内和平西餐厅的鸡素烧也不时光顾。闲暇时我们还去公园赏花观景、拍照留念，尽量让他高兴。绘画是父亲和学玲的共同爱好，二人常在一起写写画画。爸爸对我和学玲疼爱有加，1973 年我们的女儿卢思出生，在挣钱不多的情况下，他每月还给我们十五元钱补贴家用。我们爷儿俩从来没有红过脸。

父亲身后虽然没给我们留下什么遗产，但是，他给我们的精神财富取之不尽，用之不竭。爸爸离开我们二十年了，初到后台拜见他和第一次去果子巷家中的情景至今犹在眼前。

老师把生命的最后时光献给了中国京剧音配像工程。他是中国戏曲史上又一座丰碑。

（文 / 卢山　原载《北京晚报》2017 年 5 月 18 日）

附录四

忆往事念亲人

我是张君秋先生的二女儿张学玲。儿时居住在北京宣武区果子巷内，兵马司后街的一个大宅门里。这座房子占地约一亩多，合660多平米，坐北朝南，大红门前有两个石墩儿，三个大院儿纵深跨几条街巷，前门临兵马司后街，后墙外则是保安寺街了。院落方方正正，种有桃树、柿子树，有房屋27.5间，房檐廊沿都是彩画。张家有四所房产，总计56.5间房，分布在二环以里的汾州营、兵马司后街、棉花四条、库资胡同。几处房产都是我爸爸唱戏演出的血汗钱和在奶奶带领下全家人省吃俭用积攒的钱财购置的。那个时候他才20岁至35岁。奶奶认为全家吃饱穿暖就得攒钱置办房产。奶奶怕我父亲的嗓子万一有个灾病，不能唱了，全家二十几口人要生活，购置了房产可以维持生计。

爸爸15岁登台，16岁被评为四小名旦之一。20岁出头，自己挑班、担纲领衔，30岁以前就红得发紫了，一年到头要演出400多场戏，有时一天演出两场，辛勤劳苦可想而知。家里一切活动，都围绕着父亲的作息安排。爸爸演出睡得晚，次日早晨总是十点来钟起床。中院通往后院的大门不开，就是他没起床的信号儿。孩子们都在中院的东西屋，由保姆照看。上午大家不敢大声儿说话，都明白爸爸一个人演戏挣钱养家，需要精力充沛。他不起床，我们绝不到后院去玩。我们从小受的教育就是自强不息。奶奶是我们张家的大功臣，她历尽艰辛，把我爸爸和伯父抚养成人。父亲是我们的榜样，是我们心中的英雄。他不负奶奶的一片苦心，在师父李凌枫、师爷王瑶卿先生和诸位前辈艺术家的教授和栽培下，博采众长，锐意革新，终于在我国京剧史上创出崭新

的张派艺术。奶奶常常以自己的经历和爸爸的成长教育我们。

奶奶是我们家的总管，爸爸是有名的大孝子。两位母亲一切都听奶奶的。全家人从不与老人家争执，家和万事兴。爸爸能有那么大的成就，奶奶功不可没。经历过艰苦岁月的奶奶特别节俭。我们虽然衣食无忧，吃穿都十分朴素。小孩子一人一身蓝制服，我小时候是男孩儿打扮。爸爸一个人吃小灶儿，众人一日三餐则是"常吃韭菜，老吃菠菜"。冬天就是萝卜、白菜，放肉放油很少，只有过年时间才能有好吃的。铁安大伯一敲锅边儿，"铛、铛、铛！"，大家就从前厅后院跑出来，小的由保姆抱出来，围坐在中院一个大圆桌边用餐。特别是周六日，住戏校的哥哥姐姐都回家了，非常的热闹。小的弟兄们吃着吃着还会打起来。大的哥儿几位，连唱带比划讲学戏、看戏的趣闻。有一回，保姆一数，吃饭的孩子怎么少了一个，上哪儿去了？原来是爬到柜顶上玩起捉迷藏，想下又下不来，周妈惊呼："等着，别动！掉下来可不得了！"忙叫车夫老高蹬着凳子给抱下来。

张家子女不管成名与否，爹娘都尽力让每个孩子学文化，受教育。学津、学海、学济、学敏、学浩、学治先后进入戏曲学校。由于我还有点胖，没让我考戏校，而是在家先练基本功。请来刘

祖孙三代

学玲夫妇和父亲

顺庆老先生教毯子功，拿顶、下腰、翻筋斗、舞刀弄枪。我也很刻苦，半年后就能翻小翻儿，跑虎跳，打小快枪，小五套，真有点儿意思啦！

我上小学时候爱画画儿，老得 100 分。爸爸没有演出时常在后院，书房中、书桌上放好临本，齐白石先生的作品。 在专注临习画作，我也跟在一旁画。于是父母有了让我学画画儿的念头。

孙菊生老师是爸爸的好友，父亲唱《坐宫》穿的旗袍上的大牡丹和台帘大帐上的画作，都是孙老的杰作。爸爸妈妈把孙老请到家中，他把着手教我学工笔花鸟。我至今能画两笔，均得益于父母、老师的培养。

学画的同时，我还在学唱老旦专业。由于家庭环境的影响，我小时候爱唱京剧，唱歌曲。爸爸觉得我有嗓子，有调门儿，最后决定让我学老旦。先请周文贵先生（李多奎爷爷的琴师），求给开蒙说唱、吊嗓子。请耿世华先生说身段。我每天上小学前先去陶然亭喊嗓子。一天我爸起得挺早，抄起胡琴拉起来，我妈妈把我叫到后院儿说："两年了吧，该有点儿样儿了。"我爸让我唱了段儿《钓金龟》慢板。

那时候，我嗓子已经稳定了，宽高都有，也挂味儿了。我傻傻地唱了两句，他脸上立刻就有了笑容。没想到有一天爸爸把李多奎先生和夫人还有您的大女儿请到后街来了，只见李爷爷身穿着水獭领子的黑色礼服呢面大衣，精神抖擞地进了后院。爸爸、妈妈还有我奶奶在客厅非常热情地接待了李多奎爷爷一家人。您是我家恩人！想当年是李多奎爷爷带着我父亲去李凌枫先生家拜师学艺的，您就是我父亲的伯乐。

父亲叫我拜见，让我叫爷爷。爸爸拿起胡琴，说："来，给爷爷唱一段儿。"调门儿正宫调，唱一段儿"叫张义我的儿啊"。我满宫满调都唱完了，站在一旁的小弟弟妹妹们叫好。爸爸对李多奎爷爷说："您看这孩子有点条件吧？"爷爷立马说，这丫头嗓子条件这么好，就交给我吧。我连忙高声叫爷爷，师父！然后磕仨头，在场的亲人们笑了起来。爷爷问了我上学的情况。然后说："周六日下午两点钟啊，到家去学戏。"从此，我便正式走上跟爷爷学艺的道路。1963 年，我考上了北京市戏曲学校，插班京五八班。进门就是当家老旦。

我父母教导我们学会真本事最重要，要有养活自己的能力，所以我们都好学、要强，培养了自力更生的精神。爸爸常说，"爹有娘有，不如自己有"，我们早就树立了一切幸福靠自己去争取的信念。所以家产被抄、生活艰苦、奶奶和两位母亲在动乱中相继过世，都没有压垮我们。父亲走后，家产全部由继母承袭，我们也没有计较。因为我们遵循了父亲的教导，有本事有事业，在任何不利的环境中都能泰然处之。父母的恩情永记心间。

（文／张学玲　2014 年 10 月 20 日）

附录五

张君秋主演剧目音配像索引

v0542　《霸王别姬》张君秋 刘连荣（杨淑蕊 景荣庆配像）

v0543　《别宫·祭江》张君秋 耿世华（杨淑蕊 孙振泉配像）

v0544　《彩楼记》张君秋 刘雪涛（张萍 刘雪涛配像）

v0545　《楚宫恨》张君秋 谭富英 刘雪涛（张萍 高宝贤 刘雪涛配像）

v0546　《春秋配》张君秋 刘雪涛（张萍 刘雪涛配像）

v0547　《断桥》张君秋 刘雪涛（赵秀君 李宏图配像）

v0548　《凤还巢》张君秋 刘雪涛（王蓉蓉 张威配像）

v0549　《祭塔》张君秋（董翠娜配像）

v0550　《怜香伴》张君秋 刘雪涛（王蓉蓉 刘雪涛配像）

v0551　《刘兰芝》张君秋（张萍配像）

v0552　《芦荡火种（智斗）》张君秋 马长礼 周和桐（张萍 张克 吴钰璋配像）

v0553　《梅龙镇》马连良 张君秋（张学津 董圆圆配像）

v0554　《年年有余》张君秋 马连良（董翠娜 张学津配像）

v0555　《女起解》张君秋 李四广（张萍 郑岩配像）

v0556　《奇双会（写状）》张君秋 俞振飞（杨春霞 蔡正仁配像）

v0557　《秦香莲》张君秋 裘盛荣 马连良 谭富英 李多奎（张萍 孟广禄 张学津 高宝贤 兰文云配像）

v0558　《秋瑾》张君秋 刘雪涛（董翠娜 刘雪涛配像）

v0559　《三击掌》张君秋（王蓉蓉配像）

v0560　《生死恨》张君秋 刘雪涛（张萍 刘雪涛配像）

v0561　《诗文会》张君秋 刘雪涛（杨淑蕊 仉志斌 高宝贤配像）

v0562　《缇索救父（选场）》张君秋（张静林配像）

v0563　《望江亭》张君秋 刘雪涛（杨淑蕊 张威配像）

v0564　《西厢记》张君秋 杜近芳 叶盛兰 李金泉（张萍 董圆圆 叶少兰 赵葆秀配像）

v0565　《银屏公主》张君秋 陈少霖 耿世华（王蓉蓉 高宝贤 赵葆秀配像）

v0566　《宇宙锋》张君秋（杨淑蕊配像）

v0567　《玉堂春（三堂会审）》张君秋 姜妙香（张萍 刘雪涛配像）

v0568　《御碑亭》张君秋 谭富英 刘雪涛（张萍 谭元寿 张威配像）

v0569　《珍妃》张君秋 刘雪涛（张萍 张威 王树芳配像）

v0570　《朱痕记》张君秋 陈少霖（杨淑蕊 陈志清配像）

v0571　《状元媒》张君秋 马连良 谭富英 刘雪涛（董翠娜 张学津 高宝贤 刘雪涛配像）

v0608　《四小名旦唱段选》李世芳 张君秋 毛世来 宋德珠（李胜素 赵秀君 唐禾香 宋丹菊配像）

v0679　《二进宫》杨宝森 张君秋 王泉奎（汪正华 赵秀君 邓沐玮配像）

v0704　《四郎探母》李和曾 张君秋 尚小云 吴素秋 奚啸伯 马富禄 萧长华 姜妙香 陈少霖 谭富英 李多奎 马连良 李砚秀（张克 王蓉蓉 马小曼 张萍 张建国 黄德华配像）

v0762　《打渔杀家》谭富英 张君秋 慈少泉（高宝贤 赵秀君 马增寿配像）

v0763　《大保国·探皇陵·二进宫》谭富英 张君秋 裘盛戎（高宝贤 董翠娜 裘少戎配像）

v0775　《桑园会》谭富英 张君秋（谭元寿 张萍配像）

v0779　《武家坡·算粮·大登殿》谭富英 张君秋 李多奎（高宝贤 王蓉蓉 兰文云配像）

v0794　《二堂舍子》马连良 张君秋（张学津 董翠娜配像）

v0795　《法门寺》马连良 张君秋 裘盛荣 萧长华（张学津 赵秀君 裘少戎 郑岩配像）

v0796　《甘露寺·美人计·回荆州》马连良 张君秋 杨宝森 李万春（冯志孝 杨淑蕊 于魁智 景荣庆 高宝贤配像）

v0800　《火牛阵》马连良 郝寿臣 张君秋（张学津 刘永贵 张萍配像）

v0804　《龙凤呈祥》马连良 谭富英 张君秋 裘盛戎 李多奎（张学津 谭元寿 赵秀君 李长春 赵葆秀配像）

v0806　《梅龙镇》马连良 张君秋（张学津 董圆圆配像）

v0813　《三娘教子》马连良 张君秋（张学津 张萍配像）

v0817　《审头刺汤》马连良 张君秋 萧长华（张学津 张萍 郑岩配像）

v0822　《苏武牧羊》马连良 张君秋（张学津 王蓉蓉配像）

v0829　《赵氏孤儿》马连良 张君秋 谭富英 裘盛戎（张学津 王蓉蓉 高宝贤 裘少戎配像）